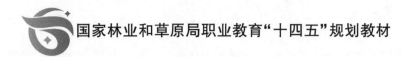

国家林业和草原局职业教育"十四五"规划教材

建筑施工技术

彭忠伟 主编

中国林业出版社
China Forestry Publishing House

内 容 简 介

本教材总结作者多年的建筑工程施工经验和授课体会,以"实用为主,够用为度"为原则编写而成。教材包括10个项目,分别为:土方工程施工,地基与基础工程施工,钢筋混凝土——模板工程施工,钢筋混凝土——钢筋工程施工,钢筋混凝土——混凝土工程施工,预应力混凝土工程施工,结构安装工程施工,砌筑工程施工,防水工程施工,装饰工程施工。每个项目包含多个教、学、做一体化的专项任务。全书内容简明易懂,图文并茂,内容的深度和广度符合高等职业教育要求,把培养学生的专业知识和专业技能作为核心,突出应用性和技能性。

本教材可作为高等职业院校土建类各专业的专业课教材,也可作为土建类职业岗位培训教材及土建工程技术人员的参考用书。

图书在版编目(CIP)数据

建筑施工技术 / 彭忠伟主编. —北京:中国林业出版社,2022.12
国家林业和草原局职业教育"十四五"规划教材
ISBN 978-7-5219-2039-0

Ⅰ.①建… Ⅱ.①彭… Ⅲ.①建筑工程-工程施工-施工技术-高等职业教育-教材 Ⅳ.①TU74

中国版本图书馆CIP数据核字(2022)第254118号

策划编辑:田 苗 赵旖旎
责任编辑:田 苗
责任校对:苏 梅
封面设计:周周设计局

出版发行:中国林业出版社
 (100009,北京市西城区刘海胡同7号,电话83223120)
电子邮箱:cfphzbs@163.com
网址:www.forestry.gov.cn/lycb.html
印刷:北京中科印刷有限公司
版次:2022年12月第1版
印次:2022年12月第1次
开本:787mm×1092mm 1/16
印张:17.25
字数:407千字
定价:59.00元

数字资源

前言

党的二十大报告中指出："推动经济社会发展绿色化、低碳化是实现高质量发展的关键环节""实现碳达峰碳中和是一场广泛而深刻的经济社会系统性变革……推进工业、建筑、交通等领域清洁低碳转型"。只有学好建筑施工技术课程，才能掌握并推动建筑施工技术向绿色、科技、环保方向发展。

建筑施工技术课程是建筑工程类专业的一门综合性、实践性很强的课程，是研究建筑工程施工的关键工序及主流施工工艺、技术和方法的专业核心课程。建筑施工技术课程综合应用了建筑工程类专业中多门专业课程的知识并融合在一起，与建筑材料、建筑结构、建筑力学、房屋建筑构造、工程测量、施工机械与设备、施工组织与设计、工程管理、工程计量与计价等课程有着密切的联系，因此，要学好本课程，必须完成上述课程的学习。本课程不仅要以学为主，还要注重实践，必须坚持循序渐进、理论联系实际的学习方法。除对课堂讲授的基本理论知识和技能加强理解和掌握外，还必须通过参观考察、大型作业等方式，应用所学知识来解决实际工程中的一些问题，做到学以致用。

《建筑施工技术》教材是基于"教、学、做一体化，以任务为导向，以学生为中心"的课程设计理念进行精心策划并编写，采用项目化任务驱动教学法，以一个典型的实际工程为项目载体，从基础、主体、装饰装修三大分部工程展开。通过分析，将施工过程划分为若干个任务，以任务为导向，并以"工作任务—知识准备—任务实施—考核评价—知识拓展"作为学习的主线，学生在完成每一项目的学习后，能够快速有效地掌握施工要点，为将来走上工作岗位并快速适应工作打下坚实的基础。

本教材的工程项目载体是一栋已经建成的5层框架结构建工大楼，以整个施工过程中涉及的土方工程，地基与基础工程，钢筋混凝土三大工程中的模板、钢筋、混凝土工程，砌筑工程，防水工程以及装饰工程8个专项的岗位技能作为教学重点，还补充了预应力混凝土工程和结构安装工程两项专业常识。本教材以完成项目的过程为导向，进行教学转换和设计，开发了10个学习项目，每个项目均给出具体工作任务。

本教材是一部校企合作开发的教材，由福建林业职业技术学院彭忠伟主编，吴超兴、何福云参与编写，福建新纪建设集团有限公司、精易建工集团有限公司、福建鑫联众建设发展有限公司提供了素材。本教材中项目1、项目2、项目4、项目8、项目9由彭忠伟编写；项目3、项目5、项目7由何福云编写；项目6、项目10由吴超兴编写。彭忠伟对全书进行统稿。

本教材的出版得到了中国林业出版社编辑的精心指导，也得到了相关院校与企业的大力支持，福建水利水电职业技术学院林张纪、福建船政交通职业学院卓维松、北京犀牛数字互动科技有限公司刘向群等为本教材的编写提供了很多帮助，在此深表谢意！

　　为了使教材更加适应技术技能人才培养的需要，我们做出了全新的尝试与探索，付出了艰苦的努力，但限于编者的学识水平，书中难免有疏漏及不当之处，敬请广大读者批评指正！

编　者

2022 年 10 月

目录

前言

项目1　土方工程施工 ··· 1

　　任务1-1　认识土的种类和性质 ·· 2
　　任务1-2　场地平整和计算土方量 ·· 6
　　任务1-3　编制土石方施工方案和技术交底文件 ································ 15
　　任务1-4　编制基坑降水施工方案 ··· 30
　　复习思考题 ··· 35

项目2　地基与基础工程施工 ·· 38

　　任务2-1　编制地基处理方案 ··· 38
　　任务2-2　编制桩基施工方案及验收报告 ······································ 50
　　复习思考题 ··· 71

项目3　钢筋混凝土——模板工程施工 ·· 74

　　任务3-1　模板和支撑体系安装及拆除 ·· 74
　　任务3-2　编制大模板体系施工方案 ·· 85
　　复习思考题 ··· 91

项目4　钢筋混凝土——钢筋工程施工 ·· 93

　　任务4-1　钢筋进场验收 ··· 94
　　任务4-2　钢筋连接质量验收 ··· 97
　　任务4-3　钢筋配料计算并编写钢筋配料单 ··································· 108
　　任务4-4　钢筋加工 ·· 116
　　复习思考题 ·· 119

项目5　钢筋混凝土——混凝土工程施工 ······································· 121

　　任务5-1　混凝土主要原材料现场检验 ······································· 121
　　任务5-2　施工缝处理方案设计 ··· 126

任务 5-3　大体积混凝土养护方案编制 …………………………………………… 135
　　复习思考题 …………………………………………………………………………… 139

项目 6　预应力混凝土工程施工 ……………………………………………………… 141
　　任务 6-1　先张法施工 ………………………………………………………………… 141
　　任务 6-2　后张法施工 ………………………………………………………………… 149
　　任务 6-3　无黏结预应力混凝土施工 ………………………………………………… 157
　　复习思考题 …………………………………………………………………………… 160

项目 7　结构安装工程施工 …………………………………………………………… 162
　　任务 7-1　编写起重机装卸施工方案 ………………………………………………… 162
　　任务 7-2　认识混凝土结构单层工业厂房吊装工艺流程 …………………………… 172
　　任务 7-3　编写吊装工程施工方案及安全技术交底报告 …………………………… 181
　　复习思考题 …………………………………………………………………………… 187

项目 8　砌筑工程施工 ………………………………………………………………… 189
　　任务 8-1　组织砖砌体施工 …………………………………………………………… 189
　　任务 8-2　脚手架搭设 ………………………………………………………………… 199
　　复习思考题 …………………………………………………………………………… 207

项目 9　防水工程施工 ………………………………………………………………… 209
　　任务 9-1　屋面防水施工 ……………………………………………………………… 209
　　任务 9-2　地下室防水施工 …………………………………………………………… 222
　　复习思考题 …………………………………………………………………………… 230

项目 10　装饰工程施工 ………………………………………………………………… 232
　　任务 10-1　墙面装饰施工 …………………………………………………………… 232
　　任务 10-2　地面装饰施工 …………………………………………………………… 247
　　任务 10-3　顶棚装饰施工 …………………………………………………………… 256
　　复习思考题 …………………………………………………………………………… 265

参考文献 ………………………………………………………………………………… 267

项目 1　土方工程施工

【项目情景】

1. 某建筑公司承揽了学院建工大楼项目的施工任务。施工人员进行基础回填作业时，一部分区域基坑填方出现橡皮土，从而造成建筑物不均匀沉降，出现开裂；另一部分区域回填的土方集中，致使该工程南侧的保护墙受侧压力的作用，呈一字形倒塌（倒塌段长35m、高2.3m、厚0.24m），将在保护墙前负责治理工作的2名民工砸伤。

假如你是工地项目经理，该如何避免上述质量安全事故，并请思考：①哪些类型的土适合作为回填材料？②土方工程施工应如何做好支撑及降排水？

2. 学院建工大楼附楼为3层框架结构，独立钢筋混凝土基础，基础持力层为粉质黏土层，基础底面进入持力层0.2m深，建筑面积为1500m²，附楼基坑东面、南面为离附楼边线1.8~4.0m的砖砌围墙，围墙内墙角为一已铺电缆的电缆沟，电缆沟边离附楼0轴边线最近为0.1m。根据地质资料，−2.1~0m标高范围为碎砖等杂填土，−3.41~−2.21m为耕植土，−5.21~−3.41m为黏土（其岩土层承载力标准值$f_k=150$kPa，为本工程基础持力层）。

假如你是工地项目经理，请思考：①基坑土方量如何计算？②基坑是否需要支护？③如何选择基坑土方开挖方式与机械？

【学习目标】

>> **知识目标**

1. 了解土方工程的施工特点，熟悉土的工程性质，并了解其对施工的影响，掌握土的分类和鉴别方法。

2. 掌握基坑、基槽土方量的计算方法，掌握用方格网法正确计算平整场地土方量的方法；掌握土方挖运填施工的特点。

3. 了解土方施工机械及施工方法，地基回填土的填方土料及填筑压实方法，以及填土压实的影响因素。

4. 熟悉集水井降水法的施工工艺；掌握轻型井点降水法中的井点布置、施工等内容；了解基坑支护的目的、方法和要求。

>> **能力目标**

1. 会计算土方施工的工程量。
2. 会组织土方挖运填施工。
3. 会编制土方施工方案。
4. 会选择场地降低地下水的方法。

>> **素质目标**

1. 培养收集信息和编制工作计划的能力。

2. 培养观察、分析、判断、解决问题的能力和创新能力。
3. 培养组织、协调和沟通能力。
4. 培养认真的工作态度、责任心、团队意识、协作能力。

任务 1-1　认识土的种类和性质

【工作任务】

认识土的种类,掌握土的鉴别方法,掌握土的可松性相关知识。

土的种类繁多,其分类的方法也很多,作为未来的工程建设者,应学会通过现场实际操作和试验,结合学院建工大楼建设场地,采用工具和现场鉴别方法认识场地土的施工特性,并掌握土的种类;学会土在施工过程中经过开挖、运输、回填、压实后其体积的变化规律,特别是土的可松性对准确计算土方量产生的影响。

【知识准备】

1. 土的分类方法及现场鉴别方法

在建筑施工中,根据土的开挖难易程度(即硬度系数大小),将土分为松软土、普通土、坚土、砂砾坚土、软石、次坚石、坚石、特坚石8类。前4类属一般土,后四类属岩石。由于土的类别不同,单位工程消耗的人工或机械台班不同,因而施工费用就不同,施工方法也不同。所以,正确区分土的种类、类别,对合理选择开挖方法、准确套用定额和计算土方工程费用关系重大。土的分类方法及现场鉴别方法见表1-1所列。

表1-1　土的工程分类及鉴别方法

土的分类	土的名称	现场鉴别(开挖)方法
一类土 (松软土)	砂;亚砂土;冲积砂土层;种植土;泥炭(淤泥)	用锹、锄头挖掘
二类土 (普通土)	亚黏土;潮湿的黄土;夹有碎石、卵石的砂;种植土;填筑土及亚砂土	用锹、锄头挖掘,少许用镐翻松
三类土 (坚土)	软及中等密实黏土;重亚黏土;粗砾石;干黄土及含碎石、卵石的黄土和亚黏土;压实的填筑土	主要用镐,少许用锹、锄头挖掘,部分用撬棍
四类土 (砂砾坚土)	重黏土及含碎石、卵石的黏土;粗卵石;密实的黄土;天然级配砂石;软泥灰岩及蛋白石	主要用镐、撬棍,然后用锹挖掘,部分用楔子及大锤
五类土 (软石)	硬石炭纪黏土;中等密实的页岩、泥灰岩、白垩土;胶结不紧的砾岩;软的石灰岩	用镐或撬棍、大锤挖掘,部分使用爆破方法
六类土 (次坚石)	泥岩;砂岩;砾岩;坚实的页岩;泥灰岩;密实的石灰岩;风化花岗岩;片麻岩	用爆破方法开挖,部分用风镐
七类土 (坚石)	大理岩;辉绿岩;玢岩;粗、中粒花岗岩;坚实的白云岩、砂岩、砾岩、片麻岩、石灰岩、风化痕迹的安山岩、玄武岩	用爆破方法开挖
八类土 (特坚石)	安山岩;玄武岩;花岗片麻岩;坚实的细粒花岗岩、闪长岩、石英岩、辉长岩、辉绿岩、玢岩	用爆破方法开挖

2. 土的基本物理性质

土的基本物理性质指标见表1-2所列。

表1-2 土的基本物理性质指标

指标名称	符号	单位	物理意义	表达式	附注
密度	ρ	t/m^3	单位体积土的质量，又称质量密度	$\rho = \dfrac{m}{V}$	由试验方法(一般用环刀法)直接测定
重度	γ	kN/m^3	单位体积土所受的重力，又称重力密度	$\gamma = \dfrac{W}{V}$ 或 $\gamma = \rho g$	由试验方法测定后计算求得
相对密度	d_S		土粒单位体积的质量与4℃时蒸馏水的密度之比	$d_S = \dfrac{m_S}{V_S \rho_w}$	由试验方法(用比重瓶法)测定
干密度	ρ_D	t/m^3	土的单位体积内颗粒的重量	$\rho_D = \dfrac{m_S}{V}$	由试验方法测定后计算求得
干重度	γ_D	kN/m^3	土的单位体积内颗粒的重力	$\gamma_D = \dfrac{W_S}{V}$	由试验方法直接测定
含水量	ω	%	土中水的质量与颗粒质量之比	$\omega = \dfrac{m_w}{m_S} \times 100$	由试验方法(烘干法)测定
饱和密度	ρ_{SAT}	t/m^3	土中孔隙完全被水充满时土的密度	$\rho_{SAT} = \dfrac{m_S + V_V \rho_w}{V}$	由计算求得
饱和重度	γ_{SAT}	kN/m^3	土中孔隙完全被水充满时土的重度	$\gamma_{SAT} = \rho_{SAT} g$	由计算求得
有效重度	γ'	kN/m^3	在地下水位以下，土体受到水的浮力作用时土的重度，又称浮重度	$\gamma' = \gamma_{SAT} - \gamma_w$	由计算求得
孔隙比	e		土中孔隙体积与土粒体积之比	$e = \dfrac{V_V}{V_S}$	由计算求得
孔隙率	n	%	土中孔隙体积与土的体积之比	$n = \dfrac{V_V}{V} \times 100$	由计算求得
饱和度	S_R	%	土中水的体积与孔隙体积之比	$S_R = \dfrac{V_w}{V_V} \times 100$	由计算求得

注：W——土的总重力(量)；W_S——土的固体颗粒的重力(量)；ρ_w——蒸馏水的密度，一般取$\rho_w = 1t/m^3$；γ_w——水的重度，近似取$\gamma_w = 10kN/m^3$；g——重力加速度，取$g = 10m/s^2$。

3. 土的可松性

自然状态下的土(漫长时间自然堆积而成)开挖后，其体积因松散而增加，虽经回填夯实，仍不能完全恢复到原状态土的体积，这种现象称为土的可松性。土的可松程度用最初可松性系数K_S及最后可松性系数K_S'表示。即：

$$K_S = \frac{V_2}{V_1} \qquad (1-1)$$

$$K_S' = \frac{V_3}{V_1} \qquad (1-2)$$

式中 V_1——开挖前土的自然体积,m^3;

V_2——开挖后土的松散体积,m^3;

V_3——运至填方处压实后的体积,m^3。

各类土的可松性系数见表1-3所列。

表1-3 各种土的可松性参考数值

土的类别	体积增加百分比(%)		可松性系数	
	最初	最终	K_s	K_s'
一类(种植土除外)	8~17	1~2.5	1.08~1.17	1.01~1.03
一类(植物性土、泥炭)	20~30	3~4	1.20~1.30	1.03~1.04
二类	14~28	1.5~5	1.14~1.28	1.02~1.05
三类	24~30	4~7	1.24~1.30	1.04~1.07
四类(泥灰岩、蛋白石除外)	26~32	6~9	1.26~1.32	1.06~1.09
四类(泥灰岩、蛋白石)	33~37	11~15	1.33~1.37	1.11~1.15
五至七类	30~45	10~20	1.30~1.45	1.10~1.20
八类	45~50	20~30	1.45~1.50	1.20~1.30

4. 土的压缩性

取土回填或移挖作填,松土运输、填压以后,均会压缩,一般土的压缩性以土的压缩率表示,见表1-4所列。

表1-4 土的压缩率(P)的参考值

土的类别	土的名称	土的压缩率(%)	每立方米松散土压实后的体积(m^3)
一至二类土	种植土	20	0.80
	一般土	10	0.90
	砂土	5	0.95
三类土	天然湿度黄土	12~17	0.85
	一般土	5	0.95
	干燥坚实黄土	5~7	0.94

注:一般可按填方截面增加10%~20%方数考虑。

5. 土的渗透性

土的渗透性也称透水性,是指水在土体中渗流的性能。它主要取决于土体的孔隙特征,如孔隙的大小、形状、数量和贯通情况等。地下水在土中的渗流速度一般可按达西定律计算:

$$V = ki \tag{1-3}$$

式中 V——水在土中的渗流速度,m/d 或 m/h;

k——土的渗透系数,m/d 或 m/h;

i——水力坡度。

表1-5 土壤渗透系数

土壤的种类	渗透系数(m/d)	土壤的种类	渗透系数(m/d)
亚黏土、黏土	<0.1	含黏土的中砂及纯细砂	20~25
亚砂土	0.1~0.5	含黏土的细砂及纯中砂	35~50
含亚黏土的粉砂	0.5~1.0	纯粗砂	50~75
纯粉砂	1.5~5.0	粗砂夹砾石	50~100
含黏土的细砂	10~50	砾石	100~200

渗透系数 k 反映土透水性的强弱。可通过室内渗透试验或现场抽水试验确定，一般土的渗透系数参考值见表1-5所列。

【任务实施】

1. 掌握土的种类和鉴别方法，可松性系数的意义

①在学院建工大楼建设场地中选择划分出一块代表性用地，采用环刀法在现场截取土样，测定土样自然状态下的质量和体积，放入烘箱120℃恒温加热4h，再测定土样干燥状态下的质量，计算其自然密度、干密度和含水量。

②现场画定500mm×500mm的正方形白灰线，人工挖出500mm深的正方形基坑，将松土放入另用木板钉成500mm×500mm的正方形箱内，测量松土体积，计算其最初可松性系数。

③将挖出的松土分层回填入原来挖出的土坑内，用人工夯实，至将坑完全填满为止，测定剩余松土体积，计算其最后可松性系数。

④根据现场挖土所用的工具和开挖的难易程度，用经验法初步鉴定现场这层土的施工类别。

全过程由学生完成，分组进行，最后成果形成报告。

根据现场条件实施，如条件有限，也可改为由教师提供相关数据，让学生进行分析计算。

2. 计算土方工程量及根据可松性系数计算回填土

学院建工大楼有18个规格相同的独立柱。室外地坪设计标高为-0.3m，基底设计标高为-2.4m，自垫层上表面四边放坡，边坡坡度1:0.5。室外地坪以下每个基坑内各部分的尺寸及工程量是C10混凝土垫层2200mm×1800mm×100mm（垫层不留工作面），每个C25钢筋混凝土基础为1.544m³。土的最初可松性系数 K_S 为1.14，最终可松性系数 K'_S 为1.05。

试求：①土方开挖工程量；②应预留多少回填土（以自然状态土体积计）并计算弃土量。

(1) 计算基坑上口面积、下口面积、中截面面积，进而计算出基坑体积

基坑深度为＿＿＿＿＿＿＿＿＿＿＿＿＿＿＿＿＿＿＿＿＿＿＿＿＿＿＿＿＿＿；

基坑底面积为＿＿＿＿＿＿＿＿＿＿＿＿＿＿＿＿＿＿＿＿＿＿＿＿＿＿＿＿＿；

基坑上口面积为＿＿＿＿＿＿＿＿＿＿＿＿＿＿＿＿＿＿＿＿＿＿＿＿＿＿＿；

基坑中截面面积为_____;
每个独立柱基坑挖土(原土)量为_____;
总挖方(原土)量为_____。
(2) 计算预留土方量
预留填方量(按自然状态土计算)为_____;
弃土量(按松散体积计算)为_____。

【考核评价】

考核评定方式	评定内容	分值	得分
自评	团队协作	10	
	成果质量	10	
互评	团队协作	20	
教师评定	考勤	10	
	团队协作	20	
	成果质量	30	
总　　分			

【知识拓展】

土的分类有多种方法,如按建筑工程地基土分类,可分为黏性土、砂土、碎石土、岩石、人工填土;根据土的工程特性,可分出湿陷性黄土、膨胀土、红黏土、有机质土、泥炭土等特殊性土。不同土的物理力学性质不同,只有充分掌握各类土的特性,才能正确选择土方工程施工方法。土的可松性对土方的平衡调配、基坑开挖时预留土量及运输工具数量的计算均有直接影响。

任务1-2 场地平整和计算土方量

【工作任务】

学会场地平整程序和运用方格网法计算土方量。

场地平整是将需进行建设的自然地面,通过人工或机械挖填平整改造成为设计所需要的平面,利于现场平面布置施工。在工程总承包施工中,场地平整是工程开工前的一项重要内容。场地平整前,要确定场地设计标高、排水坡度等,以便据此进行土方挖填平衡计算,并根据工程规模、施工期限、现场机械设备条件,选用土方机械,拟定施工方案。本任务是通过学习场地平整程序及土石方工程量的计算方法,结合学院建工大楼土方施工具体工程,让学生理论联系实际,掌握计算过程,并学会编写计算书。

【知识准备】

1. 场地平整的程序

场地平整为施工中的一个重要项目,要考虑满足总体规划、生产施工工艺、交通运输和场地排水等要求,并尽量使土方的挖填平衡,减少运土量和重复挖运。它的一般施工工艺程序是:现场勘察→清除地面障碍物→标定整平范围→设置水准基点→设置方格网,测量标高→计算土方挖填工程量→平整土方→场地碾压→验收。

当确定平整工程后，施工人员首先应到现场进行勘察，了解场地地形、地貌和周围环境。根据建筑总平面图及规划了解并确定现场平整场地的大致范围。平整前必须把场地平整范围内的障碍物（如树木、电线、电杆、管道、房屋、坟墓等）清理干净，然后根据总图要求的标高，从水准基点引进基准标高作为确定土方量计算的基点。通过抄平测量，可计算出该场地按设计要求平整需挖土和回填的土方量，再考虑基础开挖还有多少挖出（减去回填）的土方量，并进行挖填方的平衡计算，做好土方平衡调配，减少重复挖运，以节约运费。大面积平整土方宜采用机械进行，如用推土机、铲运机推运平整土方；有大量挖方应采用挖土机等进行。在平整过程中要交错用压路机压实。

平整场地的一般要求如下：

①平整场地应做好地面排水。平整场地的表面坡度应符合设计要求，如设计无要求，一般应向排水沟方向作成不小于 0.2% 的坡度。

②平整后的场地表面应逐点检查，检查点为每 100~400m² 取 1 点，但不少于 10 点；长度、宽度和边坡每 20m 取 1 点，每边不少于 1 点。

③场地平整应经常测量和校核其平面位置、水平标高和边坡坡度是否符合设计要求。平面控制桩和水准控制点应采取可靠措施加以保护，定期复测和检查；土方不应堆在边坡边缘。

2. 场地平整的土方量计算

1) 场地平整高度的计算

对较大面积的场地平整，正确地选择场地平整高度（设计标高），对节约工程投资、加快建设速度均具有重要意义。一般选择原则是：在符合生产工艺和运输的条件下，尽量利用地形，以减少挖方数量；场地内的挖方与填方量应尽可能达到平衡，以降低土方运输费用；同时应考虑最高洪水位的影响等。场地平整高度计算常用的方法为挖填土方量平衡法，其计算步骤和方法如下。

(1) 计算场地设计标高

如图 1-1(a) 所示，将地形图划分方格网（或利用地形图的方格网），每个方格的角点标高，一般可根据地形图上相邻两等高线的标高，用插入法求得。当无地形图时，也可在现场打设木桩定好方格网，然后用仪器直接测出。

一般要求是，使场地内的土方在平整前和平整后相等，从而达到挖方和填方量平衡，如图 1-1(b) 所示。设达到挖填平衡的场地平整标高为 H_0，则由挖填平衡条件，H_0 值可由下式求得：

$$H_0 = \frac{\sum H_1 + 2\sum H_2 + 3\sum H_3 + 4\sum H_4}{4N} \qquad (1-4)$$

式中　a——方格网边长，m；

N——方格网数，个；

H_1——一个方格共有的角点标高，m；

H_2——二个方格共有的角点标高，m；

H_3——三个方格共有的角点标高，m；

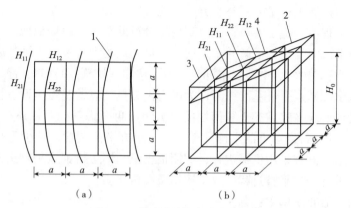

图 1-1 场地设计标高计算示意图
(a)地形图上划分方格;(b)设计标高示意图
1—等高线;2—自然地坪;3—设计标高平面;
4—自然地面与设计标高平面的交线(零线)

H_4——四个方格共有的角点标高,m。

(2)考虑设计标高的调整值

式(1-4)计算的 H_0 为理论数值,实际尚需考虑以下因素:土的可松性;设计标高以下各种填方工程用土量,或设计标高以上的各种挖方工程量;边坡填挖土方量不等;部分挖方就近弃土于场外,或部分填方就近从场外取土等因素。考虑这些因素所引起的挖填土方量的变化后,应适当提高或降低设计标高。

(3)考虑排水坡度对设计标高的影响

式(1-4)计算的 H_0 未考虑场地的排水要求(即场地表面均处于同一个水平面上),实际均应有一定排水坡度。如场地面积较大,应有 0.2% 以上排水坡度,因此应考虑排水坡度对设计标高的影响。场地内任一点实际施工时所采用的设计标高 H 可由下式计算:

单向排水时
$$H = H_0 \pm li \tag{1-5}$$

双向排水时
$$H = H_0 \pm l_x i_x \pm l_y i_y \tag{1-6}$$

式中 l——该点至 H_0 的距离,m;

i——x 方向或 y 方向的排水坡度(不少于 0.2%);

l_x、l_y——该点于 x、y 方向距场地中心线的距离,m;

i_x、i_y——分别为 x 方向和 y 方向的排水坡度。

该点比 H_0 高则取"+"号,反之取"-"号。

2)场地平整土方工程量的计算

在编制场地平整土方工程施工组织设计或施工方案、进行土方的平衡调配以及检查验收土方工程时,常需要进行土方工程量的计算。计算方法有方格网法和横断面法两种。本教材只介绍方格网法。方格网法用于地形较平缓或台阶宽度较大的地段,计算方法较为复杂,但精度较高,其计算步骤和方法如下。

(1)划分方格网

根据已有地形图(一般用 1:500 的地形图)将计算场地划分成若干个方格网,尽量与测量的纵、横坐标网对应，方格一般采用 $20m \times 20m$ 或 $40m \times 40m$，将相应设计标高和自然地面标高分别标注在方格点的右上角和右下角。将设计地面标高与自然地面标高的差值，即各角点的施工高度（挖或填），填在方格网的左上角，填方为 +，挖方为 -。

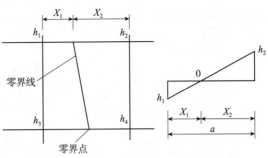

图 1-2 零点位置计算示意图

(2) 计算零点位置

在一个方格网内同时有填方或挖方时，应先算出方格网边上的零点的位置，并标注于方格网上，连接零点即得填方区与挖方区的分界线（即零线）。

零点的位置按下式计算（图 1-2）：

$$x_1 = \frac{h_1}{h_1 + h_2} \times a \quad x_2 = \frac{h_2}{h_1 + h_2} \times a \tag{1-7}$$

式中　x_1、x_2——角点至零点的距离，m；

　　　h_1、h_2——相邻两角点的施工高度，均用绝对值，m；

　　　a——方格网的边长，m。

(3) 计算土方工程量

按方格网底面积图形和表 1-6 所列体积计算公式计算每个方格内的挖方或填方量。

(4) 计算土方总量

将挖方区（或填方区）所有方格计算土方量汇总，即得该场地挖方和填方的总土方量。

表 1-6　常用方格网点计算公式

项目	图式	计算公式
一点填方或挖方（三角形）		$V = \frac{1}{2}bc\frac{\sum h}{3} = \frac{bch_3}{6}$ 当 $b = a = c$ 时，$V = \frac{a^2 h_3}{6}$
二点填方或挖方（梯形）		$V_+ = \frac{b+c}{2}a\frac{\sum h}{4} = \frac{a}{8}(b+c)(h_1+h_3)$ $V_- = \frac{d+e}{2}a\frac{\sum h}{4} = \frac{a}{8}(d+e)(h_2+h_4)$
三点填方或挖方（五角形）		$V = \left(a^2 - \frac{bc}{2}\right)\frac{\sum h}{5} = \left(a^2 - \frac{bc}{2}\right)\frac{h_1+h_2+h_4}{5}$

（续）

项目	图式	计算公式
四点填方或挖方 （正方形）	h_1, h_2, h_3, h_4	$V = \dfrac{a^2}{4}(h_1 + h_2 + h_3 + h_4)$

注：①a——方格网的边长，m；b、c——零点到一角的边长，m；h_1、h_2、h_3、h_4——方格网四角点的施工高程，m，用绝对值代入；$\sum h$——填方或挖方施工高程的总和，用绝对值代入，m；V——挖方或填方体积，m^3。
②本表公式是按各计算图形底面积乘以平均施工高程而得出。

3) 边坡土方量计算

常用图算法计算平整场地及修筑路基、路堑的边坡挖、填土方量。

图算法是根据地形图和边坡竖向布置图或现场测绘，将要计算的边坡划分为两种近似的几何形体（图1-3），一种为三角棱体（如体积①~③、⑤~⑪）；另一种为三角棱柱体（如体积④），然后应用表1-7的几何公式分别进行土方计算，最后将各块汇总即得场地总挖土(-)、填土(+)的量。

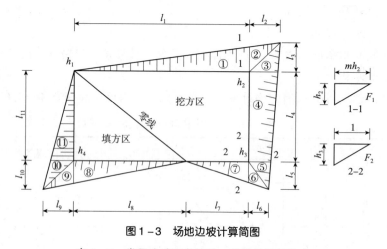

图1-3 场地边坡计算简图

表1-7 常用边坡三角棱体、棱柱体计算公式

项目	计算公式	符号意义
边坡三角棱体体积	边坡三角棱体体积 V 可按下式计算（如图1-3中的①）： $V = \dfrac{1}{3}F_1 l_1$，其中 $F_1 = \dfrac{m h_2^2}{2}$	V_1——三角棱体边坡①的体积 l_1——边坡①的边长 F_1——边坡①的端面积 h_2——角点的挖土高度 m——边坡的坡度系数
边坡三角棱柱体体积	边坡三角棱柱体体积 V_4 可按下式计算（如图1-3中的④）：$V_4 = \dfrac{F_1 + F_2}{2} l_4$ 当两端横截面面积相差很大时，则：$V_4 = \dfrac{l_2}{6}(F_1 + 4F_0 + F_2)$，其中 F_1、F_0、F_2 的计算方法同上	V_4——边坡④三角棱柱体体积 l_4——边坡④长度 F_1、F_0、F_2——边坡④两端及中部的横截面面积

【任务实施】

1. 计算方格网土方量

学院建工大楼场地平整工程，部分方格网如图 1-4 所示，方格边长为 20m×20m，试计算挖填总土方工程量。

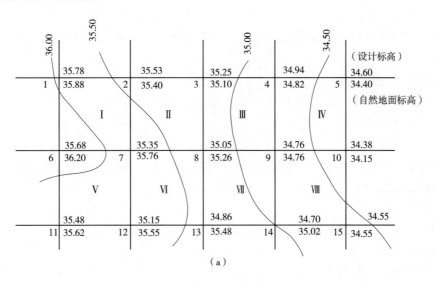

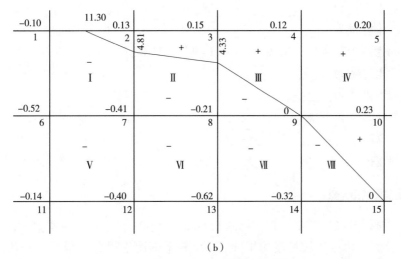

图 1-4 方格网法计算土方量

(a)方格角点标高、方格编号、角点编号图；(b)零线、角点挖、填高度图
Ⅰ、Ⅱ、Ⅲ—为方格编号；1、2、3—为角点号

(1) 划分方格网、标注高程

根据图 1-4(a) 方格各点的设计标高和自然地面标高，计算方格各点的施工高度，标注于图 1-4(b) 中各点的左角上。

(2) 计算零点位置

从图 1-4(b) 中可看出，1-2、2-7、3-8 三条方格边两端的施工高度符号不同，表明此方格边上有零点存在，由表1-6第2项公式计算：

  1-2 线 $x_1 =$ _____ $= 11.30(m)$

  2-7 线 $x_1 =$ _____ $= 4.81(m)$

  3-8 线 $x_1 =$ _____ $= 8.33(m)$

将各零点标注于图1-4(b)，并将零点线连接起来。

(3) 计算土方工程量

方格 I 底面为三角形和五角形，由表1-6第1项、第3项公式计算：

三角形的土方量为_____；

五边形的土方量为_____。

方格 II 底面为两个梯形，由表1-6第2项公式计算：

梯形1的土方量为_____；

梯形2的土方量为_____。

方格 III 底面为一个梯形和一个三角形，由表1-6第1项、第2项公式计算：

梯形的土方量为_____；

三角形的土方量为_____。

方格 IV、V、VI、VII 底面均为正方形，由表1-6第4项公式计算：

正方形 IV 的土方量为_____；

正方形 V 的土方量为_____；

正方形 VI 的土方量为_____；

正方形 VII 的土方量为_____。

方格 VIII 底面为两个三角形，由表1-6第1项公式计算：

三角形1的土方量为_____；

三角形2的土方量为_____。

(4) 汇总全部土方工程量

全部挖方量 ΣV_- 为_____；

全部填方量 ΣV_+ 为_____。

2. 计算边坡土方量

学院建工大楼附近场地整平工程，场地长80m、宽60m，土质为粉质黏土，取挖方区边坡坡度为1∶1.25，填方边坡坡度为1∶1.5，已知平面图挖填分界线尺寸及角点标高如图1-5所示，试求边坡挖、填土方量。

(1) 求边坡角点1~4的挖、填方宽度

角点1填方宽度为 $0.85 \times 1.50 = 1.28(m)$

角点2挖方宽度为 $1.54 \times 1.25 = 1.93(m)$

角点3挖方宽度为 $0.40 \times 1.25 = 0.50(m)$

角点4填方宽度为 $1.40 \times 1.50 = 2.10(m)$

(2) 求边坡挖方区、填方土方量

按照场地4个控制角点的边坡宽度，利用作图法可得出边坡平面尺寸(图1-5)，边坡土方

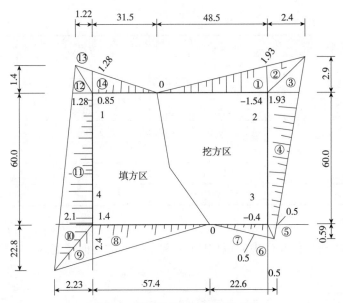

图 1-5 场地边坡平面轮廓尺寸图

工程量，可划分为三角棱体和三角棱柱体两种类型，按表 1-7 公式计算如下：

①挖方区边坡土方量

$V_1 = \underline{\hspace{4cm}} = 24.03 (\mathrm{m}^3)$

$V_2 = \underline{\hspace{4cm}} = 1.19 (\mathrm{m}^3)$

$V_3 = \underline{\hspace{4cm}} = 1.44 (\mathrm{m}^3)$

$V_4 = \underline{\hspace{4cm}} = 47.58 (\mathrm{m}^3)$

$V_5 = \underline{\hspace{4cm}} = 0.02 (\mathrm{m}^3)$

$V_6 = \underline{\hspace{4cm}} = 0.02 (\mathrm{m}^3)$

$V_7 = \underline{\hspace{4cm}} = 0.75 (\mathrm{m}^3)$

挖方区边坡的土方量合计：

$V_{挖} = \underline{\hspace{4cm}} = -75.03 (\mathrm{m}^3)$

②填方区边坡的土方量

$V_8 = \underline{\hspace{4cm}} = 28.13 (\mathrm{m}^3)$

$V_9 = \underline{\hspace{4cm}} = 1.09 (\mathrm{m}^3)$

$V_{10} = \underline{\hspace{4cm}} = 1.12 (\mathrm{m}^3)$

$V_{11} = \underline{\hspace{4cm}} = 60.42 (\mathrm{m}^3)$

$V_{12} = \underline{\hspace{4cm}} = 0.25 (\mathrm{m}^3)$

$V_{13} = \underline{\hspace{4cm}} = 0.22 (\mathrm{m}^3)$

$V_{14} = \underline{\hspace{4cm}} = 5.71 (\mathrm{m}^3)$

填方区边坡的土方量合计：

$V_{填} = \underline{\hspace{4cm}} = 96.94 (\mathrm{m}^3)$

【考核评价】

考核评定方式	评定内容	分值	得分
自评	团队协作	10	
	计算准确	10	
互评	团队协作	20	
教师评定	考勤	10	
	团队协作	20	
	成果质量	30	
总　分			

【知识拓展】

基坑土方量可按立体几何中的拟柱体（由两个平行的平面作底的一种多面体）体积公式计算（图1-6）。

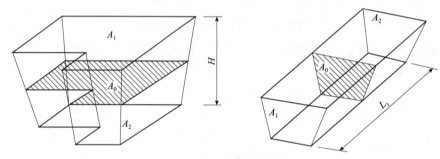

图1-6　基坑基槽土方量计算

$$V = \frac{H}{6}(A_1 + 4A_0 + A_2) \tag{1-8}$$

式中　V——基坑土方量；

　　　V_1——基槽土方量；

　　　H——基坑开挖深度；

　　　L_1——基坑开挖土方的长度；

　　　A_1、A_2、A_0——分别为上、下、中横截面面积。

基槽土方量计算可沿长度方向分段计算，总土方量为各段土方量之和。

$$V_1 = \frac{L_1}{6}(A_1 + 4A_0 + A_2) \tag{1-9}$$

填方和挖方工程量一般按照原状土的体积进行计算，只有当边挖边填时，计算填方体积才采用填方体积除以土的最后可松性系数。

土方量计算完成后即可进行土方调配，就是对挖方的土需运至何处、填方的土应取自何处进行统筹安排，目的是在土方运输量最小或土方运输费用最小的条件下，确定挖填方区土方的调配方向、数量及平均运距，从而缩短工期、降低成本。

任务1-3　编制土石方施工方案和技术交底文件

【工作任务】

编制土石方施工方案与技术交底文件。

先熟悉任务，3人一个小组，再阅读学院建工大楼的基础施工图纸和地质勘察资料，查阅施工手册等参考资料，讨论并编写该土石方工程的施工方案要点，然后进行必要的资料查阅和分析，编写本土方工程施工方案的技术交底部分。

【知识准备】

常见的土石方工程有：基坑（槽）与管沟开挖、路基开挖、地坪填土、路基填筑以及基坑回填等。土石方工程施工的特点是：面广量大、劳动繁重；施工条件复杂。

组织土石方工程施工，应尽可能采用机械化施工，在条件有限或机械设备不足时，则应创造条件，采取半机械化与施工工具相结合的方法，代替或减轻繁重的体力劳动。要合理安排施工计划，尽可能不安排在雨季施工，否则应做好防洪排水等准备。此外，为了降低土石方工程施工费用，要做出土石方的合理施工方案，统筹安排。

1. 土方边坡及其稳定性

基坑边坡坡度是以高度 H 与底宽 B 之比表示，即：

$$\text{基坑边坡坡度} = \frac{H}{B} = \frac{1}{B/H} = 1:m \tag{1-10}$$

式中　m——坡度系数。

土方开挖或填筑的边坡可以做成直线形、折线形及阶梯形（图1-7）。边坡的大小与土质、开挖深度、开挖方法、边坡留置时间的长短、边坡附近的振动和有无荷载、排水情况等有关。土方开挖设置边坡是防止土方坍塌的有效途径，边坡的设置应符合相关要求。

当地质条件良好、土质均匀且地下水位低于基坑（槽）或管底面标高时，挖方边坡可做成直立壁不加支撑，但不宜超过表1-8的规定。

挖方深度超过上述规定时，应考虑放坡或做直立壁加支撑。当地质条件良好、土质均匀且地下水位低于基坑（槽）或管沟底面标高时，挖方深度在5m以内不加支撑边坡的最陡坡度应符合表1-9的规定。

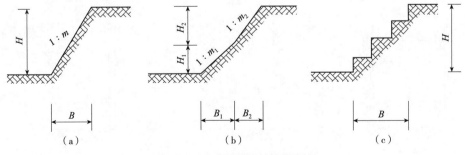

图1-7　土方开挖或填筑的边坡

(a)直线形；(b)折线形；(c)阶梯形

表1-8 基坑(槽)和管沟不加支撑时的容许深度

项次	土的种类	容许深度(m)
1	密实、中密的砂子和碎石类土(充填物为砂土)	1.00
2	硬塑、可塑的粉质黏土及粉土	1.25
3	硬塑、可塑的黏土和碎石类土(充填物为黏性土)	1.50
4	坚硬的黏土	2.00

表1-9 深度在5m以内基坑(槽)、管沟边坡的最陡坡度(不加支撑)

土的类别	边坡坡度(高:宽)		
	坡顶无荷载	坡顶有静载	坡顶有动载
中密的砂土	1:100	1:1.25	1:1.50
中密的碎石类土(填充物为砂土)	1:0.75	1:1.00	1:1.25
硬塑的粉土	1:0.67	1:0.75	1:1.00
中密的碎石类土(填充物为黏性土)	1:0.50	1:0.67	1:0.75
硬塑的粉质黏土、黏土	1:0.33	1:0.50	1:0.67
老黄土	1:0.10	1:0.25	1:0.33
软土(经井点降水后)	1:1.00	—	—

注：静载指堆放材料等，动载指机械挖土或汽车运输作业等。静载或动载距挖方边缘的距离应保证边坡和直立壁的稳定，应距挖方边缘0.8m以外，且高度不超过1.5m。

2. 基坑土壁支护

基坑开挖采用放坡无法保证施工安全或场地无放坡条件时，一般采用支护结构临时支挡，以保证基坑的土壁稳定。基坑支护结构既要确保坑壁稳定、坑底稳定、邻近建筑物与构筑物和管线的安全，又要考虑支护结构施工方便、经济合理、有利于土方开挖和地下工程的建造。

基坑土壁支护主要包括横撑式支撑、锚碇式支撑及板桩支护等。横撑式支撑根据挡土板的不同，分为水平挡土板和垂直挡土板，前者又分为断续式水平支撑、连续式水平支撑和垂直支撑，如图1-8所示。对湿度小的黏性土，当挖土深度小于3m时，可用断续式水平支撑；对松散、湿度大的土壤可用连续式水平支撑，挖土深度可达5m；垂直支撑用于松散和湿度很高的土，挖土深度不限。

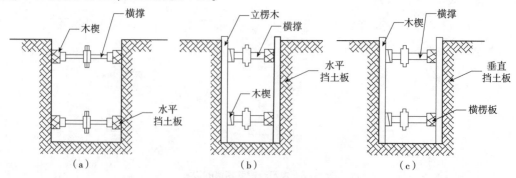

图1-8 横撑式支撑

(a)断续式水平支撑；(b)连续式水平支撑；(c)垂直支撑

3. 基坑边坡保护

基坑放坡高度较大,施工期和暴露时间较长或岩土质较差,易于风化、疏松或滑坍。为防止基坑边坡因气温变化,或失水过多而风化或松散,或防止坡面受雨水冲刷而产生溜坡现象。应根据土质情况和实际条件采取边坡保护措施,以保护基坑边坡的稳定,常用基坑坡面保护方法。

1)薄膜覆盖或砂浆覆盖法

对基础施工期较短的临时性基坑边坡,可在边坡上铺塑料薄膜,在坡顶及坡脚用草袋或编织袋装土压住或用砖压住;或在边坡上抹 2~2.5cm 厚的水泥砂浆。为防止薄膜脱落,在上部及底部均应搭盖不少于 80cm,同时在土中插适当锚筋连接,在坡脚设排水沟[图 1-9(a)]。

2)挂网或挂网抹面法

对基础施工期短、土质较差的临时性基坑边坡,可在垂直坡面楔入直径 10~12mm、

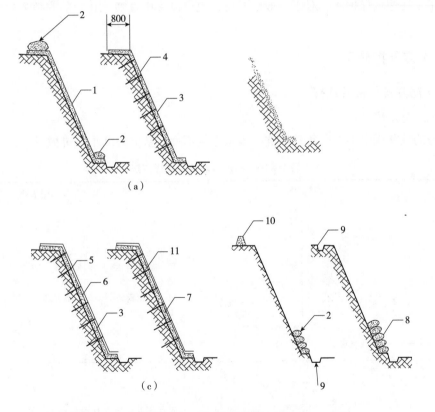

图 1-9 基坑边坡护面方法

(a)薄膜或砂浆覆盖;(b)挂网或挂网抹面;
(c)喷射混凝土或混凝土护面;(d)土袋或砌石压坡
1—塑料薄膜;2—草袋或编织袋装土;3—插筋 ϕ10~12mm;4—抹 M5 水泥砂浆;
5—20 号钢丝网;6—C15 喷射混凝土;7—C15 细石混凝土;8—M5 砂浆砌石;
9—排水沟;10—土堤;11—ϕ4~6mm 钢筋网片,间距 250~300mm

长 40~60cm 的插筋,纵横间距 1m,上铺 20 号铁丝网,上下用草袋或聚丙烯扁丝编织袋装土或砂压住,或再在铁丝网上抹 2.5~3.5cm 厚的 M5 水泥砂浆。在坡顶坡脚设排水沟[图 1-9(b)]。

3)喷射混凝土或混凝土护面法

对邻近有建筑物的深基坑边坡,可在坡面垂直楔入直径 10~12mm、长 40~50cm 的插筋,纵横间距 1m,上铺 20 号铁丝网,在表面喷射 40~60mm 厚的 C15 细石混凝土直到坡顶和坡脚;也可不铺铁丝网,而坡面铺 $\phi 4~6mm$、250~300mm 的钢筋网片,浇筑 50~60mm 厚的细石混凝土,表面抹光[图 1-9(c)]。

4)土袋或砌石压坡法

对深度在 5m 以内的临时基坑边坡,可在边坡下部用草袋或聚丙烯扁丝编织袋装土堆砌或砌石压住坡脚。边坡高 3m 以内,可采用单排顶砌法;5m 以内,水位较高,用二排顶砌或一排一顶构筑法,保持坡脚稳定。在坡顶设挡水土堤或排水沟,防止冲刷坡面,在底部作排水沟,防止冲坏坡脚[图 1-9(d)]。

除了上述边坡保护法,对于一般浅基坑,也可以采用表 1-10 中的支撑方法进行边坡保护。

4. 土方开挖施工

1)开挖方式与机具选择

(1)点式开挖

厂房的柱基或中小型设备基础坑,因挖土量不大,基坑坡度小,机械只能在地面上作

表 1-10 一般浅基坑的支撑方法

支撑方式	简图	支撑方法及适用条件
斜柱支撑	(柱桩、斜撑、短桩、挡板、回填土)	水平挡土板钉在柱桩内侧,柱桩外侧用斜撑支顶,斜撑底端支在木桩上,在挡板内侧回填土; 适于开挖较大型、深度不大的基坑或使用机械挖土时
锚拉支撑	($\geq \frac{H}{tg\phi}$、柱桩、拉杆、回填土、挡板、H)	水平挡土板支在柱桩的内侧,柱桩一端打入土中,另一端用拉杆与锚桩拉紧,在挡土板内侧回填土; 适于开挖较大型、深度不大的基坑或使用机械挖土,不能安设横撑时使用

(续)

支撑方式	简图	支撑方法及适用条件
型钢桩横挡板支撑		沿挡土位置预先打入钢轨、工字钢或H型钢桩，间距1.0~1.5m，然后边挖方，边将3~6cm厚的挡土板塞进钢桩之间挡土，并在横向挡板与型钢桩之间打上楔子，使横板与土体紧密接触； 适于地下水位较低、深度不太大的一般黏性土或砂土层中
短桩横隔板支撑		打入小短木桩，部分打入土中，部分露出地面，钉上水平挡土板，在背面填土、夯实； 适于开挖宽度大的基坑，当部分地段下部放坡不够时使用
临时挡土墙支撑		沿坡脚用砖、石叠砌或用装水泥的聚丙烯扁丝编织袋、草袋装土、砂堆砌，使坡脚保持稳定； 适于开挖宽度大的基坑，当部分地段下部放坡不够时使用
挡土灌注桩支护		在开挖基坑的周围，用钻机或洛阳铲成孔，桩径ϕ400~500mm，现场灌筑钢筋混凝土桩，桩间距为1.0~1.5m，在桩间土方挖成外拱形使之起土拱作用； 适用于开挖较大、较浅（<5m）基坑，邻近有建筑物，不允许背面地基有下沉、位移时采用
叠袋式挡墙支护		采用编织袋或草袋装碎石（砂砾石或土）堆砌成重力式挡墙作为基坑的支护，在墙下部砌500mm厚块石基础，墙底宽1500~2000mm，顶宽500~1200mm，顶部适当放坡卸土1.0~1.5m，表面抹砂浆保护； 适用于一般黏性土、面积大、开挖深度在5m以内的浅基坑支护

业,一般多采用反铲挖土机和抓铲挖土机。抓铲挖土机能挖一、二类土和较深的基坑;反铲挖土机适于挖四类以下土和深度在4m以内的基坑。

(2)线式开挖

大型厂房的柱列基础和管沟基槽截面宽度较小,有一定长度,适于机械在地面上作业,一般多采用反铲挖土机;如基槽较浅,又有一定的宽度,土质干燥时也可采用推土机直接下到槽中作业,但基槽需有一定长度并设上下坡道。

(3)面式开挖

有地下室的房屋基础、箱形和筏式基础、设备与柱基础密集,采取整片开挖方式时,除可用推土机、铲运机进行场地平整和开挖表层外,多采用正铲挖土机、反铲挖土机或拉铲挖土机开挖。用正铲挖土机工效高,但需有上下坡道,以便运输工具驶入坑内,还要求土质干燥;反铲和拉铲挖土机可在坑上开挖,运输工具可不驶入坑内,坑内土潮湿也可以作业,但工效比正铲挖土机低。

2)正铲挖土机挖土

正铲挖土机的工作特点是:土斗自下向上切土、生产效率高、挖掘力大;可直接开挖停机面以上的一至四类土和经爆破的岩石、冻土。其工作面的高度不应小于1.5m,否则一次起挖不能装满铲斗,会降低工作效率。根据挖土与配套的运输工具相对位置不同,正铲挖土机的挖土和卸土方式有以下两种。

(1)正向挖土、后方卸土

挖土机沿前进方向挖土,运输工具在挖土机后面装土[图1-10(a)],俗称正向开挖法。这种开挖方式的挖土高度较大、工作面左右对称,但卸土时动臂回转角度大,且运土车辆要倒车开入,生产效率较低,故只宜用于工作面狭小且较深的基坑开挖作业。

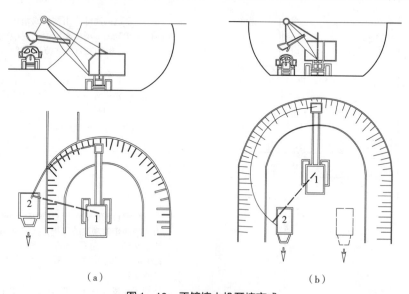

图1-10 正铲挖土机开挖方式

(a)正向开挖;(b)侧向开挖
1—正铲挖土机;2—自卸汽车

(2) 正向挖土、侧向卸土

挖土机沿前进方向挖土,运输工具在挖土机一侧开行、装土[图1-10(b)],也称侧向开挖法。这种作业方式,挖土机卸土时动臂回转角度小,生产率高且汽车行驶方便,使用较广。

3) 反铲挖土机挖土

反铲挖土机的工作特点是:土斗自上向下切土,再强力向后掏土,随挖随行或后退,其挖掘力比正铲挖土机小,主要用于停机面以下的一至三类土。由于机身和装土均在地面上操作,所以适用于开挖深度不大的基坑、基槽、沟渠及含水量或地下水位高的土壤。对于较大、较深的基坑可采用多层接力法开挖。

反铲挖土机的基本作业方式有沟端开挖法和沟侧开挖法两种,如图1-11所示。

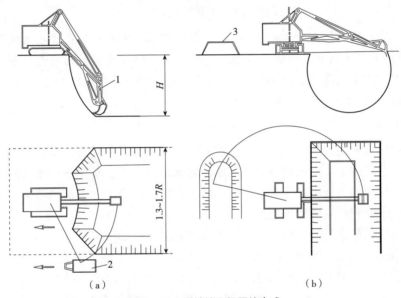

图1-11 反铲挖土机开挖方式

(a)沟端开挖;(b)沟侧开挖
1—反铲挖土机;2—自卸汽车;3—弃土堆

4) 抓铲挖掘机挖土

抓铲挖掘机的挖土特点是:"直上直下,自重切土"。抓铲能在回转半径范围内开挖基坑上任何位置的土方,并可在任何高度上卸土(装车或弃土)。

对于小型基坑,抓铲立于一侧抓土;对于较宽的基坑,则在两侧或四侧抓土。抓铲应离基坑边一定距离,土方可直接装入自卸汽车运走(图1-12),或堆弃在基坑旁或用推土机推到远处堆放。挖淤泥时,抓斗易被淤泥吸住,应避免用力过猛,以防翻车。抓铲施工,一般均需加配重。

5. 土方填筑施工

1) 土料选择

当填方土料为黏土时,填土前应检查其含水量是否在控制范围内,含水量大的黏土不

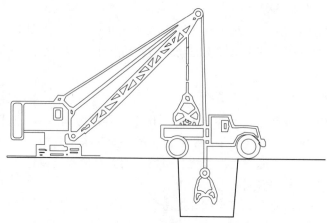

图1-12 抓铲挖土机挖土

宜作为填土。有机物含量大于8%的土吸水后容易变形,承载力低;含水溶性硫酸盐大于5%的土,在地下水作用下,硫酸盐会逐渐溶解流失,形成孔洞,影响土的密实性。这两种土以及淤泥、冻土、膨胀土(此种土具有失水收缩的特性,会造成基础位移、地面开裂,致使建筑物被破坏)等均不应作为回填土。

2)填筑要求

①填土应尽量采用同类土填筑,并宜控制土的含水率在最优含水量范围内。当采用不同的土填筑时,应按土类有规则地分层铺填,将透水性大的土层置于透水性较小的土层之下,不得混杂使用,边坡不得用透水性较小的土封闭,以利水分排出和基土稳定,并避免在填方内形成水囊和产生滑动现象。

②填土应从最低处开始,由下向上整个宽度分层铺填碾压或夯实。

③在地形起伏之处,应做好接槎,修筑1:2阶梯形边坡,每台阶高可取50cm、宽100cm。分段填筑时每层接缝处应做成大于1:1.5的斜坡,碾迹重叠0.5~1.0m,上下层错缝距离不应小于1m。接缝部位不得在基础、墙角、柱墩等重要部位。

④填土应预留一定的下沉高度,以备在行车、堆重或干湿交替等自然因素作用下,土体逐渐沉落密实。

3)填土的压实方法

填土的压实方法一般有碾压法(包括振动碾压法)、夯实法、振动压实法等。

大面积填土工程多采用碾压法和振动碾压法;小面积的填土多采用夯实法或振动压实法。碾压法是利用机械滚轮的压力压实土壤,使其达到所需的密实度。常用的碾压机械有平碾、羊足碾和气胎碾。夯实法是利用夯锤自由下落的冲击力夯实土壤,主要用于小面积回填土。夯实机械有夯锤、内燃夯实机和蛙式打夯机等。振动压实法是将振动压实机放在土层表面,借助机械振动使土颗粒发生相对位移而达到紧密状态,用于振实非黏性土的效果较好。振动碾压法是利用振动和碾压双重作用的高效能压实机械,振动平碾来振动、压实土层。振动平碾的工效高于平碾且特别适用于压实爆破石渣、碎石类填土。

4)影响填土压实的主要因素

填土压实量与许多因素有关,其中主要影响因素为:压实功、土的含水量以及每层铺土厚度。

(1) 压实功的影响

填土压实后的密度与压实机械在其上所施加的功有一定的关系。土的密度与所耗的功的关系如图 1-13 所示。当土的含水量一定，在开始压实时，土的密度急剧增加，待到接近土的最大密度时，压实功虽然增加许多，但土的密度变化很小。实际施工中，对于砂土只需碾压或夯实 2~3 遍，对亚砂土只需 3~4 遍，对亚黏土或黏土只需 5~6 遍。

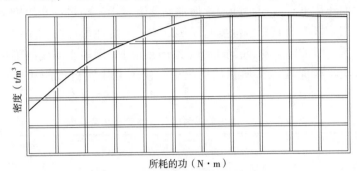

图 1-13　土的密实度与压实功的关系

(2) 含水量的影响

在同一压实功的作用下，填土的含水量对压实质量有直接影响。较为干燥的土，由于土颗粒之间的摩阻力较大，因而不易压实。当土具有适当含水量时，水起了润滑作用，土颗粒之间的摩阻力减小，从而易压实。土在最佳含水量的条件下，使用同样的压实功进行压实，所得到的密度最大（图 1-14）。各种土的最佳含水量和最大干密度可参考表 1-11。

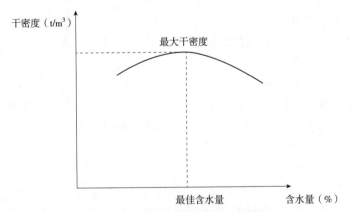

图 1-14　土的密实度与含水量的关系

表 1-11　土的最佳含水量和最大干密度参考表

项次	土的种类	变动范围	
		最佳含水量(重量比)(%)	最大干密度(t/m³)
1	砂土	8~12	1.80~1.88
2	黏土	19~23	1.58~1.70
3	粉质黏土	12~15	1.85~1.95
4	粉土	16~22	1.61~1.80

注：①表中土的最大干密度应以现场实际达到的数字为准；
　　②一般性的回填，可不做此项测定。

土料含水量一般以手握成团、落地开花为适宜。当含水量过大时，应采取翻松、晾干、风干、换土回填、掺入干土或其他吸水性材料等措施；如土料过干，则应预先洒水润湿。当含水量小时，也可采取增加压实遍数或使用大功率压实机械等措施。在气候干燥时，须采取加速挖土、运土、平土和碾压，以减少土的水分散失。当填料为碎石类土（充填物为砂土）时，碾压前应充分洒水湿透，以提高压实效果。

（3）铺土厚度的影响

土在压实功的作用下，其应力随深度增加而逐渐减小，超过一定深度后，则土的压实密度与未压实前相差极小。其影响深度与压实机械、土的性质和含水量等有关。铺土厚度应小于压实机械压土时的影响深度。因此，填土压实时每层铺土厚度的确定应根据所选压实机械和土的性质，在保证压实质量的前提下，使土方压实机械的功耗费最小，可参照表1-12选用。

表1-12 填土施工时的分层厚度及压实遍数

压实机具	分层厚度(mm)	每层压实遍数
平碾	250~300	6~8
振动压实机	250~350	3~4
柴油打夯机	200~250	3~4
人工打夯	不大于200	3~4

【任务实施】

1. 根据学院建工大楼数据，以小组为单位编制土方施工方案

（1）绘制土方开挖图

在土方开挖图上标示土方开挖路线、顺序、范围、基底标高、边坡坡度、排水沟、集水井位置以及土方堆放地点等。

（2）选择土方回填施工方法

①查找施工手册，分别了解人工和机械填土方法的作业特点、适用范围等。

②针对图纸和地质勘察报告及施工现场实际情况选择土方回填施工方法，并说明选择理由。

（3）选择填土压实施工方法

①查找施工手册，了解常用土方压实机具的名称、作业特点、适用范围等。

②针对图纸和地质勘察报告及施工现场实际情况选择土方压实机具，并说明选择理由。

③查找施工手册，了解常用土方压实方法等。

④针对图纸和地质勘察报告及施工现场实际情况选择土方压实方法，并说明选择理由。

2. 根据编制好的土方施工方案，以小组为单位编制土方施工技术交底文件

（1）编制工程概况

①土方工程所处的地段，周边的环境。

②四周市政道路、管、沟、电缆等情况。

③基础类型、基坑开挖深度、降排水条件、施工季节、原状土放坡形式及其他要求。

④邻近的原有建筑、构筑物的结构类型、层数、基础类型、埋深、基础荷载及上部结构现状。

⑤土方工程四周道路的距离及车辆载重情况。

(2) 编制工程地质情况

①施工区域内建筑基地的工程地质勘察报告中,要有土的常规物理试验指标,必须提供土的内摩擦角 ϕ、内聚力 c、渗透系数 k 等数据。

②施工区域内及邻近地区地下水情况。

(3) 编制施工准备交底文件

①土方开挖　制定开挖方案,确定合理的开挖方式、施工顺序和边坡防护措施,选择适当的施工机械。将施工区域内的地上、地下障碍物清除和处理完毕。做好建筑物的标准轴线桩、标准水平桩,用白灰洒出开挖线,必须经过检验合格,办理完验线手续。若设计基础底面低于地下水位,要提前采取降水措施,把地下水位降至低于开挖底面 0.5m 以下,然后开挖。夜间施工时,应合理安排工序,防止错挖或超挖。施工场地应根据需要安装照明设施,在危险地段应设置明显标志。

②土方回填　回填前,对基础、箱型基础墙或地下防水层、保护层等进行检查验收并办理隐检手续。将基坑内的杂物、积水等清理干净。管沟的回填应在上、下水道安装完成以后进行。施工前,做好水平高程的设置。在基槽边上钉水平橛,在基础墙表面划分层线。

(4) 编制工艺流程交底

①土方开挖　确定开挖的顺序和坡度→沿灰线切出槽边轮廓线→分层开挖→修整槽边→清底。

②土方回填　基坑(槽)底地坪上清理→检验土质→分层铺土、耙平→夯打密实→检验密实度→修整找平验收;基坑底地坪上清理→检验土质→分层铺土→分层碾压密实→检验密实度→修整找平验收。

3. 注意事项

(1) 编制开挖文件注意事项

①开挖过程中,严格控制开挖尺寸,基坑底部的开挖宽度要考虑工作面的增加宽度,并在开挖过程中试打钎,避免大面积的二次开挖。施工时尽力避免基底超挖,个别超挖的地方经设计单位给出方案用级配砂石回填。

②尽量减少对基土的扰动,若基础不能及时施工,可预留 200~300mm 的土层不挖,待做基础时再挖。

③开挖基坑时,有场地条件的,一次留足回填需要的好土,多余土方运到弃土处,避免二次搬运。

④土方开挖时,要注意保护标准定位桩、轴线桩、标准高程桩。要防止邻近建筑物下沉,应预先采取防护措施,并在施工过程中进行沉降和位移观测。

(2) 编制回填文件注意事项

①施工时,基础墙体达到一定强度后,才能进行回填土的施工,以免对结构基础造成

损坏。

②基坑基槽回填土,必须清理到基础底面标高,才能逐层回填。严禁使用浇水使土下沉的"水夯法"。

③土虚铺过厚、夯实不够或冬施时冻土块较多会造成回填土下沉,而导致地面散水、裂缝甚至下沉。

④室内坑槽(沟)不得用含有冻土块的土回填。

【考核评价】

考核评定方式	评定内容	分值	得分
自评	团队协作	10	
	成果质量	10	
互评	团队协作	20	
教师评定	考勤	10	
	团队协作	20	
	成果质量	30	
总 分			

【知识拓展】

当基础设计埋深较深或地下室的施工需要开挖深度较大时,要用人工的方法对新形成的土壁进行支撑、防护。除了本节介绍的土壁支护方法,还有一些不同的方法也广泛应用于实际施工中。

1. 钢板桩支护

1)打设方式

由于在基础施工中钢板桩支护的施工速度快,可重复使用,因此在一定条件下使用可取得较好的效果。常用的钢板桩有 U 型和 Z 型等。打入方式如下:

①单独打入法 从板桩墙的一角开始,逐块(或两块为一组)打设,直至工程结束。只适用于板桩墙要求不高且板桩长度较小(如小于10m)的情况。

②屏风式打入法 是将10~20根钢板桩成排插入导架内,呈屏风状,然后分批施打。施打时先将屏风墙两端的钢板桩打至设计标高或一定深度,成为定位板桩,然后在中间按顺序分1/3、1/2板桩高度呈阶梯状打入(图1-15)。

2)打设流程

先用吊车将钢板桩吊至插桩点处进行插桩,插桩时锁口要对准,每插入一块即套上桩帽轻轻加以锤击。在打桩过程中,为保证钢板桩的垂直度,用两台经纬仪在两个方向加以控制。为防止锁口中心线平面位移,可在打桩进行方向的钢板桩锁口处设卡板,阻止板桩位移。同时在围檩上预先算出每块板块的位置,以便随时检查校正。钢板桩分几次打入,如第一次由20m高打至15m,第二次则打至10m,第三次打至导梁高度,待导架拆除后第四次才打至设计标高。打桩时,开始打设的第一、二块钢板桩的打入位置和方向要确保精度,它可以起样板导向作用,应做到及时跟踪测量。

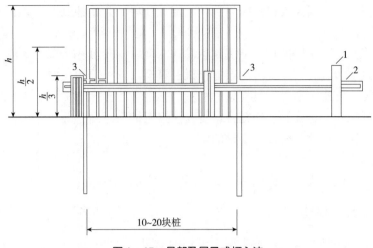

图1-15 导架及屏风式打入法

1—导桩；2—导梁；3—两端先打入的定位钢板桩

2. 深层搅拌水泥土桩墙

本法是采用水泥作为固化剂,通过特制的深层搅拌机械,在地基深处就地将软土和水泥强制搅拌形成水泥土,利用水泥和软土之间所产生的一系列物理化学反应,使软土硬化成整体性的并有一定强度的挡土防渗墙。

一般的施工工艺流程如下(图1-16):

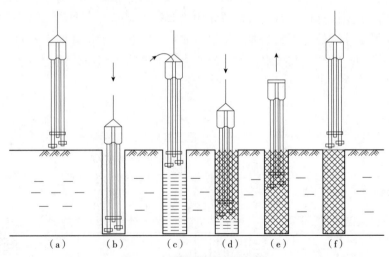

图1-16 深层搅拌桩施工流程

(a)定位;(b)预搅下沉;(c)提升喷浆搅拌;(d)重复下沉搅拌;
(e)重复提升搅拌;(f)成桩结束

①就位 深层搅拌桩机开行至指定桩位、对中。当地面起伏不平时应注意调整机架的垂直度。

②预搅下沉 深层搅拌机运转正常后,启动搅拌机电机。放松起重机钢丝绳,使搅拌机沿导向架切土搅拌下沉。

③制备水泥浆　深层搅拌机预搅下沉到一定深度后,开始拌制水泥浆,待压浆时倾入集料斗中。

④提升喷浆搅拌　深层搅拌机下沉到达设计深度后,开启灰浆泵将水泥浆压入地基土中,此后边喷浆、边旋转、边提升深层搅拌机,直至设计桩顶标高。

⑤沉钻复搅　再次沉钻进行复搅。

⑥重复提升搅拌　边旋转、边提升,重复搅拌至桩顶标高,并将钻头提出地面,以便移机施工新的桩体。至此,完成一根桩的施工。

⑦移位。

⑧清洗　当一施工段成桩完成后,应即时进行清洗。

3. 加筋水泥土桩法

加筋水泥土桩法是在水泥土桩中插入大型H型钢,由H型钢承受土侧压力,而水泥土具有良好的抗渗性能,具有挡土与止水双重作用。除了插入H型钢外,还可插入钢管、拉森钢板桩等。

4. 地下连续墙

地下连续墙即在工程开挖土方之前,用特制的挖槽机械在泥浆护壁下每次开挖一定长度(一个单元槽段)的沟槽,待挖至设计深度并清除沉淀下来的泥渣后,将在地面上加工好的钢筋骨架(称为钢筋笼)用起重机械吊放入充满泥浆的沟槽内,用导管向沟槽内浇筑混凝土。由于混凝土是由沟槽底部开始逐渐向上浇筑,所以随着混凝土的浇筑即将泥浆置换出来。待混凝土浇筑至设计标高后,一个单元槽段即施工完毕,各个单元槽段之间由特制的接头连接,而形成连续的地下钢筋混凝土墙。如呈封闭状,工程开挖土方时,地下连续墙即可用作支护结构,既挡土又挡水,如同时又将地下连续墙用作建筑物的承重结构则经济效益更好。地下连续墙工艺流程如图1-17所示。

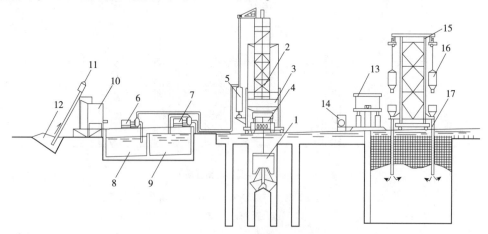

图1-17　地下连续墙工艺流程图

1—导板抓斗;2—机架;3—出土滑槽;4—翻斗车;5—潜水电站;6、7—吸泥泵;
8—泥浆池;9—泥浆沉淀池;10—泥浆搅拌机;11—螺旋输送机;12—膨润土;
13—接头管顶升架;14—油泵车;15—混凝土浇灌机;16—混凝土吊斗;17—混凝土导管

5. 土钉墙

采用专门设备将土钉钢筋击入土体，通常的做法是先在土体中成孔，然后置入土钉钢筋并沿全长注浆(图1-18)。最常用的土钉墙是先挖一段基坑的土方，做一层土钉，再挖一层基坑的土方，做一层土钉，如此分层分段挖土、做土钉。在完成一层或若干层后挂钢筋网、喷射混凝土面层、混凝土养护，修筑坡脚排水沟。

6. 土层锚杆

土层锚杆是一种受拉杆，它的一段嵌固在坡面(挡土桩)上，另一端嵌固在地基土的深层或岩石中，使原来是悬臂的护坡桩变成类似多支点多跨的连续梁，与挡土桩一起承担土、水的侧压力(图1-19)。锚杆施工包括钻孔、安放拉杆、灌浆和张拉锚固等工作流程，在深基坑侧壁的土层钻孔至要求深度，在孔内放入钢筋、钢管或钢丝束、钢绞线，灌入水泥浆或化学浆液，使之与土层结合成为抗拉(拔)力强的锚杆。在锚杆的端部通过横梁借螺母连接或再张拉施加预应力，将挡土结构受到的侧压力通过拉杆传给稳定土层，以达到控制基坑支护的变形，保持基坑土体和坑外建筑物稳定的目的。土层锚杆与土钉的区别如图1-20所示。

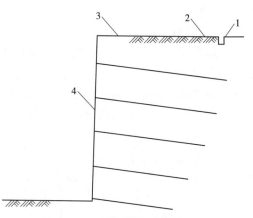

图1-18 土钉墙基本结构图

1—坡顶排水沟；2—防水地面；
3—喷射混凝土护顶；4—喷射混凝土面层

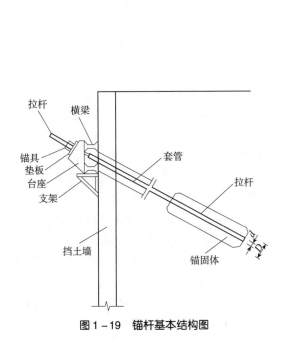

图1-19 锚杆基本结构图

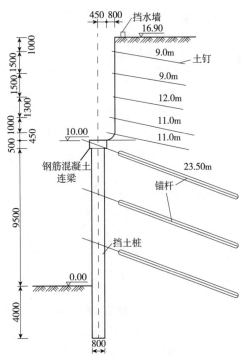

图1-20 锚杆与土钉的区别

任务1-4　编制基坑降水施工方案

【工作任务】

结合学院建工大楼基坑施工,编制基坑降水施工方案。

开挖基坑或沟槽时,土的含水层被切断,地下水会不断地渗入基坑。雨季施工时,地面水也会流入基坑。为了保证施工的正常进行,防止边坡塌方和地基承载力下降,在基坑开挖前和开挖时,必须做好排水、降水工作。

【知识准备】

1. 集水井明排法

在地下水位较高地区开挖基坑,会遇到地下水问题。如果涌入基坑内的地下水不能及时排除,不但土方开挖困难,边坡易于塌方,而且会使地基被水浸泡,扰动地基土,造成竣工后的建筑物产生不均匀沉降。为此,在基坑开挖时要及时排除涌入的地下水。当基坑开挖深度不大、基坑涌水量不大时,集水井明排法是应用最广泛、最简单、经济的方法。

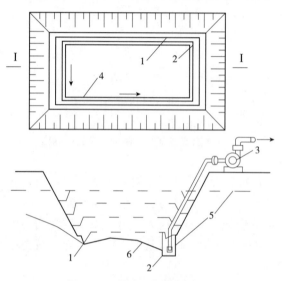

图1-21　明沟、集水井排水法

1—排水明沟;2—集水井;3—离心式水泵;
4—设备基础或建筑物基础边线;
5—原地下水位线;6—降低后地下水位线

明沟、集水井排水多是在基坑的两侧或四周设置排水明沟,在基坑四角或每隔30~40m设置集水井,使基坑渗出的地下水通过排水明沟汇集于集水井内,然后用水泵将其排出基坑(图1-21)。

排水明沟宜布置在拟建建筑基础边0.4m以外,沟边缘离开边坡坡脚应不小于0.3m。排水明沟的底面应比挖土面低0.3~0.4m;集水井底面应比沟底面低0.5m以上,并随基坑的挖深而加深,以保持水流畅通。明沟、集水井排水,视水量多少连续或间断抽水,直至基础施工完毕、完成回填土。

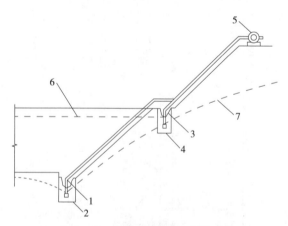

图1-22　分层明沟、集水井排水法

1—底层排水沟;2—底层集水井;3—二层排水沟;
4—二层集水井;5—水泵;6—原地下水位线;
7—降低后地下水位线

当基坑开挖的土层由多种土组成,中部夹有透水性能的砂类土,基坑侧壁出现分层渗水时,可在基坑边坡按不同高程分层设置明沟和集水井构成明排水系统,分层阻截和排除上部土层中的地下水,避免上层地下水冲刷基坑下部边坡造成塌方(图1-22)。

2. 井点降水

降水即在基坑土方开挖之前，用轻型井点、喷射井点、电渗井点或管井井点等深入含水层内，用不断抽水方式使地下水位下降至坑底以下，同时使土体产生固结以方便土方开挖。其中以轻型井点的应用最广，轻型井点降低地下水位如图1-23所示，下面做重点介绍。

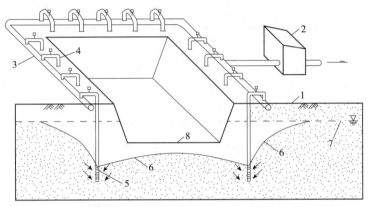

图1-23 轻型井点降低地下水位示意图

1—自然地面；2—水泵；3—总管；4—井点管；5—滤管；
6—降水后水位；7—原地下水水位；8—基坑地面

轻型井点设备由管路系统的抽水设备组成，管路系统由滤管、井点管、弯联管及总管等组成。滤管是长1.0~1.2m、外径为38mm或51mm的无缝钢管，管壁上钻有直径为12~19mm的滤孔，滤孔面积为滤管表面的20%~25%。滤管外面包括两层孔径不同的滤网，内层为细滤网，外层为粗滤网。为使流水畅通，管壁与滤网之间用塑料管或铁丝绕成螺旋形隔开，滤管外面再绕一层粗铁丝保护，滤管下端为一铸铁头。

井点管用直径38mm或55mm、长5~7m的无缝钢管或焊接钢管制成。下接滤管，上端通过弯联管与总管相连。弯联管一般采用橡胶软管或透明塑料管，后者可以随时观察井点管出水情况。

集水总管为直径100~127mm的无缝钢管，每节长4m，各节间用橡皮套管联结，并用钢箍拉紧，防止漏水。总管上装有与井点管联结的短接头，间距为0.8m或1.2m。

抽水设备由真空泵、离心泵和水气分离器（又称集水箱）等组成。

1) 井点布置

井点布置应根据基坑平面形状与大小、地质和水文情况、工程性质、降水深度等而定。当基坑（槽）宽度小于6m，且降水深度不超过6m时，可采用单排井点，布置在地下水上游一侧（图1-24）；当基坑（槽）宽度大于6m，或土质不良、渗透系数较大时，宜采用双排井点，布置在基坑（槽）的两侧；当基坑面积较大时，宜采用环形井点（图1-25）；挖土运输设备出入道可不封闭，间距可达4m，一般留在地下水下游方向。井点管距坑壁不应小于1m，距离太小，易漏气。井点间距一般为0.8~1.6m。集水总管标高宜尽量接近地下水位线并沿抽水水流方向有0.25%~0.5%的上仰坡度，水泵轴心与总管齐平。井点管的入土深度应根据降水深度及储水层所在位置决定，但必须将滤水管埋入含水层内，

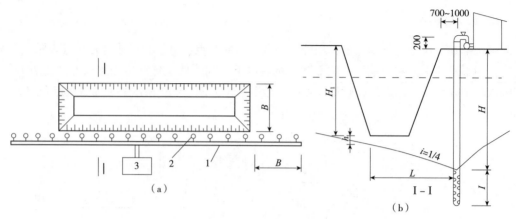

图1-24 单排线状井点布置

(a)平面布置；(b)高程布置

1—总管；2—井点管；3—抽水设备

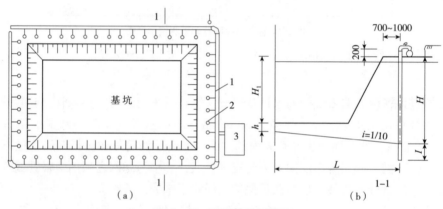

图1-25 环形井点布置图

(a)平面布置；(b)高程布置

1—总管；2—井点管；3—抽水设备

并且比基坑(沟、槽)底深0.9~1.2m。

轻型井点的降水深度一般以不超过6m为宜，井点管需要埋置深度H(不含滤管)的计算如下：

$$H \geqslant H_1 + h + iL + l \quad (1-11)$$

式中 H——井点管的埋置深度，m；

H_1——井点管埋设面至基坑底面的距离，m；

h——基坑中央最深挖掘面至降水曲线最高点的安全距离，一般为0.5~1.0m，人工开挖取下限，机械开挖取上限，m；

L——井点管中心至基坑中心的短边距离，m；

i——降水曲线坡度，与土层渗透系数、地下水流量等因素有关，根据扬水试验和工程实测确定，对环状或双排井点可取1/15~1/10，对单排线状井点可取1/4，环状降水取1/10~1/8；

l——滤管长度，m。

井点露出地面高度，一般取 0.2~0.3m。

计算得出 H 后，为确保安全，一般再增加 1/2 滤管长度。井点管的滤水管不宜埋入渗透系数极小的土层。在特殊情况下，当基坑底面处在渗透系数很小的土层时，水位可降到基坑底面以上标高最低的一层、渗透系数较大的土层底面。

一套抽水设备的总管长度一般不大于 100m。当主管过长时，可采用多套抽水设备；井点系统可以分段，各段长度应大致相等，宜在拐角处分段，以减少弯头数量，提高抽吸能力。分段宜设阀门，以免管内水流紊乱，影响降水效果。

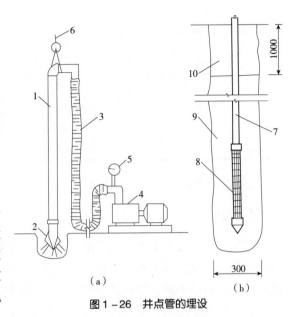

图 1-26 井点管的埋设

(a)冲孔；(b)埋管
1—冲管；2—冲嘴；3—胶皮管；4—高压水泵；
5—压力表；6—起重机吊钩；7—井点管；
8—滤管；9—填砂；10—黏土封口

2) 井点管的埋设

井点管的埋设可用射水法、钻孔法或冲孔法成孔（图 1-26），井孔直径不宜大于 300mm，孔深宜比滤管底深 0.5~1.0m。在井管与孔壁间及时用洁净中粗砂填灌密实均匀。投入滤料数量应大于计算值的 85%，在地面以下 1m 范围内用黏土封孔。

3) 井点使用

井点使用前应进行试抽水，确认无漏水、漏气等异常现象后，应保证连续不断抽水。应备用双电源，以防断电。一般抽水 3~5d 后水位降落漏斗渐趋稳定。出水规律一般是"先大后小、先浑后清"。在抽水过程中，应定时观测水量、水位、真空度，并应使真空泵保持在 55kPa 以上。

【任务实施】

①3 人一小组，听取学院建工大楼基坑降低地下水位施工的情况介绍。

②了解降低地下水位的方法、特点。

③了解该工程基坑降低地下水位的施工过程和效果。

④根据参观掌握的数据，查阅相关资料，整理出该工程基坑降水施工方案。包含且不限于以下内容：工程概况、场地条件、基坑支护情况、地下水情况、编制依据、相关设计文件、施工准备、技术准备、现场准备、施工进度计划、劳动力材料机械安排计划、施工具体方案、安全保证措施、文明施工保证措施等。

【考核评价】

考核评定方式	评定内容	分值	得分
自评	团队协作	10	
	成果质量	10	

(续)

考核评定方式	评定内容	分值	得分
互评	团队协作	20	
教师评定	考勤	10	
	团队协作	20	
	成果质量	30	
总 分			

【知识拓展】

1. 流砂

当坑(槽)需要挖到地下水位以下时,先要采用人工方法使坑(槽)范围局部的地下水位降低到设计坑底以下至少500mm,与局部范围以外的地下水位形成落差,这样就发生了动水压力。对于土颗粒较小的某些土层(如粉土、粉细砂和亚砂土),在地下水动水压力作用下,土颗粒会随动水压力方向涌进坑(槽)内,使土壁崩塌,土方施工无法进行,还会危害到坑外的建筑物或管道的安全,这种现象称为流砂现象。

流砂的产生与动水压力的大小和方向有关。动水压力指流动中的水对土产生的作用力,这个力的大小与水位差成正比,与水流的路径成反比,与水流的方向相同,还与土颗粒有关。

在基坑开挖和坑内工程施工全过程中,不能出现流砂现象,否则施工无法进行。防治流砂主要从消除、减少或平衡动水压力入手,有3种途径:一是减少或平衡动水压力;二是设法使动水压力方向向下;三是截断地下水流。

具体做法有:选择在枯水期施工,打钢板桩截断地下水流,人工降低地下水位把动水压力方向改变成向下,或采用水下挖土避免造成动水压力等。

2. 防止或减少降水影响周围环境的技术措施

在降水过程中,由于会随水流带出部分细微土粒,再加上降水后土体的含水量降低,使土壤产生固结,因而会引起周围地面的沉降,在建筑物密集地区进行降水施工,如因长时间降水引起过大的地面沉降,会带来较严重的后果,可采取下列技术措施。

1)采用回灌技术

降水对周围环境的影响,是由于土壤内地下水流失造成的。回灌技术即在降水井点和要保护的建(构)筑物之间打设一排井点,在降水井点抽水的同时,通过回灌井点向土层内灌入一定数量的水(即降水井点抽出的水),形成一道隔水帷幕,从而阻止或减少回灌井点外侧被保护的建(构)筑物地下的地下水流失,使地下水位基本保持不变,这样就不会因降水使地基自重应力增加而引起地面沉降。

2)采用砂沟、砂井回灌

在降水井点与被保护建(构)筑物之间设置砂井作为回灌井,沿砂井布置一道砂沟,将降水井点抽出的水适时、适量排入砂沟,再经砂井回灌到地下,也能收到良好效果。

3) 使降水速度减缓

在砂质粉土中，降水影响范围可达 80m 以上，降水曲线较平缓，为此可将井点管加长，减缓降水速度，防止产生过大的沉降。也可在井点系统降水过程中，调小离心泵阀，减缓抽水速度。还可在邻近被保护建(构)筑物一侧，将井点管间距加大，需要时甚至暂停抽水。

为防止抽水过程中将细微土粒带出，可根据土的粒径选择滤网。另外，确保井点管周围砂滤层的厚度和施工质量，也能有效防止降水引起的地面沉降。在基坑内部降水，掌握好滤管的埋设深度，一方面能疏干土壤、降低地下水位，便于挖土施工；另一方面又不使降水影响到基坑外面，使基坑周围产生沉降。

复习思考题

一、选择题

1. 作为检验填土压实质量控制指标的是( )。
   A. 土的干密度　　　B. 土的压实度　　　C. 土的压缩比　　　D. 土的可松性
2. 土的含水量是指土中的( )。
   A. 水与湿土的重量之比的百分数　　　B. 水与干土的重量之比的百分数
   C. 水重与孔隙体积之比的百分数　　　D. 水与干土的体积之比的百分数
3. 某土方工程挖方量为 $1000m^3$，已知该土的 $K_S = 1.25$，$K_S' = 1.05$，实际需运走的土方量是( )。
   A. $800m^3$　　　B. $962m^3$　　　C. $1250m^3$　　　D. $1050m^3$
4. 土的天然含水量反映了土的干湿程度，按( )计算。
   A. $W = m/V$　　　B. $W = m_W/m_S \times 100\%$
   C. $n = V_v/V \times 100\%$　　　D. $K = V_3/V_1$
5. 场地平整前的首要工作是( )。
   A. 计算挖方量和填方量　　　B. 确定场地的设计标高
   C. 选择土方机械　　　D. 拟订调配方案
6. 在场地平整的方格网上，各方格角点的施工高度为该角点的( )。
   A. 自然地面标高与设计标高的差值　　　B. 挖方高度与设计标高的差值
   C. 设计标高与自然地面标高的差值　　　D. 自然地面标高与填方高度的差值
7. 某沟槽宽度为 10m，拟采用轻型井点降水，其平面布置宜采用( )形式。
   A. 单排　　　B. 双排　　　C. 环形　　　D. U 形
8. 某轻型井点采用环状布置，井管埋设面距基坑底的垂直距离为 4m，井点管至基坑中心线的水平距离为 10m，则井点管的埋设深度(不包括滤管长)至少应为( )。
   A. 5m　　　B. 5.5m　　　C. 6m　　　D. 6.5m
9. 以下选项中，不作为确定土方边坡坡度依据的是( )。
   A. 土质及挖深　　　B. 使用期　　　C. 坡上荷载情况　　　D. 工程造价
10. 按土钉墙支护的构造要求，土钉间距宜为( )。
    A. 0.5~1m　　　B. 1~2m　　　C. 2~3m　　　D. 3~5m

11. 按土钉墙支护的构造要求，其面层喷射混凝土的厚度及强度等级至少应为(　　)。
    A. 50mm，C10　　　B. 50mm，C15　　　C. 80mm，C20　　　D. 100mm，C25
12. 某基坑深度大、土质差、地下水位高，宜采用(　　)作为土壁支护。
    A. 横撑式支撑　　　B. H型钢桩　　　C. 混凝土护坡桩　　　D. 地下连续墙
13. 以下挡土结构中，无止水作用的是(　　)。
    A. 地下连续墙
    B. H型钢桩加横挡板
    C. 密排桩间加注浆桩
    D. 深层搅拌水泥土桩挡墙
14. 正铲挖土机适宜开挖(　　)。
    A. 停机面以上的一至四类土的大型基坑
    B. 独立柱基础的基坑
    C. 停机面以下的一至四类土的大型基坑
    D. 有地下水的基坑
15. 反铲挖土机的挖土特点是(　　)。
    A. 后退向下，强制切土
    B. 前进向上，强制切土
    C. 后退向下，自重切土
    D. 直上直下，自重切土
16. 采用反铲挖土机开挖深度和宽度较大的基坑，宜采用的开挖方式为(　　)。
    A. 正向挖土侧向卸土
    B. 正向挖土后方卸土
    C. 沟端开挖
    D. 沟中向两端开挖
17. 适用于河道清淤工程的机械是(　　)。
    A. 正铲挖土机　　　B. 反铲挖土机　　　C. 拉铲挖土机　　　D. 抓铲挖土机
18. 抓铲挖土机适用于(　　)。
    A. 大型基坑开挖
    B. 山丘土方开挖
    C. 软土地区的沉井开挖
    D. 场地平整挖运土方
19. 关于基坑(槽)的土方开挖，不正确的说法是(　　)。
    A. 当边坡陡、基坑深、地质条件不好时，应采取加固措施
    B. 当土质较差时，应采用"分层开挖，先挖后撑"的开挖原则
    C. 应采取措施，防止扰动地基土
    D. 在地下水位以下的土，应降水后再开挖
20. 施工验槽的内容不包括(　　)。
    A. 基坑(槽)的位置、尺寸、标高是否符合设计要求
    B. 降水方法与效益
    C. 基坑(槽)的土质和地下水情况
    D. 空穴、古墓、古井、防空掩体及地下埋设物的位置、深度、形状
21. 以下几种土料中，可用作填土的是(　　)。
    A. 淤泥
    B. 膨胀土
    C. 有机质含量为10%的粉土
    D. 含水溶性硫酸盐为5%的砂土
22. 当采用蛙式打夯机压实填土时，每层铺土厚度不得超过(　　)。
    A. 100mm　　　B. 250mm　　　C. 350mm　　　D. 500mm
23. 某基坑回填工程，检查其填土压实质量时，应(　　)。
    A. 每三层取一次试样
    B. 每1000m² 取样不少于一组
    C. 在每层上半部取样
    D. 以干密度作为检测指标

24. 当采用平碾压路机压实填土时,每层压实遍数不得低于( )。

A. 2 遍　　　　　　B. 3 遍　　　　　　C. 6 遍　　　　　　D. 9 遍

二、简答题

1. 土方工程施工的特点及组织施工的要求有哪些?
2. 影响土方边坡稳定的因素主要有哪些?
3. 试述流砂现象发生的原因及主要防治方法。
4. 试述降低地下水位对周围环境的影响及预防措施。
5. 土钉墙与喷锚支护在稳定边坡的原理上有何区别?
6. 试述土钉墙的施工顺序。
7. 单斗挖土机按工作装置分为哪几种类型?其各自特点及适用范围如何?
8. 试述影响填土压实质量的主要因素及保证质量的主要方法。

三、计算题

1. 某基坑底长 85m,宽 60m,深 8m,工作宽度 0.5m,四边放坡,边坡系数为 0.5。试计算土方开挖工程量。
2. 如图 1-27 所示,某建筑场地方格网边长为 40m,试用方格网法计算场地总挖方量和填方量;如填方区和挖方区的边坡系数均为 0.5,试计算场地边坡挖、填土方量。

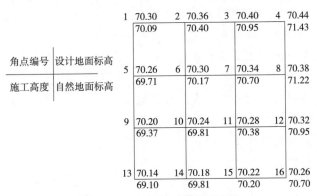

图 1-27　建筑场地方格网示意图

项目 2　地基与基础工程施工

【项目情景】

某小区工地内,发生一幢 13 层楼房向南整体倾倒事故,造成一名工人逃生不及被压致死。事后经调查,房屋倾倒的主要原因为:紧贴该楼北侧在短期内堆土过高,与此同时地下车库基坑正在开挖,大楼南北两侧的压力差使土体产生水平位移,过大的水平力超过了桩基的抗侧能力,导致房屋倾倒。假如你是现场施工员,请思考:①地基土侧压力对基础的影响;②地基基础施工中,如何预防此类事故的发生?

【学习目标】

》知识目标

1. 了解地基处理的目的、要求和施工特点。
2. 了解常用地基处理的原理、方法和质量要求。
3. 了解常用桩基础的成桩原理、施工特点和分类。
4. 掌握常用桩基础的施工工艺和质量要求。

》能力目标

1. 会编制常用地基处理的施工方案并组织施工。
2. 会编制常用桩基础的施工方案并组织施工。
3. 会进行地基处理的施工质量控制和安全管理。
4. 会进行桩基础的施工质量控制和安全管理。

》素质目标

1. 培养收集信息和编制工作计划的能力。
2. 培养观察、分析、判断、解决问题的能力和创新能力。
3. 培养组织、协调和沟通能力。
4. 培养认真的工作态度、责任心、团队意识、协作能力。

任务 2-1　编制地基处理方案

【工作任务】

编制学院建工大楼地基处理方案。

【知识准备】

软土地基是指主要由淤泥、淤泥质土、冲填土、杂填土或其他高压缩性土层以及湿陷性黄土、盐渍土、红黏土等特殊土层构成的地基。这类土压缩性高、强度低,如果不做处理,直接用作建筑物的地基,不能满足地基承载力和变形的基本要求,必须经过必要的处理。

地基处理方法很多，不同的位置、不同的地质，需要灵活采用不同的处理方法，本节介绍砂和砂石地基、重锤夯实地基、强夯地基、砂石桩地基、振冲地基、深层搅拌桩地基、旋喷桩地基、砂井堆载预压地基、真空预压地基的处理方法。

1. 砂和砂石地基

砂和砂石地基（垫层）采用砂或砂砾石（碎石）混合物，经分层夯（压）实，作为地基的持力层，提高基础下部地基强度，并通过垫层的压力扩散作用，降低地基的压实力，减少变形量，同时垫层可起排水作用，地基土中孔隙水可通过垫层快速地排出，能加速下部土层的沉降和固结。

砂和砂石地基具有应用范围广泛，不用水泥、石材，可防止地下水因毛细作用上升，地基不受冻结的影响，能在施工期间完成沉陷，用机械或人工都可使地基密实，施工工艺简单，可缩短工期，降低造价等特点。适于处理 3.0m 以内的软弱、透水性强的黏性土地基，包括淤泥、淤泥质土；不宜用于加固湿陷性黄土地基及渗透系数小的黏性土地基。

1) 构造要求

垫层的构造要有足够的厚度，以置换可能被剪切破坏的软弱土层，又要有足够的宽度，以防止垫层向两侧挤出，并应满足基础底面应力扩散的要求。

垫层的厚度一般为 0.5～2.5m，不宜大于 3.0m，否则费工费料，施工比较困难，也不够经济，小于 0.5m 则作用不明显。

垫层顶面每边宜超出基础底边不小于 300mm。大面积整片垫层的底面宽度，常按自然倾斜角控制适当加宽（图 2-1）。

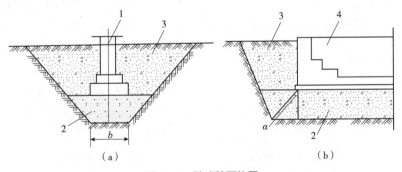

图 2-1 砂或砂石垫层

(a) 柱基础垫层；(b) 设备基础垫层
1—柱基础；2—砂或砂石垫层；3—回填土；4—设备基础
α—砂或砂石垫层自然倾斜角（休止角）；b—基础宽度

2) 施工要点

①铺设垫层前应验槽，将基底表面浮土、淤泥、杂物清除干净，两侧应设一定坡度，防止振捣时塌方。

②垫层底面标高不同时，土面应挖成阶梯或斜坡搭接，并按先深后浅的顺序施工，搭接处应夯压密实。分层铺设时，接头应做成斜坡或阶梯形搭接，每层错开 0.5～1.0m，并注意充分捣实。

③垫层铺设时,严禁扰动垫层下卧层及侧壁的软弱土层,防止被践踏、受冻或受浸泡,降低其强度。如垫层下有厚度较小的淤泥或淤泥质土层,在碾压荷载下抛石能挤入该层底面时,可采取挤淤处理。先在软弱土面上堆填块石、片石等,然后将其压入,以置换和挤出软弱土,再做垫层。

④垫层应分层铺设,夯压要做到交叉重叠1/3,防止漏振、漏压。夯实、碾压遍数、振实时间应通过试验确定。用细砂作垫层材料时,不宜使用振捣法或水撼法,以免产生液化现象。

⑤当采用水撼法或振捣法施工时,以振捣棒振幅半径的1.75倍为间距(一般为400~500mm)插入振捣,依次振实,以不再冒气泡为准,直至完成;同时应采取措施做到有控制地注水和排水。垫层接头应重复振捣,插入式振动棒振完所留孔洞应用砂填实;在振动首层的垫层时,不得将振动棒插入原土层或基槽边部,以避免使软土混入砂垫层而降低砂垫层的强度。

⑥垫层铺设完毕,应立即进行下道工序施工,严禁小车及人在砂层上面行走,必要时应在垫层上铺板行走。

2. 重锤夯实地基

重锤夯实是利用起重机械将夯锤提升到一定高度,然后自由落下,重复夯击基土表面,使地基表面形成一层比较密实的硬壳层,从而使地基得到加固。优点:设备易于解决,施工简便,费用较低;缺点:布点较密,夯击遍数多,施工期相对较长,同时夯击能量小,孔隙水难以消散,加固深度有限,当土的含水量稍高时,易夯成橡皮土,处理较困难。适于地下水位0.8m以上、稍湿的黏性土、砂土、饱和度$S_r \leqslant 60$的湿陷性黄土、杂填土以及分层填土地基的加固处理。但当夯击对邻近建筑物有影响,或地下水位高于有效夯实深度时,不宜采用。湿陷性黄土地基经重锤表面夯实,透水性有显著降低,可消除湿陷性,地基土密度增大,强度可提高30%;对杂填土则可以减少其不均匀性,提高承载力。

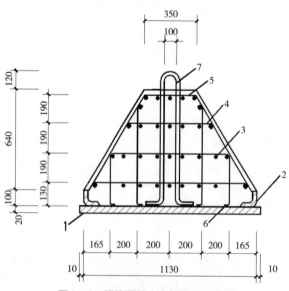

图2-2 钢筋混凝土夯锤构造示意图

1—20mm 厚钢板;2—L100×10mm 角钢;
3~5—φ8mm 钢筋@100mm 双向;
6—φ10mm 锚筋;7—φ30mm 吊环

1) 夯锤的构造

用C20钢筋混凝土制成,外形为截头圆锥体(图2-2),锤重2.0~3.0t,底面直径1.0~1.5m。

2) 施工要点

①施工前应进行试夯,确定有关技术参数,落距宜大于4m,一般为4~6m。夯击遍数由试验确定,一般为8~12遍。夯实前,槽、坑底面的标高应高出设计标高,预留土层的厚度可为试夯时的总下沉量再加50~100mm;基

槽、坑的坡度应适当放缓。

②夯实时地基土的含水量应控制在最佳含水量范围以内。现场简易测定方法是：以手捏紧后，松手土不散，易变形而不挤出，抛在地上即碎裂为合适；如表层含水量过大，可采取撒干土、碎砖、生石灰粉或换土等措施；如土含水量过低，应适当洒水，加水后待全部渗入土中一昼夜后，方可夯打。

③大面积基坑或条形基槽内夯实时，应按一夯换一夯的顺序进行[图2-3(a)]，即第一遍按一夯换一夯进行，在一次循环中同一夯位应连夯两下；下一循环的夯位，应与前一循环错开1/2的锤底直径搭接，如此反复进行；在夯打最后一循环时，可以采用一夯压半夯的打法。在独立柱基夯打时，可采用先周边后中间或先外后里的跳打法[图2-3(b)(c)]。当采用不易移动的起重机夯实时，可采用图2-3(d)的顺序，以提高功效。

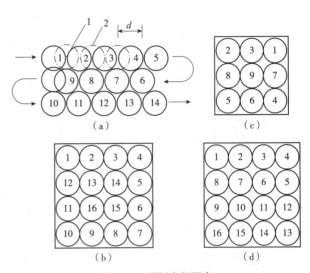

图2-3 重锤夯打顺序
1—夯位；2—重叠夯；d—重锤直径

④夯打应做到落距正确，落锤平稳，夯位准确，基坑的夯实宽度比基坑每边宽0.2~0.3m。基槽底面边角不易夯实部位应适当增大夯实宽度。重锤夯实填土地基时，应分层进行，每层的虚铺厚度以相当于锤底直径为宜。夯实层数不宜少于2层。夯实完后，应将基坑(槽)表面修整至设计标高。

⑤重锤夯实对建筑物会产生振动影响，应挖防振沟等做隔振处理。夯实结束后，应及时将夯松的表层浮土清除或将浮土在接近最佳含水量状态下重新用1m的落距夯实至设计标高。

3. 强夯地基

强夯法是用起重机械(起重机或起重机配三脚架、龙门架)将大吨位(一般8~30t)夯锤起吊到6~30m高度后，自由落下，给地基土以强大的冲击能量的夯击，使土中出现冲击波和很大的冲击应力，迫使土层孔隙压缩，土体局部液化，在夯击点周围产生裂隙，形成良好的排水通道，孔隙水和气体逸出，使土料重新排列，经时效压密达到固结，从而提高地基承载力，降低其压缩性的一种有效的地基加固方法。

1) 加固机理及特点

强夯法是在极短的时间内对地基土体施加一个巨大的冲击能量，使得土体发生一系列的物理变化，如土体结构的破坏或液化、排水固结压密以及触变恢复等。其作用结果使得一定范围内地基强度提高，孔隙挤密并消除湿陷性。

2) 适用范围

强夯法适于加固碎石土、砂土、低饱和度粉土、黏性土、湿陷性黄土、高填土、杂填土等的处理；不得用于不允许对工程周围建筑物和设备有一定振动影响的地基加固，必要时，应采取防振、隔振措施。

3) 夯锤

用钢板作外壳，内部焊接钢筋骨架后浇筑C30混凝土而成的夯锤（图2-4），锤重一般为8t、10t、12t、16t、25t。夯锤中宜设1～4个直径250～300mm上下贯通的排气孔，以利空气迅速排走，减小起锤时锤底与土面间形成真空产生的强吸附力和夯锤下落时的空气阻力，以保证夯击能的有效性。

4) 施工技术参数

(1) 夯击点布置及间距

夯击点布置：应根据基础的形式和加固要求而定。对大面积地基，一般采用等边三角形、等腰三角形或正方形（图2-5）；对条形基础，夯点可成行布置；对独立柱基础，可按柱网设置采取单点或成组布置，在基础下面必须布置夯点。

夯击点间距：取决于基础布置、加固土层厚度和土质等条件。通常夯击点间距取夯锤直径的3倍，一般第一遍夯击点间距为5～9m，以便夯击能向深部传递，以后各遍夯击点可与第一遍相同，也可适当减小。对处理深度较深或单击夯击能较大的工程，第一遍夯击点间距宜适当增大。

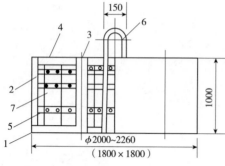
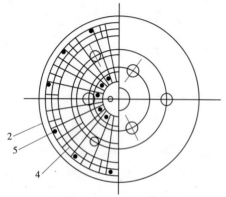

图2-4 混凝土夯锤

（圆柱形重12t；方形重8t）

1—30mm厚钢板底板；2—18mm厚钢板外壳；
3—6×φ159mm 钢管；
4—水平钢筋网片 φ16@200mm；
5—钢筋骨架 φ14@400mm；6—φ50mm 吊环；
7—C30 混凝土

(2) 单点夯击数与夯击遍数

单点夯击数：指单个夯点一次连续夯击次数。

夯击遍数：指以一定的连续击数，对整个场地的一批点，完成一个夯击过程为一遍。夯击遍数应根据地基土的性质确定，一般情况下，可采用2～3遍，最后再以低能量满夯一遍，以加固前几遍之间的松土和被振松的表土层。

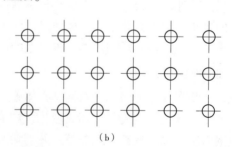

图2-5 夯点布置

(a) 梅花形布置；(b) 方形布置

（3）两遍间隔时间

两遍夯击之间应有一定的时间间隔，以利于土中超静孔隙水压力的消散，待地基土稳定后再夯下遍，一般两遍之间间隔1~4周。

5）施工程序

强夯施工程序为：清理、平整场地→标出第一遍夯点位置、测量场地高程→起重机就位、夯锤对准夯点位置→测量夯前锤顶高程→将夯锤吊到预定高度脱钩自由下落进行夯击，测量锤顶高程→往复夯击，按规定夯击次数及控制标准，完成一个夯点的夯击→重复以上工序，完成第一遍全部夯点的夯击→用推土机将夯坑填平，测量场地高程→在规定的间隔时间后，按上述程序逐次完成全部夯击遍数→用低能量满夯，将场地表层松土夯实，并测量夯后场地高程。

4. 砂石桩地基

砂桩和砂石桩统称砂石桩，是指用振动、冲击或水冲等方式在软弱地基中成孔后，再将砂或砂卵石（或砾石、碎石）挤压入土孔中，形成大直径的砂或砂卵石（碎石）所构成的密实桩体，它是处理软弱地基的一种常用方法。适用于挤密松散砂土、素填土和杂填土等地基。

1）砂石桩施工顺序

应从外围或两侧向中间进行，如砂石桩间距较大，也可逐排进行，以挤密为主的砂石桩同一排应间隔进行。

2）砂石桩成桩工艺

砂石桩成桩有振动成桩法和锤击成桩法两种。

（1）振动成桩法

振动成桩法是采用振动沉桩机将带活瓣桩尖的钢管沉下，往桩管内灌砂石后，边振动边缓慢拔出桩管；或在振动拔管的过程中，每拔0.5m高停拔振动20~30s；或将桩管压下然后再拔，以便将落入桩孔内的砂石压实，并可使桩径扩大。拔管速度应控制在1.0~1.5m/min，常用振动打桩机（图2-6）施工，因振动是垂直方向的，所以桩径扩大有限，适用于松散砂土和软黏土。

（2）锤击成桩法

锤击成桩法是将带有活瓣桩靴或混凝土桩尖的桩管，用锤击沉桩机打入土中，向桩管内灌砂后缓慢拔出，或在拔

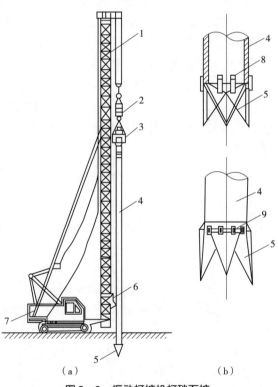

图2-6 振动打桩机打砂石桩

(a)振动打桩机沉桩；(b)活瓣桩靴

1—桩机导架；2—减震器；3—振动锤；4—桩管；
5—活瓣桩尖；6—装砂石下料斗；7—机座；
8—活门开启限位装置；9—锁轴

出过程中低锤击管,或将桩管压下再拔,砂石从桩管内排入桩孔成桩并使之密实。由于桩管对土的冲击力作用,桩周围土得到挤密,并使桩径向外扩展。但拔管不能过快,以免形成中断、缩颈而造成事故。对特别软弱的土层,也可采取二次打入桩管灌砂石的工艺,形成扩大砂石桩。

5. 振冲地基

振冲法又称振动水冲法,是以起重机吊起振冲器,启动潜水电机带动偏心块,使振动器产生高频振动,同时启动水泵,通过喷嘴喷射高压水流,在边振边冲的作用下,将振动器沉到土中的预定深度,经清孔,从地面向孔内逐段填入碎石,或不加填料,使之在振动作用下被挤密实,达到要求的密实度即可提升振动器,如此重复填料和振密,直至地面,在地基中形成一个大直径的密实桩体与原地基构成复合地基,从而提高地基的承载力,减少沉降和不均匀沉降,是一种快速、经济有效的加固方法。

振冲法按加固机理和效果的不同,又分为振冲置换法和振冲密实法两类。振冲置换法是在地基土中借振冲器成孔,振密填料置换,制造一群以碎石、砂砾等散粒材料组成的桩体,与原地基土一起构成复合地基,使地基承载力提高,沉降减少。振冲置换法适于处理不排水、抗剪强度小于20kPa的黏性土、粉土、饱和黄土和人工填土等地基。

振冲密实法是利用振动和压力水使砂层液化,砂颗粒相互挤密,重新排列,孔隙减少,从而提高砂层的承载力和抗液化能力;振冲密实法适用于处理砂土和粉土等地基,不加填料的振冲密实法仅适用于处理黏土粒含量小于10%的粗砂、中砂地基。

①施工前应先进行振冲试验,以确定成孔合适的水压、水量、成孔速度及填料方法。

②振冲置换法施工顺序为:定位→成孔→清孔→填料→振实。启动水泵和振冲器,使振冲器徐徐沉入土中,直至达到设计处理深度以上0.3~0.5m。如土层中夹有硬层,应往复上下多次,使孔径扩大,以便于填料。每次往孔内倒入填料的数量,为堆积在孔内约0.8m高,然后用振冲器振密后继续加料。在强度很低的软土地基施工中,则要用"先护壁,后制桩"的施工方法。即在振冲开孔到达第一层软弱层时,加些填料进行初步挤振,将填料挤到此层软弱层周围以加固孔壁,接着再用同样方法处理以下第二、第三层软弱层,直到加固深度。施工工艺如图2-7所示。

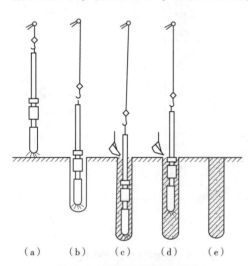

图2-7 振冲碎石桩施工工艺
(a)定位;(b)振冲下沉;
(c)振冲至设计标高并下料;
(d)边振边下料、边上提;(e)成桩

③振冲挤密法施工工艺如图2-8所示,施工顺序为:定位→成孔→边振边上提→振密。下沉速率控制在1~2m/min,待达到要求处理深度后,将水压和水量降至孔口有一定量回水但无大量细颗粒带出的程度,将填料堆于孔口扩筒周围,采取自下而上分段振动加密,每段长0.5~1.0m,填料在振冲器振动下依靠自重沿护筒壁下沉至孔底,在电流升高到规定控制值后,将振冲器上提0.3~0.5m;重复上一步骤直至完成

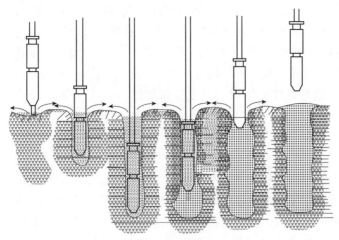

图2-8 振冲挤密法施工工艺

全孔处理。

6. 深层搅拌桩地基

深层搅拌桩地基是利用水泥作为固化剂,通过深层搅拌机在地基深部,就地将软土和固化剂(浆体或粉体)强制拌和,利用固化剂和软土发生一系列物理、化学反应,使其凝结成具有整体性、水稳性好和较高强度的水泥加固体,与天然地基形成复合地基。

1)特点及适用范围

深层搅拌法的特点是:在地基加固过程中无振动、无噪声,对环境无污染;对土无侧向挤压,对邻近建筑物影响很小;可按建筑物要求做成柱状、壁状、格栅状和块状等加固形状;可有效地提高地基强度;施工期较短,造价低廉,效益显著。

本法适于加固较深较厚的淤泥、淤泥质土、粉土和含水量较高且地基承载力不大于120kPa的黏性土地基,对超软土效果更为显著。

2)施工要点

施工程序为:深层搅拌机定位→预搅下沉→制配水泥浆(或砂浆)→喷浆搅拌、提升→重复搅拌下沉→重复搅拌提升直至孔口→关闭搅拌机,清洗→移至下一根桩,重复以上工序,如图2-9所示。

施工时,先将深层搅拌机用钢丝绳吊挂在起重机上,用输浆胶管将贮料罐砂浆泵与深层搅拌机接通,开动电动机,搅拌机叶片相向而转,借设备自重,以0.38~0.75m/min的速度沉至要

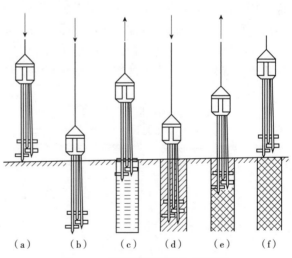

图2-9 深层搅拌桩施工工艺流程
(a)定位下沉;(b)深入设计深度;(c)喷浆搅拌提升;
(d)原位重复搅拌下沉;(e)重复搅拌提升;
(f)搅拌完成形成加固体

求加固深度；再以0.3~0.5m/min的均匀速度提起搅拌机，与此同时开动砂浆泵将砂浆从深层搅拌中心管不断压入土中，由搅拌叶片将水泥浆与深层处的软土搅拌，边搅拌边喷浆直到提至地面(近地面开挖部位可不喷浆，便于挖土)，即完成一次搅拌过程。同法再一次重复搅拌下沉和重复搅拌喷浆上升，即完成一根柱状加固体；一根接一根搭接，相搭接宽度宜大于100mm，以增强其整体性，即成壁状加固体；几个壁状加固体连成一片，即成块状。

7. 旋喷桩地基

旋喷桩地基是利用钻机把带有特殊喷嘴的注浆管钻至土层的预定位置后，用高压脉冲泵，将水泥浆液通过钻杆下端的喷射装置，向四周以高速水平喷入土体，借助流体的冲击力切削土层，使喷流射程内土体遭受破坏，与此同时钻杆一面以一定的速度旋转，一面低速徐徐提升，使土体与水泥浆充分搅拌混合，胶结硬化后即在地基中形成直径比较均匀，具有一定强度的圆柱体，从而使地基得到加固。

1)特点及适用范围

旋喷法具有以下特点：提高地基的抗剪强度，改善土的变形性质；能利用小直径钻孔旋喷成比孔大8~10倍的大直径固结体；施工简便，操作容易，速度快，效率高，用途广泛，成本低。

本法适用于淤泥、淤泥质土、黏性土、粉土、砂土、湿陷性黄土、人工填土及碎石土等的地基加固；可用于既有建筑和新建筑的地基处理，深基坑侧壁挡土或挡水，基坑底部加固等工程。

2)施工要点

①施工前先进行场地平整，挖好排浆沟，做好钻机定位。要求钻机安放保持水平，钻杆保持垂直，其倾斜度不得大于1.5%。旋喷桩施工程序为：机具就位→贯入注浆管、试喷射→喷射注浆→拔管及冲洗等，如图2-10所示。

②喷射时，应先达到预定的喷射压力、喷浆量，再逐渐提升注浆管。喷到桩高后应迅速拔出注浆管，用清水冲洗管路，防止凝固堵塞。相邻两桩施工间隔时间应不小于48h，间

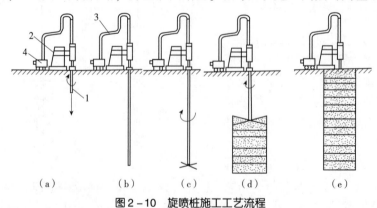

图2-10 旋喷桩施工工艺流程

(a)钻机就位钻孔；(b)钻孔至设计标高；(c)旋喷开始；(d)边旋喷边提升；(e)旋喷结束成桩
1—旋喷管；2—钻孔机械；3—高压胶管；4—超高压脉冲泵

距应不小于4~6m。

8. 砂井堆载预压地基

砂井堆载预压地基系在软弱地基中用钢管打孔，灌砂设置砂井作为竖向排水通道，并在砂井顶部设置砂垫层作为水平排水通道，在砂垫层上部压载以增加土中附加应力，使土体中孔隙水较快地通过砂井和砂垫层排出，从而加速土体固结，使地基得到加固。

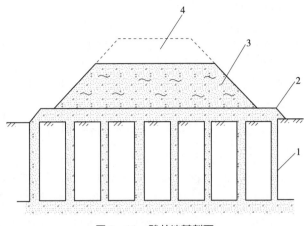

图2-11 砂井地基剖面
1—砂井；2—砂垫层；3—永久性填土；4—临时超载填土

1) 特点及适用范围

砂井堆载预压的特点是：可加速饱和软黏土的排水固结，使沉降及早完成和稳定（下沉速度可加快2.0~2.5倍），同时可大大提高地基的抗剪强度和承载力，防止基土滑动破坏；施工机具、方法简单，就地取材，可缩短施工期限，降低造价。

本法适用于透水性低的饱和软弱黏性土加固，用于机场跑道、油罐、冷藏库、水池、水工结构、道路、路堤、堤坝、码头、岸坡等工程地基处理。对于泥炭等有机沉积地基则不适用。图2-11为砂井地基剖面。

2) 砂井的构造和布置

(1) 砂井的直径、间距和长度

砂井的直径和间距由黏性土层的固结特性和施工期限确定。一般情况下，砂井的直径和间距细而密时，其固结效果较好，常用直径为300~400mm。井径不宜过大或过小，过大不经济，过小施工易造成灌砂率不足、缩颈或砂井不连续等质量问题。常用砂井的间距为砂井直径的6~9倍，一般不应小于1.5m。砂井长度一般为10~20m。

(2) 砂井的布置范围

砂井的布置范围，以比建筑物基础范围稍大为佳，因为基础以外一定范围内地基中仍然产生由于建筑物荷载而引起的压应力和剪应力。如能加速基础外地基土的固结，对提高地基的稳定性和减小侧向变形以及由此引起的沉降均有好处。

9. 真空预压地基

真空预压法是以大气压力作为预压载荷，它是先在需加固的软土地基表面铺设一层透水砂垫层或砂砾层，再在其上覆盖一层不透气的塑料薄膜或橡胶布，四周密封好与大气隔绝，在砂垫层内埋设渗水管道，然后与真空泵连通进行抽气，使透水材料保持较高的真空度，在土的孔隙水中产生负的孔隙水压力，将土中孔隙水和空气逐渐吸出，从而使土体固结（图2-12）。对于渗透系数小的软黏土，为加速孔隙水的排出，也可在加固部位设置砂井、袋装砂井或塑料板等竖向排水系统。

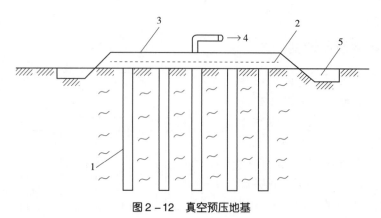

图 2-12 真空预压地基

1—砂井；2—砂垫层；3—薄膜；4—抽水、气；5—黏土

1）特点及适用范围

真空预压法的特点是：不需要大量堆载，可省去加载和卸载工序，缩短预压时间；真空所产生的负压使地基土的孔隙水加速排出，可缩短固结时间；无噪声、无振动、无污染。

本法适于饱和均质黏性土及含薄层砂夹层的黏性土，特别适于新淤填土、超软土地基的加固。但不适于在加固范围内有足够的水源补给的透水土层，以及无法堆载的倾斜地面和施工场地狭窄的工程进行地基处理。

2）施工要点

①真空预压法竖向排水系统设置同砂井（或袋装砂井、塑料排水带）堆载预压法。应先整平场地，设置排水通道，在软基表面铺设砂垫层或在土层中加设砂井（或埋设袋装砂井、塑料排水带），再设置抽真空装置及膜内外管道。

②砂垫层上密封薄膜，应按先后顺序同时铺设，并在加固区四周，在离基坑线外缘 2m 开挖深 0.8~0.9m 的沟槽，将薄膜的周边放入沟槽内，用黏土或粉质黏土回填压实。要求气密性好，密封不漏气，以膜上全面覆水较好，既密封好又减缓薄膜的老化。

③做好真空度、地面沉降量、深层沉降、水平位移、孔隙水压力和地下水位的现场测试工作，掌握变化情况，作为检验和评价预压效果的依据。随时分析，如发现异常，应及时采取措施，以免影响最终加固效果。

【任务实施】

（1）编写地基处理的依据

备齐设计图纸、地质勘察报告、设计规范、实验方法、验收规范等，并编写到文档中。

（2）列举工程概况

写清地理位置、设计、勘察、施工、监理单位等，归纳总结地质勘察报告中的重要文字描述。

（3）列举施工准备措施

了解本工程特点后，根据具体情况，做好施工准备。

(4) 根据工程特点，选择处理方案，编写施工流程及施工工艺

①查找施工手册，了解各种地基处理方法的作业特点、适用范围等。

②针对图纸和地质勘察报告及施工现场实际情况选择地基处理的方法，并说明选择理由。

(5) 编写成品保护措施

(6) 编写质量标准及控制措施

(7) 编写安全文明施工注意事项

【考核评价】

考核评定方式	评定内容	分值	得分
自评	团队协作	10	
	成果质量	10	
互评	团队协作	20	
教师评定	考勤	10	
	团队协作	20	
	成果质量	30	
总 分			

【知识拓展】

局部范围地基处理的方法和原则是将局部软弱层尽可能挖除，回填与天然土压缩性相近的材料，分层夯实。处理后的地基应保证建筑物各部位的沉降量趋于一致，以减少地基的不均匀下沉。具体处理方法见表2-1所列。

表2-1 局部范围松土坑处理方法

地基情况	处理简图	处理方法
松土坑在基槽范围内		将坑中松软土挖除，使坑底及四壁均见天然土为止，回填与天然土压缩性相近的材料。当天然土为砂土时，用砂或级配砂石回填；当天然土为较密实的黏性土时，用3:7灰土分层回填夯实；天然土为中密可塑的黏性土或新近沉积黏性土，可用1:9或2:8灰土分层回填夯实，每层厚度不大于20cm
松土坑在基槽中范围较大，且超过基槽边沿时		因条件限制，槽壁挖不到天然土层时，则应将该范围内的基槽适当加宽，加宽部分的宽度可按下述条件确定：当用砂土或砂石回填时，基槽壁边均应按 $l_1:h_1=1:1$ 坡度放宽；用1:9或2:8灰土回填时，基槽每边应按 $b:h=0.5:1$ 坡度放宽；用3:7灰土回填时，如坑的长度≤2m，基槽可不放宽，但灰土与槽壁接触处应夯实

(续)

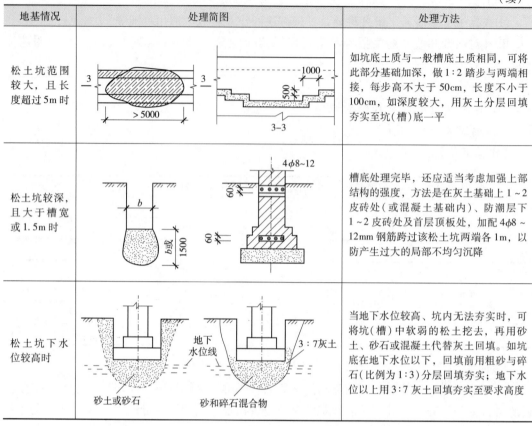

地基情况	处理简图	处理方法
松土坑范围较大,且长度超过5m时		如坑底土质与一般槽底土质相同,可将此部分基础加深,做1:2踏步与两端相接,每步高不大于50cm,长度不小于100cm,如深度较大,用灰土分层回填夯实至坑(槽)底一平
松土坑较深,且大于槽宽或1.5m时		槽底处理完毕,还应适当考虑加强上部结构的强度,方法是在灰土基础上1~2皮砖处(或混凝土基础内)、防潮层下1~2皮砖处及首层顶板处,加配4φ8~12mm钢筋跨过该松土坑两端各1m,以防产生过大的局部不均匀沉降
松土坑下水位较高时		当地下水位较高、坑内无法夯实时,可将坑(槽)中软弱的松土挖去,再用砂土、砂石或混凝土代替灰土回填。如坑底在地下水位以下,回填前用粗砂与碎石(比例为1:3)分层回填夯实;地下水位以上用3:7灰土回填夯实至要求高度

任务 2-2　编制桩基施工方案及验收报告

【工作任务】

编制学院建工大楼桩基施工方案及验收报告。

【知识准备】

桩基础是高层建筑、工业厂房和软弱地基上的多层建筑常用的一种基础形式。桩基础是由桩身和承台两部分组成的一种深基础(图2-13)。

1. 桩的分类

1) 按承载性状分类

(1) 摩擦型桩

摩擦型桩指桩顶荷载全部或主要由桩侧阻力承担的桩。根据桩侧阻力承担荷载的份额,摩擦型桩又分为纯摩擦桩和端承摩擦桩。

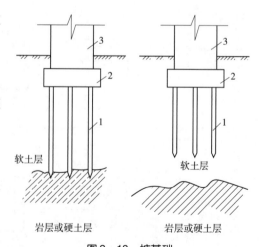

图 2-13　桩基础

1—桩身;2—承台;3—上部结构

(2)端承型桩

端承型桩指桩顶荷载全部或主要由桩端阻力承担的桩。根据桩端阻力承担荷载的份额，端承型桩又分为纯端承桩和摩擦端承桩。

2) 按成桩方法与工艺分类

①非挤土桩　如干作业法桩、泥浆护壁法桩、套管护壁法桩、人工挖孔桩。

②部分挤土桩　如部分挤土灌注桩、预钻孔打入式预制桩、打入式开口钢管桩、H型钢桩、螺旋成孔桩等。

③挤土桩　如挤土灌注桩、挤土预制混凝土桩(打入桩、振入桩、压入桩)。

2. 桩基施工机械设备的选用

1) 桩锤的选用

桩锤有落锤、汽锤、柴油锤、振动锤等。锤重可根据工程地质条件，桩的类型、结构、密集程度及现场施工条件选用。

2) 桩架选用

桩架为打桩的专用起重和导向设备，其作用主要是起吊桩锤和桩或料斗、插桩，给桩导向，控制和调整沉桩位置及倾斜度，以及行走和回转方式移动桩位。按行走方式的不同，桩架可分为滚动式、轨道式、履带式等，桩架的选用主要根据所选定的桩锤的形式、质量和尺寸，桩的材料、材质、截面形式与尺寸，桩长和桩的连接方式，桩的种类、桩数，桩的布置方式，作业空间，打入位置，以及打桩的连续程度与工期要求等而定。桩架的高度一般等于桩长 + 滑轮组高 + 桩锤长度 + 桩帽高度 + 起锤移位高度(取 1～2m)。

3. 钢筋混凝土预制桩施工

钢筋混凝土预制桩是在预制构件厂或施工现场预制，用沉桩设备在设计位置上将其沉入土中。其特点是：坚固耐久，不受地下水或潮湿环境影响，能承受较大荷载，施工机械化程度高，进度快，能适应不同土层施工。目前最常用的预制桩是预应力混凝土管桩。它是一种细长的空心等截面预制混凝土构件，是在工厂经先张预应力、离心成型、高压蒸养等工艺生产而成。管桩按桩身混凝土强度等级的不同分为预应力混凝土管桩(PC桩)和预应力高强混凝土管桩(PHC桩)；按桩身抗裂弯矩的大小分为 A 型、AB 型和 B 型(A 型最大，B 型最小)；外径有 300mm、400mm、500mm、550mm 和 600mm，壁厚为 65～125mm，常用节长 7～12m，特殊节长 4～5m。

钢筋混凝土预制桩施工前，应根据施工图设计要求、桩的类型、成孔过程对土的挤压情况、地质探测和试桩等资料，制定施工方案。一般的施工程序如图 2-14 所示。

1) 桩的制作、运输和堆放

(1) 桩的制作

①混凝土预制桩可在工厂或施工现场预制。现场预制多采用工具式木模板或钢模板，邻桩与上层桩的混凝土须待邻桩或下层桩的混凝土达到设计强度的30%以后进行，重叠层数一般不宜超过4层。混凝土空心管桩采用成套钢管胎模在工厂用离心法制成。

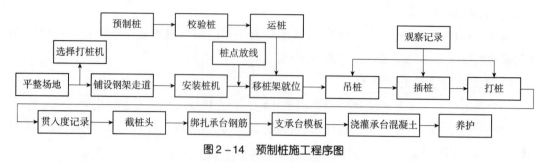

图2-14 预制桩施工程序图

②长桩可分节制作,单节长度应满足桩架的有效高度、制作场地条件、运输与装卸能力等方面的要求,并应避免在桩尖接近硬持力层或桩尖处于硬持力层中接桩。

(2)起吊、运输和堆放

当桩的混凝土达到设计强度标准值的70%后方可起吊,吊点应系于设计规定之处,如无吊环,可按图2-15所示位置设置吊点起吊。在吊索与桩间应加衬垫,起吊应平稳提升,

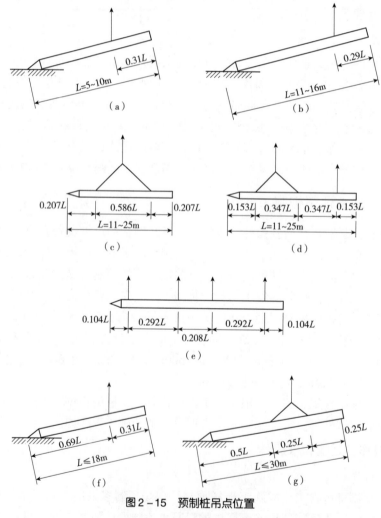

图2-15 预制桩吊点位置

(a)(b)一点吊法;(c)二点吊法;(d)三点吊法;(e)四点吊法;
(f)预应力管桩一点吊法;(g)预应力管桩两点吊法

采取措施保护桩身质量，防止撞击和受振动。

　　桩运输时的强度应达到设计强度标准值的100%。装载时桩支承应按设计吊钩位置或接近设计吊钩位置叠放平稳并垫实，支撑或绑扎牢固，以防运输中晃动或滑动；堆放场地应平整坚实，排水良好。桩应按规格、桩号分层叠置，支承点应设在吊点或近旁处保持在同一横断平面上，各层垫木应上下对齐，并支承平稳，堆放层数不宜超过4层。

2) 预制桩施工方法

(1) 前期施工准备工作

①整平场地，清除桩基范围内的高空、地面、地下障碍物；架空高压线距打桩架不得小于10m；修设桩机进出、行走道路，做好排水措施。

②按图纸布置进行测量放线，定出桩基轴线，先定出中心，再引出两侧，并将桩的准确位置测设到地面。

③检查打桩机设备及起重工具；在桩架上设置标尺或在桩的侧面画上标尺，以便能观测桩身入土深度。

④学习、熟悉桩基施工图纸，并进行会审；做好技术交底，特别是地质情况、设计要求、操作规程和安全措施的交底。

⑤准备好桩基工程沉桩记录和隐蔽工程验收记录表格，并安排好记录和监理人员等。

(2) 打(沉)桩程序

①根据地基土质情况，桩基平面布置，桩的尺寸、密集程度、深度，桩移动方便以及施工现场实际情况等因素确定，图2-16(a)~(d)为几种打桩顺序对土体的挤密情况。当基坑不大时，打桩应逐排打设或从中间开始分头向周边或两边进行。

对于密集群桩，自中间向两个方向或向四周对称施打，当一侧毗邻建筑物时，由毗邻建筑物处向另一方向施打。当基坑较大时，应将基坑分为数段，而后在各段范围内分别进行[图2-16(e)~(g)]，但打桩应避免自外向内，或从周边向中间进行，以免中间土体被挤密，桩难以打入，或虽勉强打入，但使邻桩侧移或上冒。

②对基础标高不一的桩，宜先深后浅，对不同规格的桩，宜先大后小，先长后短，可使土层挤密均匀，以防止位移或偏斜；在粉质黏土及黏土地区，应避免按着一个方向进行，使土体一边挤压，造成入土深度不一，土体挤密程度不均，导致不均匀沉降。

(3) 打(沉)桩方法

①打桩方法有锤击法、振动法及静力压桩法等。锤击打桩时，应用导板夹具，或桩箍将桩嵌固在桩架两导柱中，桩位置及垂直度经校正后，方可将锤连同桩帽压在桩顶，开始沉桩。桩锤、桩帽与桩身中心线要一致。

②开始沉桩应起锤轻压并轻击数锤，观察桩身、桩架、桩锤等垂直一致，方可转入正常。桩插入时的垂直度偏差不得超过0.5%。

③打桩应用适合桩头尺寸的桩帽和弹性垫层，以缓和打桩的冲击。桩帽用钢板制成，并用硬木或绳垫承托。桩帽与桩接触表面须平整，桩锤、桩帽与桩身应在同一直线上，以免沉桩产生偏移。

④当桩顶标高较低须送桩入土时，应用钢制送桩器放于桩头上，锤击送桩将桩送入土中。

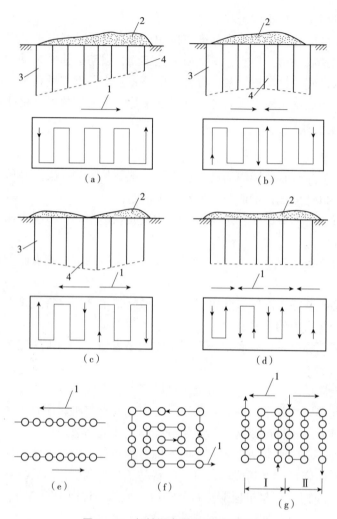

图 2-16 打桩顺序和土体挤密情况
(a)逐排单向打设;(b)两侧向中心打设;(c)中部向两侧打设;
(d)分段相对打设;(e)逐排打设;(f)自中部向边沿打设;(g)分段打设
1—打设方向;2—土的挤密情况;3—沉降量大;4—沉降量小

(4)接桩形式和方法

混凝土预制长桩,受运输条件和打(沉)桩架高度限制,一般分成数节制作,分节打入,在现场接桩。常用接头方式有焊接及硫黄胶泥锚接等。焊接接桩时,应先将四角点焊固定,然后对称焊接,并确保焊缝质量和设计尺寸。硫黄胶泥锚接法(图 2-17)是将熔化的硫黄胶泥注满锚筋孔内并溢出桩面,然后迅速将上段桩对准落下,胶泥冷硬后,即可继续施打,接桩简便快速。锚接时应注意以下几点:①锚筋应刷清并调直;②锚筋孔内应有完好螺纹,无积水、杂物和油污;③接桩时接点的平面和锚筋孔内应灌满胶泥,灌筑时间不得超过 2min。

(5)预制桩的质量控制

预制桩的质量控制,通常是以贯入度和设计标高两个指标来检验。打桩贯入度的检

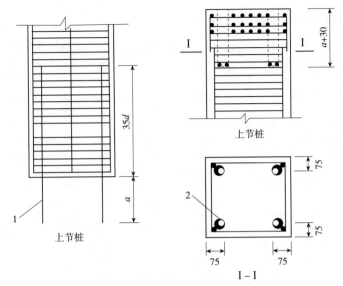

图 2-17 硫黄胶泥锚接法接桩节点构造

1—锚筋；2—锚筋孔
a—锚固长度；d—锚筋直径

验，一般是桩最后 10 击的平均贯入度应该小于或等于通过荷载试验（或设计规定）确定的控制数值。

①桩端（指桩的全截面）位于一般土层时，以控制桩端设计标高为主，贯入度可作参考。

②桩端达到坚硬土层时，以贯入度控制为主，桩端标高可作参考。

③当贯入度已达到，而桩端标高未达到时，应继续锤击 3 阵，按每阵 10 击的贯入度不大于设计规定的数值加以确认。

④振动法沉桩是以振动代替锤击，其质量控制是以最后 3 次振动（加压），每次 10min 或 5min，测出每分钟的平均贯入度，以不大于设计规定的数值为合格，而摩擦桩则以沉到设计要求的深度为合格。

⑤静力压桩，当压力表读数达到预先规定值，便可停止压桩。如果桩顶接近地面，而压桩力尚未达到规定值，可以送桩。如果桩顶高出地面一段距离，而压桩力已达到规定值，则要截桩，以便压桩机移位。

(6) 打（沉）桩验收要求

①施工结束后应对承载力进行检查。桩的静载荷试验根数应不少于总桩数的 1%，且不少于 3 根；当总桩数少于 50 根时，应不少于 2 根。

②桩身质量应进行检验，对多节打入桩不应少于桩总数的 15%，且每个柱子承台不得少于 1 根。

③施工中应对桩体垂直度、沉桩情况、桩顶完整状况、桩顶质量等进行检查，对电焊接桩、重要工程应做 10% 的焊缝探伤检查。

④施工结束后，应对承载力及桩体质量做检验。

3）打（沉）桩常遇问题及预防处理方法（表2-2）

表2-2 打（沉）桩常遇问题及预防、处理方法

名称、现象	产生原因	预防措施及处理方法
桩顶位移或上升涌起（在沉桩过程中，相邻的桩产生横向位移或桩身上涌）	①桩入土后，遇到大块孤石或坚硬障碍物，把桩尖挤向一侧；②桩身不正；两节桩或多节桩施工，相接的两节桩不在同一轴线上，造成歪斜；③采用钻孔、插桩施工时，钻孔倾斜过大，在沉桩过程中桩顺钻孔倾斜而产生位移；④在软土地基施工较密集的群桩时，如沉桩次序不当，由一侧向另一侧施打，常会使桩向一侧挤压造成位移或涌起；⑤遇流砂，当桩数较多，土体饱和密实，桩间距较小，在沉桩时土被挤过密而向上隆起，有时使相邻的桩随同一起涌起	施工前用钎或洛阳铲探明地下障碍物，较浅的挖除，深的用钻钻透或爆碎；对桩要吊线检查；桩不正直，桩尖不在桩纵轴线上时不宜使用，一节桩的细长比不宜超过40；钻孔插桩，钻孔必须垂直，垂直偏差应在1%以内，插桩时，桩应顺孔插入，不得歪斜；注意打桩顺序，同时避免打桩期间同时开挖基坑，一般宜间隔14d，以消散孔隙压力，避免桩位移或涌起；在饱和土中沉桩，采用井点降水、砂井或挖沟降水或排水措施；采用插桩法；减少土的挤密及孔隙水压力的上升，桩的间距应不少于3.5倍桩直径
桩身倾斜（桩身垂直偏差过大）	①场地不平，打桩用导杆不直，引起桩身倾斜；②稳桩时桩不垂直，桩顶不平、桩帽、桩锤及桩不在同一直线上；③桩制作时桩身弯曲超过规定，桩尖偏离桩的纵轴线较大，桩顶、桩帽倾斜，致使沉入时发生倾斜	安设桩架场地应整平，打桩机底盘应保持水平，导杆应吊线保持垂直；稳桩时桩应垂直，桩帽、桩锤和桩三者应在同一垂直线上；桩制作时应控制使桩身弯曲度不大于1%；桩顶应使与桩纵轴线保持垂直；桩尖偏离桩纵轴线过大时不宜应用
桩头击碎（打桩时，桩顶出现混凝土掉角、碎裂、坍塌或被打坏；桩顶钢筋局部或全部外露）	①桩设计未考虑工程地质条件或机具性能，桩顶的混凝土强度等级设计偏低，钢筋网片不足，造成强度不够；②桩预制时，混凝土配合比不准确，振捣不密实，养护不良，未达到设计要求而被打碎；③桩制作外形不合要求，如桩顶面倾斜或不平，桩顶保护层过厚；④施工机具选择不当，桩锤选用过大或过小，锤击次数过多，使桩顶混凝土疲劳损伤；⑤桩顶与桩帽接触不平，桩帽变形倾斜或桩沉入土中不垂直，造成桩顶局部应力集中而将桩头破碎打坏；⑥沉桩时未加缓冲垫或桩垫不合要求，失去缓冲作用，使桩直接承受冲击荷载；⑦施工中落锤过高或遇坚硬砂土夹层、大块石等	桩设计应根据工程地质条件和施工机具性能合理设计桩头，保证有足够的强度；桩制作时混凝土配合比要正确，振捣密实，主筋不得超过第一层钢筋网片，浇筑后应有1~3个月的自然养生过程，使其充分硬化和排除水分，以增强抗冲击能力；沉桩前，应对桩构件进行检查，如桩顶不平或不垂直于桩轴线，应修补后才能使用，检查桩帽与桩的接触面处及桩帽垫木是否平整等，如不平整应进行处理方能开打；沉桩时，稳桩要垂直；桩顶应加草垫、纸袋或胶皮等缓冲垫，如发现损坏，应及时更换；如桩顶已破碎，应更换或加垫桩垫，如破碎严重，可把桩顶剔平补强，必要时加钢板箍，再重新沉桩；遇砂夹层或大块石，可采用小钻孔再插预制桩的办法施打
桩身断裂（沉桩时，桩身突然倾斜错位，贯入度突然增大，同时当桩锤跳起后，桩身随之出现回弹）	①桩制作弯曲度过大，桩尖偏离轴线，或沉桩桩细长比过大，遇到较坚硬土层或障碍物，或其他原因出现弯曲，在反复集中荷载作用下，当桩身承受的抗弯强度超过混凝土抗弯强度时，即产生断裂；②桩在反复施打时，桩受到拉压，大于混凝土的抗拉强度，产生裂缝、剥落而导致断裂；③桩制作质量差，局部强度低或不密实或桩在堆放、起吊、运输过程中产生裂缝或断裂；④桩身打断，接头断裂或桩身劈裂	施工前查清地下障碍物并清除，检查桩外形尺寸，发现弯曲超过规定或桩尖不在桩纵轴线上时，不得使用；桩细长比应控制不大于40；沉桩过程中，发现桩不垂直，应及时纠正，或拔出重新沉桩；接桩要保持上下节桩在同一轴线上；桩制作时，应保证混凝土配合比正确，振捣密实，强度均匀；桩在堆放、起吊、运输过程中，应严格按操作规程，发现桩超过有关验收规定不得使用；普通桩在蒸养后，宜在自然条件下再养护一个半月，以提高后期强度；已断桩，可采取在一旁补桩的办法处理

(续)

名称、现象	产生原因	预防措施及处理方法
接头松脱、开裂(接桩处经锤击后，出现松脱、开裂等现象)	①接头表面留有杂物、油污未清理干净；②采用硫黄胶泥接桩时，配合比、配制使用温度控制不当，强度达不到要求，在锤击作用下产生开裂；③采用焊接或法兰连接时，连接铁件或法兰平面不平，存在较大间隙，造成焊接不牢或螺栓不紧，或焊接质量不好，焊缝不连续、不饱满，存在夹渣等缺陷；④两节桩不在同一直线上，在接桩处产生弯曲，锤击时，接桩处局部产生应力集中而破坏连接	接桩前，应将连接表面杂质、油污清除干净；采用硫黄胶泥接桩时，严格控制配合比及熬制、使用温度，按操作要求操作，保证连接强度；检查连接部件是否牢固、平整，如有问题，应修正后再使用；接桩时，两节桩应在同一轴线上，预埋连接件应平整服帖，连接好后，应锤击几下再检查一遍，如发现松脱、开裂等现象，应采取补救措施，如重接、补焊、重新拧紧螺栓并把丝扣凿毛，或用电焊死
沉桩达不到设计控制要求(沉桩未达到设计标高，或最后沉入度控制指标要求)	①地质勘察资料粗糙，地质和持力层起伏标高不明，致使设计桩尖标高与实际不符，达不到设计标高要求，或持力层过高；②设计要求过严，超过施工机械能力和桩身混凝土强度；③沉桩遇地下障碍物，如大块石、混凝土坑等，或遇坚硬土夹层、砂夹层；④在新近代砂层沉桩，同一层土的强度差异很大，且砂层越挤越密，有时出现沉不下去的现象；⑤桩锤选择太小或太大，使桩沉不到或超过设计要求的控制标高；⑥桩顶打碎或桩身打断，致使桩不能继续打入；⑦打桩间歇时间过长，摩阻力增大	详细探明工程地质情况，必要时应做补勘；正确选择持力层或标高，根据地质情况和桩重，合理选择施工机械、桩锤大小、施工方法和桩混凝土强度；探明地下障碍物，并清除掉，或钻透或爆碎；在新近代砂层沉桩，注意打桩次序，减少向一侧挤密的现象；打桩应连续打入，不宜间歇时间过长；防止桩顶打碎和桩身打断，措施同"桩顶破碎""桩身断裂"防治措施
桩急剧下沉(桩下沉速度过快，超过正常值)	①遇软土层或土洞；②桩身弯曲或有严重的横向裂缝，接头破裂或桩尖劈裂；③落锤过高或接桩不垂直	遇软土层或土洞应进行补桩或填洞处理；沉桩前检查桩垂直度和有无裂缝情况，发现弯曲或裂缝，处理后再沉桩；落锤不要过高，将桩拔起检查，改正后重打，或靠近原桩位作补桩处理
桩身跳动，桩锤回弹	①桩尖遇树根、坚硬土层；②桩身弯曲过大，接桩过长	检查原因，穿过或避开障碍物；桩身弯曲如超过规定，不得使用；接桩长度不应超过 40d，操作时注意落锤不应过高，如入土不深，应拔起避开或换桩重打

4. 预应力管桩施工

1) 桩规格与适用条件

预应力管桩简称管桩，系采用先张法预应力工艺和离心成型法，制成的一种空心圆柱体细长混凝土预制构件。主要由圆筒形桩身、端头板和钢套箍等组成，如图 2-18 所示。

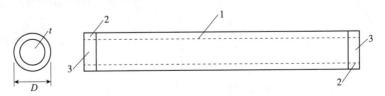

图 2-18 预应力管桩示意图

1—桩身；2—钢套箍；3—端头板；
D—外径；t—壁厚

管桩按桩身混凝土强度等级分为预应力混凝土管桩(PC桩)和预应力高强混凝土管桩(PHC桩)。PHC桩在成型脱模后,送入高压釜经10个大气压、180℃左右高温高压蒸汽养护。每节长一般不超过15m,常用节长8~12m。

预应力管桩优点:单桩承载力高,桩端承载力可比原状土提高80%~100%;设计选用范围广,单载承载力可从600kN到4500kN,既适用于多层建筑,也可用于50层以下的高层建筑;桩运输吊装方便,接桩快速;桩长度不受施工机械的限制,可任意接长。适用于各类工程地质条件为黏性土、粉土、砂土、碎石类土层以及持力层为强风化岩层、密实的砂层(或卵石层)等土层应用,但不适用于石灰岩、含孤石和障碍物多、有坚硬夹层的岩土层中应用。

2)打(沉)桩工艺方法要点

①预应力管桩沉桩方法较多,目前国内主要采用锤击法。预应力管桩打(沉)桩施工工艺程序为:测量定位→桩机就位→底桩就位、对中和调直→锤击沉桩→接桩→再锤击→再接桩→打至持力层→收锤,如图2-19所示。

②管桩施工应根据桩的密集程度与周围建(构)筑物的关系,合理确定打桩顺序。一般当桩较密集且距周围建(构)筑物较远,施工场地较开阔时,宜从中间向四周对称施打;若桩较密集、场地狭长、两端距建(构)筑物较远,宜从中间向两端对称施打;若桩较密集且一侧靠近建(构)筑物,宜从毗邻建(构)筑物的一侧开始向另一方向施打。若建(构)筑物外围设有支护桩,宜先打设工程桩,后打设外围支护桩。根据桩的入土深度,宜先打设深桩,后打设浅桩;根据管桩的规格,宜先大后小,先长后短;根据高层建筑塔楼(高层)与裙房(低层)的关系,宜先高后低。

③管桩施打应合理选择桩锤,打桩前应通过轴线控制点,逐个定出桩位,打设钢筋标桩,并用白灰画定位圆圈,以方便插桩对中,保持桩位正确。

④底桩就位前,应在桩身上划出单位长度标记,以便观察桩的入土深度及记录每米沉桩击数。吊桩就位一般用单点吊将管桩吊直,使桩尖插在白灰圈内,桩头部插入锤下面的桩帽套内就位,并对中和调直,使桩身、桩帽和桩锤三者的中心线重合,保持桩身垂直,其垂直度偏差不得大于0.5%。桩垂直度观测包括打桩架导杆的垂直度,可用两台经纬仪在离打桩架15m以外成正交方向进行观测,也可在正交方向上设置两根重锤垂线进行观测校正。

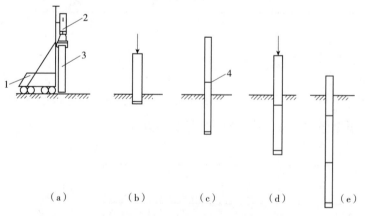

图2-19 预应力管桩施工工艺流程
(a)测量放样,桩机和桩就位对中调直;(b)锤击下沉;(c)电焊接桩;
(d)再锤击、再接桩、再锤击;(e)收锤,测贯入度
1—打桩机;2—打桩锤;3—桩;4—接桩

⑤锤击沉桩宜采取低锤轻击或重锤低打,以有效降低锤击应力,同时特别注意保持底桩垂直,在锤击沉桩的全过程中都应使桩锤、桩帽和桩身的中心线重合,防止桩受到偏心锤击,以免桩

受弯受扭。

⑥桩的接头多采用在桩端头埋设端头板,四周用一圈坡口进行电焊连接。当底桩桩头(顶)露出地面 0.5~1.0m 时,即应暂停锤击,进行管桩接长。方法是先将接头上的泥土、铁锈用钢丝刷刷净,再在底桩桩头上扣上一个特制的接桩夹具(导向箍),将待接的上节桩吊入夹具内就位,调直后,先用电焊在剖口圆周上均匀对称点焊 4~6 点,待上、下节桩固定后卸去夹具,由两名焊工对称、分层、均匀、连续施焊,一般焊接层数不少于 2 层,焊缝应饱满连续,待焊缝自然冷却 8~10min,方可继续锤击沉桩。

⑦在较厚的黏土、粉质黏土层中施打多节管桩,每根桩宜连续施打,一次完成,以避免间歇时间过长,造成再次打入困难,而需增加许多锤击数,甚至打不下而先将桩头打坏。

5. 混凝土灌注桩

混凝土灌注桩是直接在施工现场桩位上成孔,然后在孔内安装钢筋笼,浇筑混凝土成桩。与预制桩相比,灌注桩具有不受地层变化限制,不需要接桩和截桩,节约钢材、振动小、噪声小等特点,但施工工艺复杂,影响质量的因素多。灌注桩按成孔方法分为钻孔灌注桩、振动沉管灌注桩等,近年来还出现了夯扩桩、管内泵压桩、变径桩等新工艺,特别是变径桩,将信息化技术引进到桩基础上。

1) 钻孔灌注桩

(1) 冲击成孔灌注桩

冲击成孔灌注桩是用冲击式钻机或卷扬机悬吊冲击钻头(又称冲锤)上下往复冲击,将硬质土或岩层破碎成孔,部分碎渣和泥浆挤入孔壁中,大部分成为泥渣,用掏渣筒掏出成孔,然后再灌筑混凝土成桩。其特点是:设备构造简单,适用范围广,操作方便,所成孔壁较坚实、稳定,坍孔少,不受施工场地限制,无噪声和振动影响等,因此被广泛地采用。但存在掏泥渣较费工费时,不能连接作业,成孔速度较慢,泥渣污染环境,孔底泥渣难以掏尽,使桩承载力不够稳定等问题。

①机具设备 简易的冲击钻机由简易钻架、冲锤、转向装置、护筒、掏渣筒以及 3~5t 双筒卷扬机(带离合器)等组成(图 2-20)。所用钻具按形状分,常用十字钻头和三翼钻头两种(图 2-21)。

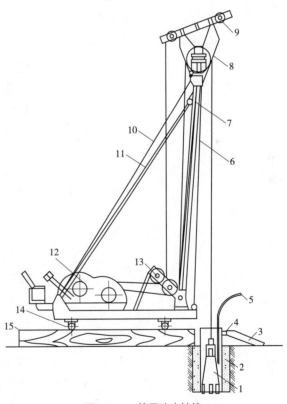

图 2-20 简易冲击钻机

1—钻头;2—护筒回填土;3—泥浆渡槽;4—溢流口;
5—供浆管;6—前拉索;7—主杆;8—主滑轮;
9—副滑轮;10—后拉索;11—斜撑;12—双筒卷扬机;
13—导向轮;14—钢管;15—垫木

掏渣筒用于掏取泥浆及孔底沉渣，一般用钢板制成(图2-22)。

② 施工要点

· 冲击成孔灌注桩施工工艺程序是：场地平整→桩位放线，开挖浆池，浆沟→护筒埋设→钻机就位，孔位校正→冲击造孔，泥浆循环，清除废浆，泥渣→清孔换浆→终孔验收→下钢筋笼和钢导管→灌筑水下混凝土→成桩养护。

· 成孔时应先在孔口设圆形钢板护筒或砌砖护圈，它的作用是保护孔口，定位导向，维护泥浆面，防止塌方。

· 冲孔时应随时测定和控制泥浆密度。如遇较好的黏土层，也可采取自成泥浆护壁，方法是在孔内注满清水，通过上下冲击使成泥浆护壁。每冲击1~2m应排渣一次，并定时补浆，直至设计深度。排渣方法有泥浆循环法和抽渣筒法两种。

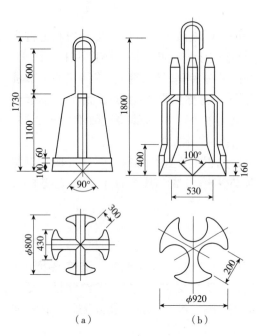

图2-21 冲击钻钻头类型

(a)十字钻头；(b)三翼钻头

· 在钻进过程中每1~2m要检查一次成孔的垂直度情况。如发现偏斜应立即停止钻进，采取措施进行纠偏。对于变层处和易于发生偏斜的部位，应采用低锤轻击、间断冲击的办法穿过，以保持孔形良好。

· 在冲击钻钻进阶段应注意始终保持孔内水位高过护筒底口0.5m以上，以免水位升降波动造成对护筒底口处的冲刷，同时孔内水位高度应高于地下水位1m以上。

· 成孔后，应用测绳下挂0.5kg重铁碗测量检查孔深，核对无误后进行清孔。可使用底部带活门的钢抽渣筒，反复掏渣，将孔底淤泥、沉渣清除干净。密度大的泥浆借水泵用清水置换，使密度控制在1.15~1.25g/cm³。

· 清孔后应立即放入钢筋笼，并固定在孔口钢护筒上，使其在浇筑混凝土过程中不向上浮起，也不下沉。钢筋笼下完并检查无误后应立即浇筑混凝土，间隔时间不应超过4h，以防泥浆沉淀和坍孔。混凝土浇筑一般采用导管法在水中浇筑。

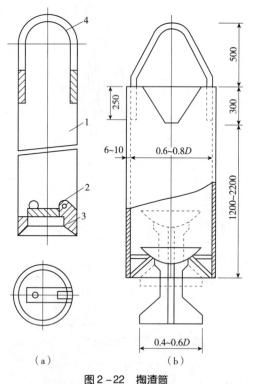

图2-22 掏渣筒

(a)平阀掏渣筒；(b)碗形活门掏渣筒

1—筒体；2—平阀；3—切削管袖；4—提环

· 浇筑混凝土的导管直径宜为200~250mm，壁厚不小于3mm，分节长度视工艺要求而定，一般 2.0~2.5m，导管与钢筋应保持 100mm 距离，导管使用前应试拼装，以水压力 0.6~1.0MPa 进行试压。
- 开始浇筑水下混凝土时，管底至孔底的距离宜为 300~500mm，并使导管一次埋入混凝土面以下 0.8m 以上，在以后的浇筑中，导管埋深宜为 2~6m。
- 桩顶浇筑高度不能偏低，应使在凿除泛浆层后，桩顶混凝土达到强度设计值。

③施工常见问题及预防、处理方法见表 2-3。

表 2-3　冲击钻成孔灌注桩常遇问题及预防处理方法

常遇问题	产生原因	预防措施及处理方法
桩孔不圆，呈梅花形	钻头的转向装置失灵，冲击钻头未转动；泥浆黏度过高，冲击转动阻力太大，钻头转动困难；冲程太小，钻头转动时间不充分或转动很小	经常检查转向装置的灵活性；调整泥浆的黏度和相对密度；用低冲程时，每冲击一段更换高一些的冲程冲击，交替冲击修整孔形
钻孔偏斜	冲击中遇探头石、漂石、大小不均，钻头受力不均；基岩面产状较陡；钻机底座未安置水平或产生不均匀沉陷；土层软硬不均；孔径大，钻头小，冲击时钻头向一侧倾斜	发现探头石后，应回填碎石或将钻机稍移向探头石一侧，用高冲程猛击探头石，破碎探头石后再钻进；遇基岩时采用低冲程，并使钻头充分转动，加快冲击频率，进入基岩后采用高冲程钻进；若发现孔斜，应回填重钻；经常检查及时调整；进入软硬不均地层，采取低锤密击，保持孔底平整，穿过此层后再正常钻进；及时更换钻头
冲击钻头被卡	钻孔不圆，钻头被孔的狭窄部位卡住（下卡）；冲击钻头在孔内遇到大的探头（上卡）；石块落在钻头与孔壁之间；未及时焊补钻头，钻头直径逐渐变小，钻头入孔冲击被卡；上部孔壁坍塌物卡住钻头；在黏土层中冲程太高，泥浆黏度过大，以致钻头被吸住；放绳太多，冲击钻头倾倒顶住孔壁；护筒底部出现卷口变形，钻头卡在护筒底，拉不出来	若孔不圆，钻头向下有活动余地，可使钻头向下活动并转动至孔径较大方向提起钻头；使钻头向下活动，脱离卡点；使钻头上下活动，让石块落下，及时修补冲击钻头；若孔径已变小，应严格控制钻头直径，并在孔径变小处反复冲刮孔壁，以增大孔径；用打捞钩或打捞活套助提；利用泥浆泵向孔内泵送性能优良的泥浆，清除坍落物，替换孔内黏度过高的泥浆；使用专门加工的工具将顶住孔壁的钻头拨正；将护筒吊起，割去卷口，再在筒底外围用 φ12mm 圆钢焊一圈包箍，重下护筒于原位
孔壁坍塌	冲击钻头或掏渣筒倾倒，撞击孔壁；泥浆相对密度偏低，起不到护壁作用；孔内泥浆面低于孔外水位；遇流砂、软淤泥、破碎地层或松砂层，钻进时进尺太快；地层变化时未及时调整泥浆相对密度；清孔或漏浆时补浆不及时，造成泥浆面过低，孔压不够而塌孔；成孔后未及时灌筑混凝土或下钢筋笼时撞击孔壁造成塌孔	探明坍塌位置，将砂和黏土（或砂砾和黄土）混合物回填到坍孔位置以上 1~2m，等回填物沉积密实后再重新冲孔；按不同地层土质采用不同的泥浆相对密度；提高泥浆面；严重坍孔，用黏土泥膏投入，待孔壁稳定后，采用低速重新钻进；地层变化时应随时调整泥浆相对密度，清孔或漏浆时应及时补充泥浆，保持浆面在护筒范围以内；成孔后应及时灌筑混凝土；下钢筋笼应保持竖直，不撞击孔壁
流砂	孔外水压力比孔内大，孔壁松散，使大量流砂涌入孔底；掏渣时，没有同时向孔内补充水，造成孔外水位高于孔内	流砂严重时，可抛入碎砖石、黏土，用锤冲入流砂层，做成泥浆结块，使其成坚厚孔壁，阻止流砂涌入，保持孔内水头，并向孔内抛黏土块，冲击造浆护壁，然后用掏渣筒掏砂
冲击无钻进	钻头刃脚变钝或未焊牢被冲击掉；孔内泥浆浓度不够，石渣沉于孔底，钻头重复击打石渣层	磨损的刃齿用氧气乙炔割平，重新补焊；向孔内抛黏土块，冲击造浆，增大泥浆浓度，勤掏渣
钻孔直径小	选用的钻头直径小；钻头磨损未及时修复	选择合适的钻头直径，宜比成桩直径小 20mm；定期检查钻头磨损情况，及时修复

(续)

常遇问题	产生原因	预防措施及处理方法
钻头脱落	大绳在转向装置联结处被磨断；或在靠近转向装置处被扭断，或绳卡松脱，或钻头本身在薄弱断面折断；转向装置与钻头在联结处脱开	用打捞活套打捞；用打捞钩打捞；用冲抓锥来抓取掉落的钻头；预防掉钻头，勤检查易损坏部位和机构
吊脚桩	清孔后泥浆相对密度过低，孔壁坍塌或孔底涌进泥沙，或未立即灌筑混凝土；清渣未净，残留沉渣过厚；沉放钢筋骨架、导管等物碰撞孔壁，使孔壁坍落孔底	做好清孔工作，达到要求立即灌筑混凝土；注意泥浆浓度，及时清渣；注意孔壁，不让重物碰撞孔壁

(2) 回转钻成孔灌注桩

回转钻成孔灌注桩又称正反循环成孔灌注桩，是用一般地质钻机在泥浆护壁条件下，慢速钻进，通过泥浆排渣成孔，灌筑混凝土成桩，为国内应用范围较广的成桩方法。其特点是：护壁效果好，成孔质量可靠；施工无噪声、无振动、无挤压；机具设备简单，操作方便，费用较低。但成孔速度慢，效率低，用水量大，泥浆排放量大，污染环境，扩孔率较难控制。适用于地下水位较高的软、硬土层，如淤泥、黏性土、砂土、软质岩等土层。

施工要点如下：

①钻机就位前，先平整场地，铺好枕木并用水平尺校正，保证钻机平稳、牢固。在桩位埋设 6~8mm 厚钢板护筒，内径比孔口大 100~200mm，埋深 1~1.5m，同时挖好水源坑、排泥槽、泥浆池等。

②钻进程序，根据场地、桩距和进度情况，可采用单机跳打法（隔一打一或隔二打一）、单机双打（一台机在二个机座上轮流对打）、双机双打（两台钻机在两个机座上轮流按对角线对打）等。

③桩孔钻完，应用空气压缩机清孔，可将直径 30mm 左右石块排出，直至孔内沉渣厚度小于 100mm，清孔后泥浆密度不大于 1.2t/m³。也可用泥浆置换方法进行清孔。

④清孔后测量孔径，然后应用吊车吊放钢筋笼，进行隐蔽工程验收，合格后浇筑水下混凝土，具体步骤同冲击钻成孔灌注桩。

(3) 潜水钻成孔灌注桩

潜水钻成孔灌注桩是利用潜水电钻直接带动钻头在泥浆中旋转削土，同时用泥浆泵压送高压泥浆（或用水泵压送清水），使其从钻头底端射出，与切碎的土颗粒混合，以正循环方式不断由孔底向孔口溢出，将泥渣排出（图 2-23），或用砂石泵或空气吸泥机用反循环方式排除泥渣（图 2-24），如此连续钻进，直至形成需要深度的桩孔，浇筑混凝土成桩。

①钻孔应采用泥浆护壁，泥浆密度在砂土和较厚的夹砂层中应控制在 1.1~1.3t/m³；在穿过砂夹卵石层或容易坍孔的土层中应控制在 1.3~1.5t/m³；在黏土和粉质黏土中成孔时，可注入清水，以原土造浆护壁，排渣时泥浆密度控制在 1.1~1.2t/m³。泥浆可就地选择塑性指数 $I_P \geqslant 17$ 的黏土调制。施工过程中应经常测定泥浆密度，并定期测定黏度、含砂率和胶体率。

②钻孔前，孔口应埋设钢板护筒，用以固定桩位，防止孔口坍塌，护筒与孔壁间的缝隙用黏土填实，以防止漏水。

③钻进速度应根据土质情况、孔径、孔深和供水、供浆量的大小确定，在淤泥和淤泥质黏土中不宜大于 1m/min，在较硬的土层中以钻机无跳动、电机不超荷为准。

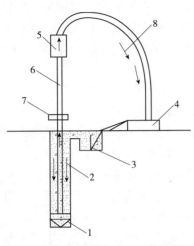
图2-23 正循环回转钻机成孔工艺原理示意图
1—钻头；2—泥浆循环方向；3—沉淀池；
4—泥浆池；5—泥浆泵；6—水龙头；
7—钻杆；8—钻机回转装置

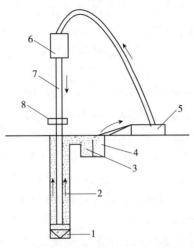
图2-24 反循环回转钻机成孔工艺原理示意图
1—钻头；2—新泥浆流向；3—沉淀池；
4—砂石泵；5—水龙头；6—钻杆；
7—钻机回转装置；8—混合液流向

④钻孔达设计深度后，应立即进行清孔放置钢筋笼，清孔合格后浇筑水下混凝土，具体步骤同冲击钻成孔灌注桩。

2) 振动沉管灌注桩

振动沉管灌注桩是用振动沉桩机将带有活瓣式桩尖或钢筋混凝土桩预制桩靴的桩管（上部开有加料口），利用振动锤产生的垂直定向振动和锤、桩管自重及卷扬机通过钢丝绳施加的拉力，对桩管进行加压，使桩管沉入土中，然后边向桩管内灌筑混凝土，边振边拔出桩管，使混凝土留在土中而成桩。

(1) 施工要点

①振动沉管灌注桩成桩工艺如图2-25所示。成桩过程为：

a. 桩机就位：将桩管对准桩位中心，桩尖活瓣合拢，放松卷扬机钢绳，利用振动机及桩管自重，把桩尖压入土中。

b. 沉管：开动振动箱，桩管即在强迫振动下迅速沉入土中。

c. 上料：桩管沉到设计标高后，停止振动，用上料斗将混凝土灌入桩管内，混凝土一般应灌满桩管或略高于地面。

d. 拔管：开始拔管时，应先启动

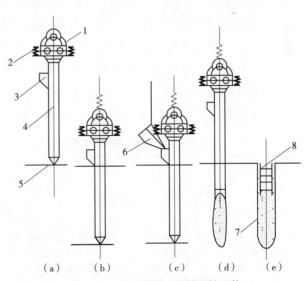
图2-25 振动沉管灌注桩成桩工艺
(a) 桩机就位；(b) 沉管；(c) 上料；(d) 拔管；
(e) 在桩顶部混凝土内插入短钢筋并灌满混凝土
1—振动锤；2—加压减振弹簧；3—加料口；4—桩管；
5—活瓣桩尖；6—上料斗；7—混凝土桩；8—短钢筋骨架

振动箱片刻,再开动卷扬机拔桩管。用活瓣桩尖时宜慢,用预制桩尖时可适当加快;在软弱土层中,宜控制在0.6~0.8m/min,并用吊砣探测得桩尖活瓣确已张开,混凝土已从桩管中流出以后,方可继续抽拔桩管,边振边拔,桩管内的混凝土被振实而留在土中成桩,拔管速度应控制在1.2~1.5m/min。

e. 在桩顶部混凝土内插入短钢筋并灌满混凝土。

②拔管方法根据承载力的不同要求,可分别采用以下方法:

单打法:即一次拔管。拔管时,先振动5~10s,再开始拔桩管,应边振边拔,每提升0.5m停拔,振5~10s后再拔管0.5m,再振5~10s,如此反复进行直至地面。

复打法:在同一桩孔内进行两次单打,或根据需要进行局部复打。成桩后的桩身混凝土顶面标高应不低于设计标高500mm。全长复打桩的入土深度宜接近原桩长,局部复打应超过断桩或缩颈区1m以上。全长复打时,第一次浇筑混凝土应达到自然地面。复打施工必须在第一次浇筑的混凝土初凝之前完成,应随拔管随清除粘在管壁上和散落在地面上的泥土,同时前后两次沉管的轴线必须重合。

反插法:先振动再拔管,每提升0.5~1.0m,把桩管下沉0.3~0.5m(且不宜大于活瓣桩尖长度的2/3),在拔管过程中分段添加混凝土,使管内混凝土面始终不低于地表面,或高于地下水位1.0~1.5m,如此反复进行直至地面。反插次数按设计要求进行,并应严格控制拔管速度使其不得大于0.5m/min。

在拔管过程中,桩管内的混凝土应至少保持2m高或不低于地面,可用吊砣探测,不足时及时补灌,以防混凝土中断形成缩颈。每根桩的混凝土灌筑量,应保证达到制成后桩的平均截面积与桩管端部截面积的比值不小于1.1。

当桩管内混凝土浇至钢筋笼底部时,应从桩管内插入钢筋笼或短筋,继续浇筑混凝土。当混凝土灌至桩顶时,混凝土在桩管内的高度应大于桩孔深度;当桩尖距地面60~80cm时停振,利用余振将桩管拔出。同时混凝土浇筑高度应超过桩顶设计标高0.5m,适时修整桩顶,凿去浮浆后,应确保桩顶设计标高及混凝土质量。

(2)施工常遇问题及预防处理方法(表2-4)

3)锤击沉管灌注桩

锤击沉管灌注桩是用锤击打桩机,将带活瓣桩尖或设置钢筋混凝土预制桩尖(靴)的钢

表2-4 振动(锤击)沉管灌注桩施工常遇问题及预防、处理方法

名称、现象	产生原因	预防措施与处理方法
缩颈(瓶颈)(浇筑混凝土后的桩身局部直径小于设计尺寸)	在地下水位以下或饱和淤泥、淤泥质土中沉桩管时,土受强制扰动挤压,土中水和空气未能很快扩散,局部产生孔隙压力,当套管拔出时,混凝土强度尚低,把部分桩体挤成缩颈;在流塑淤泥质土中,由于下套管产生的振动作用,混凝土不能顺利地灌入,淤泥质填充进来而造成缩颈;桩身间距过小,施工时受邻桩挤压;拔管速度过快,混凝土来不及下落而被泥土填充;混凝土过于干硬或和易性差,拔管时对混凝土产生摩擦或管内混凝土量过少,混凝土出管的扩散性差而造成缩颈	施工时每次向桩管内尽量多装混凝土,借其自重抵消桩身所受的孔隙水压力,一般使管内混凝土高于地面或地下水位1.0~1.5m,使之有一定的扩散力;桩间距过小,宜用跳打法施工;沉桩应采取"慢抽密击(振)";桩拔管速度不得大于0.8~1.0m/min;桩身混凝土应用和易性好的低流动性混凝土浇筑,桩轻度缩颈,可采用反插法,每次拔管高度以1.0m为宜;局部缩颈宜采用半复打法,桩身多段缩颈宜采用复打法施工

(续)

名称、现象	产生原因	预防措施与处理方法
断桩、桩身混凝土坍塌（桩身局部残缺夹有泥土，或桩身的某一部位混凝土坍塌，上部被土填充）	桩下部遇软弱土层，桩成型后，还未达到初凝强度时，在软硬不同的两层土中振动下沉套管，由于振动对两层土的波速不一样，产生了剪切力把桩剪断；拔管时速度过快，混凝土尚未流出套管，周围的土迅速回缩，形成断桩；在流态的淤泥质土中，孔壁不能自立，浇筑混凝土时，混凝土密度大于流态淤泥质土，造成混凝土在该层坍塌；桩中心距过近，打邻桩时受挤压（水平力及抽管上拔力）断裂，混凝土终凝不久，受振动和外力扰动	采用跳打法施工，跳打应在相邻成形的桩达到设计强度的60%以上进行；认真控制拔管速度，一般以1.2~1.5m/min为宜；对于松散性和流态淤泥质土，不宜多振，以边振边拔为宜；已出现断桩，采用复打法解决；在流态的淤泥质土中出现桩身混凝土坍塌时，尽可能不采用套管护壁灌注桩；控制桩中心距大于3.5倍桩直径；混凝土终凝不久避免振动和扰动；桩中心过近，可采用跳打或控制时间的方法
拒落（灌完混凝土后拔管时，混凝土不从管底部流出，拔至一定高度后才流出管外，造成桩的下部无混凝土或混凝土不密实）	在低压缩性粉质黏土层中打拔管桩，灌完混凝土开始拔管时，活瓣桩尖被周围的土包围压住而打不开，使混凝土无法流出而造成拒落；在有地下水的情况下，封底混凝土过干，套管下沉时间较长，在管底形成"塞子"堵住管口，使混凝土无法流出；预制桩头混凝土质量较差，强度不够，沉管时桩头被挤入套管内阻碍混凝土下落	根据工程和地质条件，合理选择桩长，尽量使桩不进入低压缩性土层；严格检查预制桩头的强度和规格，防止桩尖在施工时压入桩管；在有地下水的情况下，混凝土封底不要过干，套管下沉不要过长，套管沉至设计要求后，应用浮标测量预制桩尖是否进入桩管，如桩尖进入桩管，应拔出处理，浇筑混凝土后，拔管时应用浮标经常观测测量，检查混凝土是否有阻塞情况；已出现拒落，可在拒落部位采用翻插法处理
桩身夹泥（桩身混凝土内存在泥夹层，使桩身截面减小或隔断）	在饱和淤泥质土层中施工，拔管速度过快，混凝土骨料粒径过大，坍落度过小，混凝土还未流出管外，土即涌入桩身，造成桩身夹泥；采用翻插法时，翻插深度太大，翻插时活瓣向外张开，使孔壁周围的泥挤进桩身；采用复打法时，套管上的泥土未清理干净，而带入桩身混凝土内	在饱和淤泥质土层中施工，注意控制拔管速度和混凝土骨料粒径（<30mm）、坍落度（≥5~7cm）；拔管速度以0.8~1.0m/min较合适；混凝土应搅拌均匀，和易性要好，拔管时随时用浮标测量，观察桩身混凝土灌入量，发现桩径减小时，应采取措施；采用翻插法时，翻插深度不宜超过活瓣长度的2/3；复打时，在复打前应把套管上的泥土清除干净
桩身下沉（桩成形后，在相邻桩位下沉套管时，桩顶的混凝土、钢筋或钢筋笼下沉）	新浇筑的混凝土处于流塑状态，由于相邻桩沉入套管时的振动影响，混凝土骨料自重沉实，造成桩顶混凝土下沉，土塌入混凝土内；钢筋的密度比混凝土大，受振动作用，使钢筋或钢筋笼沉入混凝土	在桩顶部分采用较干硬性混凝土；钢筋或钢筋笼放入混凝土后，上部用钢管将钢筋或钢筋笼架起，支在孔壁上，可防止相邻桩振动时下沉；指定专人铲去桩顶杂物、浮浆，重新补足混凝土
超量（浇筑混凝土时，混凝土的用量比正常情况下大1倍以上）	在饱和淤泥质软土中成桩，土受到扰动，强度大大降低，由于混凝土对土壁侧压力作用，而使土壁压缩，桩身扩大；地下遇有土洞、坟坑、溶洞、下水道、枯井、防空洞等洞穴	在饱和淤泥质软土层中成桩；宜先打试验桩，如发现混凝土用量过大，应与设计单位研究改用其他桩型；施工前应通过钎探了解工程范围内的地下洞穴情况，如发现洞穴，预先挖开或钻孔，进行填塞处理，再行施工
桩达不到最终控制要求（桩管下沉沉不到设计要求的深度）	遇有较厚的硬夹层或大块孤石、混凝土块等地下障碍物；实际持力层标高起伏较大，超过施工机械能力，桩锤选择太小或太大，使桩沉不到或过分要求的控制标高；振动沉桩机的振动参数（如激振力、振幅、频率等）选择不合适，或因振动压力不够而使套管沉不下去；套管细长比过大，刚度较差，在沉管过程中，产生弹性弯曲而使锤击或振动能量减弱，不能传至桩尖处	认真勘察工程范围内的地下硬夹层及埋设物情况，遇有难以穿透的硬夹层，应用钻机钻透，或将地下障碍物清除干净；根据工程地质条件，选用合适的沉桩机械和振动参数，沉桩时，如因正压力不够而沉不下去，可用加配重或加压的办法来增加正压力；锤击沉管时，如锤击能力不够，可更换大一级的锤；套管应有一定的刚度，细长比不宜大于40

(续)

名称、现象	产生原因	预防措施与处理方法
桩尖进水、进泥沙(套管活瓣处涌水或泥沙进入桩管内)	地下涌水量大,水压大;沉桩时间过长;桩尖活瓣缝隙大或桩尖被打坏	地下涌水量大时,桩管应用0.5m高水泥砂浆封底,再灌1m高混凝土,然后沉入;少量进水(<20cm)可在灌第一槽混凝土时酌减用水量;沉桩时间不要过长;桩尖损坏、不密合,可将桩管拔出,桩尖活瓣修复改正后,将孔回填,重新沉入
吊脚桩(桩下部混凝土不密实或脱空,形成空腔)	桩尖活瓣受土压实,抽管至一定高度才张开;混凝土干硬,和易性差,下落不密实,形成空隙;预制桩尖被打碎缩入桩管内,泥沙与水挤入管中	为防止活瓣不张开,可采取"密振慢抽"方法,开始拔管50cm,可将桩管反擂几下,然后正常拔管;混凝土应保持良好和易性,坍落度应不小于5~7cm;严格检查预制桩尖的强度和规格,防止桩尖打碎或压入桩管

管锤击沉入土中,然后边浇筑混凝土边用卷扬机拔桩管成桩。其工艺特点是:可用小桩管打较大截面桩,承载力大;可避免坍孔、瓶颈、断桩、移位、脱空等缺陷;可采用普通锤击打桩机施工,机具设备和操作简便,沉桩速度快。但桩机较笨重,劳动强度较大,另外要特别注意安全。适于在黏性土、淤泥、淤泥质土、稍密的砂土及杂填土层中使用,但不能在密实的中粗砂、砂砾石、漂石层中使用。

(1) 机具设备及材料要求

主要设备为一般锤击打桩机,如落锤、柴油锤、蒸汽锤等。

锤击打桩机由桩架、桩锤、卷扬机、桩管等组成。桩管直径可达500mm,长8~15m,常用锤击打桩机如图2-26所示。

(2) 施工要点

①锤击沉管灌注桩成桩工艺如图2-27所示。锤击成桩过程为:

a. 桩机就位:就位后吊起桩管,对准预先埋好的预制钢筋混凝土桩尖(图2-28),然后缓慢放入桩管,套入桩尖压入土中。

b. 沉管:上端扣上桩帽先用低锤轻击,观察无偏移,再正常施打,直至符合设计要求深度,如沉管过程中桩尖损坏,应及时拔出桩管,用土或砂填实后另安桩尖重新沉管。

c. 上料:检查套管内无泥浆或水,即可浇筑混凝土,混凝土应灌满桩管。

d. 拔管:拔管速度应均匀,对一般土可控制在不大于1m/min。第一次拔管高度不宜过高,应控制在能容纳第二次需要灌入的混凝土数量为限,以后始终保持使管内混凝土量略高于地面。

e. 当混凝土灌至钢筋笼底标高时,放入钢筋骨架,继续浇筑混凝土及拔管,直到全管拔完。

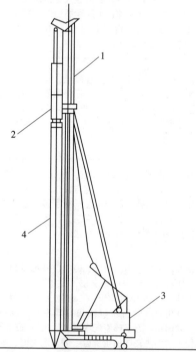

图2-26 柴油锤击打桩机

1—桩架;2—桩锤;3—履带式起重机;4—桩

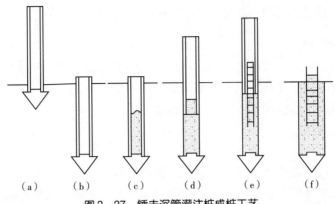

图2-27 锤击沉管灌注桩成桩工艺

(a)就位；(b)沉管；(c)开始浇筑混凝土；(d)边锤击边拔管，并继续浇筑混凝土；
(e)下钢筋笼，并继续浇筑混凝土；(f)成型

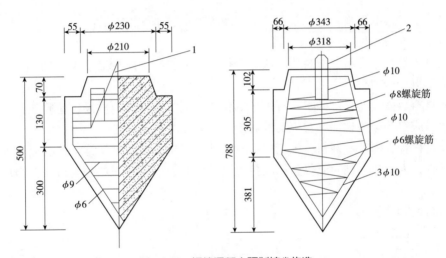

图2-28 钢筋混凝土预制桩尖构造

1—吊钩1ϕ6mm；2—吊环1ϕ10mm

②为扩大桩径，提高承载力或补救缺陷，可采用复打法。复打方法及要求同振动沉管灌注桩，但以扩大一次为宜。当作为补救措施时，常采用半复打法或局部复打法。

【任务实施】

1. 编制学院建工大楼桩基施工方案

①领取任务单和施工图样后，熟悉施工图样。
②确定桩基形式、成孔方法，确定桩基施工工艺顺序。
③选择施工机具和施工设备。
④按照分析的情况，编制施工方案，其中包括确定成孔方法、确定灌注桩施工工艺顺序、选择施工机具和施工设备等。

2. 编制学院建工大楼桩基工程验收报告

注意收集下列资料：
①工程地质勘察报告、桩基施工图、图纸会审纪要、设计变更及材料代用单等。
②经审定的施工组织设计、施工方案及执行中的变更情况。
③桩位测量放线图，包括工程桩位线复核签证单。
④成桩质量检查报告。
⑤单桩承载力检测报告。
⑥基坑挖至设计标高的基桩竣工平面图及桩顶标高图。
⑦灌注桩的沉渣厚度数据资料：当以摩擦桩为主时，不得大于150mm；当以端承力为主时，不得大于50mm；套管成孔的灌注桩不得有沉渣。
⑧试块数据资料：灌注桩每灌筑50m³应有一组试块，小于50m³的桩应每根桩有一组试块。
⑨静载实验数据资料：桩的静载荷载试验根数应不少于总桩数的1%，且不少于3根，当总桩数少于50根时，应不少于2根。
⑩桩身质量数据资料：桩身质量应进行检验，检验数不应少于总数的20%，且每个柱子承台下不得少于1根。
⑪原材料数据资料：对砂子、石子、钢材、水泥等原材料的质量、检验项目、批量和检验方法，应符合国家现行有关标准的规定，并有相关检测报告。
⑫全过程检查内外业资料：施工中应对成孔、清渣、放置钢筋笼，灌筑混凝土等全过程进行检查；人工挖孔桩尚应复验孔底持力层土(岩)性。嵌岩桩必须有桩端持力层的岩性报告。

【考核评价】

考核评定方式	评定内容	分值	得分
自评	团队协作	10	
	成果质量	10	
互评	团队协作	20	
教师评定	考勤	10	
	团队协作	20	
	成果质量	30	
总 分			

【知识拓展】

1. 打(沉)预制桩对周围环境的影响及预防措施

1) 对环境影响

巨大体积的桩体在冲击作用下于短时间内沉入土中，会对周围环境带来下述危害：
①挤土　由于桩体入土后挤压周围土层造成。

②振动　打桩过程中在桩锤冲击下，桩体产生振动，使振动波向四周传播，会给周围的设施造成危害。

③超静水压力　土壤中的水分在桩体挤压下产生很大的压力，这些压力很大的水向四周渗透时也会给周围设施带来危害。

④噪声　桩锤对桩体冲击产生的噪声，达到一定程度时，会对周围人们的生活和工作带来不利影响。

2) 预防措施

为避免和减轻上述打桩产生的危害，可采取下述措施：

①限速　即控制单位时间如每天打桩的数量，避免产生严重的挤土和超静水压力。

②正确确定打桩顺序　一般在打桩的推进方向挤土较严重，为此，宜背向保护对象向前推进打设。

③挖应力释放沟(或防振沟)　在打桩区与被保护对象之间挖沟(深 2m 左右)，此沟可隔断浅层内的振动波，对防振有益。如在沟底再钻孔排土，则可减轻挤土影响和超静水压力。

④埋设塑料排水板或袋装砂井　可人为造成竖向排水通道，易于排除高压力的地下水，使土中水压力降低。

⑤钻孔植桩打设　在浅层土中钻孔(桩长的 1/3 左右)，可大大减轻浅层挤土影响。

2. 干作业成孔灌注桩

干作业钻孔灌注桩是先用钻机在桩位处进行钻孔，然后在桩孔内放入钢筋骨架，再灌筑混凝土而成桩。其施工过程如图 2-29 所示。

1) 施工特点

干作业成孔一般采用螺旋钻机钻孔。螺旋钻机根据钻杆形式不同可分为：整体式螺旋、装配式长螺旋和短螺旋 3 种。螺旋钻杆是一种动力旋动钻杆，它是使钻头的螺旋叶旋转削土，土块由钻头旋转上升而带出孔外。螺旋钻头外径分别为 400mm、500mm、600mm，钻孔深度相应为 12m、10m、8m。适用于成孔深度内没有地下水的一般黏土层、砂土及人工填土地基，不适于有地下水的土层和淤泥质土。

2) 施工工艺

干作业钻孔灌注桩的施工工艺为：螺旋钻机就位对中→钻进成孔，排土→钻至预定深度，停钻→起钻，测孔深、孔斜、孔径→清理孔底虚土→钻机移位→安放钢筋笼→安放混凝土溜筒→灌溉混凝土成桩→桩头养护。

钻机就位后，钻杆垂直对准桩位中心，开钻时先慢后快，减少钻杆的摇晃，及时纠正钻孔的偏斜或位移。钻孔时，螺旋刀片旋转削土，削下的土沿整

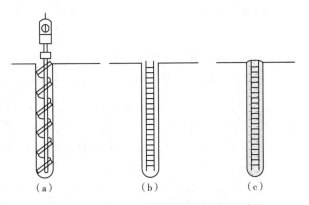

图 2-29　螺旋钻机钻孔灌注桩施工过程示意图

(a) 钻机进行钻孔；(b) 放入钢筋骨架；(c) 浇筑混凝土

个钻杆螺旋叶片上升而涌出孔外，钻杆可逐节接长直至钻到设计要求规定的深度。在钻孔过程中，若遇到硬物或软岩，应减速慢钻或提起钻头反复钻，穿透后再正常进钻。在砂卵石、卵石或淤泥质土夹层中成孔时，这些土层的土壁不能直立，易造成塌孔；这时，钻孔可钻至塌孔下1~2m，用低强度等级细石混凝土回填至塌孔1m以上；待混凝土初凝后，再钻至设计要求深度。也可用3∶7夯实灰土回填代替混凝土处理。

钻孔至规定要求深度后，孔底一般都有较厚的虚土，需要进行专门处理。清孔的目的是将孔内的浮土、虚土取出，减少桩的沉降。常用的方法是采用25~30kg的重锤对孔底虚土进行夯实，或投入低坍落度素混凝土，再用重锤夯实；或是钻机在原深处空转清土，然后停止旋转，提钻卸土。

钢筋骨架的主筋、箍筋、直径、根数、间距及主筋保护层均应符合设计规定，绑扎牢固，防止变形。用导向钢筋送入孔内，同时防止泥土杂物掉进孔内。钢筋骨架就位后，应立即灌注混凝土，以防塌孔。灌注时，应分层浇筑、分层捣实，每层厚度50~60cm。

3. 人工挖孔灌注桩

人工挖孔灌注桩是采用人工挖掘方法成孔，然后放置钢筋笼，浇筑混凝土而成的桩基础，也称墩基础。其施工特点是设备简单；无噪声、无振动、不污染环境，对施工现场周围原有建筑物的影响小；施工速度快，可按施工进度要求决定同时开挖桩孔的数量，必要时各桩孔可同时施工；土层情况明确，可直接观察到地质变化，桩底沉渣能清除干净，施工质量可靠。尤其当高层建筑选用大直径的灌注桩，而施工现场又在狭窄的市区时，采用人工挖孔比机械挖孔具有更大的适应性。但其缺点是人工量大，开挖效率低，安全操作条件差等。2021年《房屋建筑和市政基础设施工程危及生产安全施工工艺、设备和材料淘汰目录（第一批）》中规定，存在下列条件之一的区域不得使用人工挖孔工艺：①地下水丰富、软弱土层、流砂等不良地质条件的区域；②孔内空气污染物超标准；③机械成孔设备可以到达的区域。

1) 施工设备

一般可根据孔径、孔深和现场具体情况加以选用，常用的有：电动葫芦、提土桶、潜水泵、鼓风机和输风管、镐、锹、土筐、照明灯、对讲机及电铃等。

2) 施工工艺

施工时，为确保挖土成孔施工安全，必须考虑预防孔壁坍塌和流砂现象发生的措施。因此，施工前应根据地质水文资料，拟定出合理的护壁措施和降排水方案，护壁方法很多，可以采用现浇混凝土护壁、沉井护壁、喷射混凝土护壁等。

现浇混凝土护壁法施工即分段开挖、分段浇筑混凝土护壁，既能防止孔壁坍塌，又能起到防水作用。桩孔采取分段开挖，每段高度取决于土壁直立状态的能力，一般0.5~1.0m为一施工段，开挖井孔直径为设计桩径加混凝土护壁厚度。

护壁施工段，即支设护壁内模板（工具式活动钢模板）后浇筑混凝土，模板的高度取决于开挖土方施工段的高度，一般为1m，由4~8块活动钢模板组合而成，支成有锥度的内模。内模支设后，吊放用角钢和钢板制成的两半圆形合成的操作平台入桩孔内，置于内模板顶部，用于放置料具和浇筑混凝土。混凝土的强度一般不低于C15，浇筑混凝土时要注意振捣密实。

当护壁混凝土强度达到1MPa(常温下约24h)可拆除模板,开挖下段的土方,再支模浇筑护壁混凝土,如此循环,直至挖到设计要求的深度。

当桩孔挖到设计深度时,检查孔底土质是否已达到设计要求后,再在孔底挖成扩大头。待桩孔全部成型后,用潜水泵抽出孔底的积水,然后立即浇筑混凝土。当混凝土浇筑至钢筋笼的底面设计标高时,再吊入钢筋笼就位,并继续浇筑桩身混凝土而形成桩基。

复习思考题

一、单项选择题

1. 在夯实地基法中,( )适用于处理高于地下水位0.8m以上稍湿的黏性土、砂土、湿陷性黄土、杂填土和分层填土地基的加固处理。
   A. 强夯法　　　　　B. 重锤夯实法　　　C. 挤密桩法　　　　D. 砂石桩法
2. ( )适用于处理碎石土、砂土、低饱和度的黏性土、粉土、湿陷性黄土及填土地基等的深层加固。
   A. 强夯法　　　　　B. 重锤夯实法　　　C. 挤密桩法　　　　D. 砂石桩法
3. ( )适用于处理地下水位以上天然含水率为12%~25%、厚度为5~15m的素填土、杂填土、湿陷性黄土以及含水率较大的软弱地基等。
   A. 强夯法　　　　　B. 重锤夯实法　　　C. 灰土挤密桩法　　D. 砂石桩法
4. ( )适用于挤密松散的砂土、素填土和杂填土地基。
   A. 水泥粉煤灰碎石桩　　　　　　　　　B. 砂石桩
   C. 振冲桩　　　　　　　　　　　　　　D. 灰土挤密桩
5. 静力压桩的施工程序中,"静压沉管"的紧前工序为( )。
   A. 压桩机就位　　　B. 吊桩插桩　　　　C. 桩身对中调直　　D. 测量定位
6. 正式打桩时宜采用( )的方式,可取得良好的效果。
   A. 重锤低击　　　　B. 轻锤高击　　　　C. 轻锤低击　　　　D. 重锤高击
7. 深层搅拌法适于加固承载力不大于( )的饱和黏性土、软黏土以及沼泽地带的泥炭土等地基。
   A. 0.15MPa　　　　B. 0.12MPa　　　　C. 0.2MPa　　　　　D. 0.3MPa
8. 在地基处理中,( )适于处理深厚软土和冲填土地基,不适用于泥炭等有机沉淀地基。
   A. 预压法-井堆载预压法　　　　　　　B. 深层搅拌法
   C. 振冲法　　　　　　　　　　　　　　D. 深层密实法
9. 换土垫层法中,( )只适用于地下水位较低,基槽经常处于较干燥状态下的一般黏性土地基的加固。
   A. 砂垫层　　　　　B. 砂石垫层　　　　C. 灰土垫层　　　　D. 卵石垫层
10. 打桩的入土深度控制,对于承受轴向荷载的摩擦桩,应( )。
    A. 以贯入度为主,以标高作为参考　　　B. 仅控制贯入度不控制标高

C. 以标高为主，以贯入度作为参考 D. 仅控制标高不控制贯入度

11. 预制桩的强度达到设计强度标准值的( )时方可运输。
    A. 25% B. 50% C. 75% D. 100%

12. 对于泥浆护壁成孔灌注桩，孔底沉渣厚度不符合要求的是( )。
    A. 端承桩≤50mm B. 端承桩≤80mm
    C. 端承摩擦桩≤100mm D. 摩擦桩≤300mm

13. 在泥浆护壁成孔灌注桩施工中，确保成桩质量的关键工序是( )。
    A. 吊放钢筋笼 B. 吊放导管 C. 泥浆护壁成孔 D. 灌注水下混凝土

14. 在预制桩打桩过程中，如发现贯入度一直骤减，说明( )。
    A. 桩尖破坏 B. 桩身破坏 C. 桩下有障碍物 D. 遇软土层

15. 在下列措施中不能预防沉桩对周围环境的影响的是( )。
    A. 采取预钻孔沉桩 B. 设置防震沟
    C. 采取由远到近的沉桩顺序 D. 控制沉桩速率

16. 无须采用桩基础的情况是( )。
    A. 高大建筑物，深部土层软弱 B. 普通低层住宅
    C. 上部荷载较大的工业厂房 D. 变形和稳定要求严格的特殊建筑物

17. 按桩的受力情况分类，下列说法错误的是( )。
    A. 按受力情况可将桩分为摩擦桩和端承桩
    B. 摩擦桩上的荷载由桩侧摩擦力承受
    C. 端承桩的荷载由桩端阻力承受
    D. 摩擦桩上的荷载由桩侧摩擦力和桩端阻力共同承受

18. 用锤击沉桩时，为防止桩受冲击应力过大而损坏，应力要求( )。
    A. 轻锤重击 B. 轻锤轻击 C. 重锤重击 D. 重锤轻击

19. 大面积高密度打桩不宜采用的打桩顺序是( )。
    A. 由一侧向单一方向进行 B. 自中间向两个方向对称进行
    C. 自中间向四周进行 D. 分区域进行

20. 关于打桩质量控制，下列说法不正确的是( )。
    A. 桩尖所在土层较硬时，以贯入度控制为主
    B. 桩尖所在土层较软时，以贯入度控制为主
    C. 桩尖所在土层较硬时，以桩尖设计标高控制为参考
    D. 桩尖所在土层较软时，以桩尖设计标高控制为主

21. 下列说法不正确的是( )。
    A. 静力压桩是利用无振动、无噪声的静压力将桩压入土中，主要用于软弱土层和邻近怕震动的建(构)筑物
    B. 振动法在砂土中施工效率较高
    C. 水冲法适用于砂土和碎石土，有时对于特别长的预制桩，单靠锤击有一定困难时，也可采用水冲法辅助
    D. 打桩时，为减少对周围环境的影响，可采取适当的措施，如井点降水

22. 下列关于灌注桩的说法不正确的是( )。

A. 灌注桩是直接在桩位上就地成孔，然后在孔内灌注混凝土或钢筋混凝土而成
B. 灌注桩能适应地层的变化，无须接桩
C. 灌注桩施工后无须养护即可承受荷载
D. 灌注桩施工时无振动、无挤土和噪声小

23. 下列关于泥浆护壁成孔灌注桩的说法不正确的是(　　)。
    A. 仅适用于地下水位低的土层
    B. 泥浆护壁成孔是用泥浆保护孔壁，防止塌孔和排出土渣而成
    C. 多用于含水量高的地区
    D. 对地下水位高或低的土层皆适用
24. 泥浆护壁成孔灌注桩成孔机械可采用(　　)。
    A. 导杆抓斗　　B. 高压水泵　　C. 冲击钻　　D. 导板抓斗
25. 泥浆护壁成孔灌注桩成孔时，泥浆的作用不包括(　　)。
    A. 洗渣　　　　B. 冷却　　　　C. 护壁　　　D. 防止流砂
26. 沉孔灌注桩在黏性土层施工时，当接近桩底标高时宜采用的施工方法是(　　)。
    A. 重锤低击　　B. 重锤高击　　C. 轻锤高击　D. 轻锤低击
27. 钻孔灌注桩施工过程中若发现泥浆突然漏失，可能的原因是(　　)。
    A. 护筒水位过高　　B. 塌孔　　　C. 钻孔偏斜　　D. 泥浆比重太大

二、简答题

1. 地基处理方法一般有哪几种？各有什么特点？
2. 试述换土垫层法的适用情况、施工要点与质量检查。
3. 钢筋混凝土预制桩在制作、起吊、运输和堆放过程中各有什么要求？
4. 桩基础包括哪几部分？桩如何进行分类？
5. 钻孔灌注桩成孔施工时，泥浆起什么作用？正循环与反循环有何区别？
6. 如何确定钢筋混凝土预制桩的打桩顺序？
7. 预制桩和灌注桩各有哪些优、缺点？
8. 泥浆护壁钻孔灌注桩和干作业成孔灌注桩有什么区别？

项目 3　钢筋混凝土——模板工程施工

【项目情景】

学院建工大楼项目为框架结构，局部框架柱双向间距均为 10m，五层楼板，施工当天气温为 35℃，天气晴，施工单位制定了完整的施工方案，采用预拌混凝土，钢筋现场加工。采用胶合板模板，架子工搭设完支撑架后由木工制作好后直接拼装梁板模板，模板拼接整齐、严密。梁板模板安装完毕，用水准仪抄平，保证整体在同一个平面上，不存在凹凸不平的问题。钢筋绑扎符合规范要求。钢筋验收后，将木模板中的垃圾清理干净，就开始浇筑混凝土。混凝土浇筑前根据规范要求取样做试块，分别进行标准养护和同条件养护，之后进行混凝土浇筑并振捣，在浇筑后 12h 以内开始浇水养护。10d 后同条件养护试块送实验室进行试验，混凝土试块抗压强度达到设计强度的 80%，施工单位决定拆除模板。拆模后发现梁板的挠度过大，超过了规范要求。

假如你是施工员，请思考：①此项目中，除了胶合板模板，还可以采用哪些模板？②拆除模板后为什么会出现梁板的挠度过大的情况？

【学习目标】

》知识目标

1. 掌握模板的种类、施工工艺、质量检查内容和施工注意事项。
2. 掌握各类模板的构造和安装要求，模板施工中应防止出现的问题。
3. 掌握模板施工方案的编制、模板工程的质量规定、模板的拆模要求。
4. 了解新型模板的使用。

》能力目标

1. 会应用平法制图规则读懂结构施工图中的梁板布置。
2. 会根据施工图纸进行模板配板设计并绘制支撑系统布置图。
3. 会根据配板图和支撑系统布置图进行模板的承载力与变形计算。

》素质目标

1. 培养收集信息和编制工作计划的能力。
2. 培养观察、分析、判断、解决问题的能力和创新能力。
3. 培养组织、协调和沟通能力。
4. 培养认真的工作态度、责任心、团队意识、协作能力。

任务 3-1　模板和支撑体系安装及拆除

【工作任务】

学院建工大楼项目有一处工具间，跨度 9m，梁柱尺寸为 400mm×800mm、500mm×

500mm，板厚120mm。采用木胶合模板，支撑体系为承插型盘扣式。本任务按规范及施工图纸要求进行木胶合模板及支撑系统的安装及拆除。

【知识准备】

混凝土结构的模板工程，是混凝土结构构件施工的重要工具。现浇混凝土结构施工所用模板工程的造价，约占混凝土结构工程总造价的1/3，总用工量的1/2。因此，采用先进的模板技术，对于提高工程质量、加快施工速度、提高劳动生产率、降低工程成本和实现文明施工，都具有十分重要的意义。

1. 模板系统的组成和基本要求

模板系统是由模板和支撑两部分组成。

模板是使混凝土结构或构件成型的模型。搅拌机搅拌出的混凝土是具有一定流动性的混凝土，经过凝结硬化，才能成为所需要的具有规定形状和尺寸的结构构件，所以需要将混凝土浇灌在与结构构件形状和尺寸相同的模板内。模板作为混凝土构件成型的工具，它本身除了应具有与结构构件相同的形状和尺寸外，还要具有足够的强度和刚度以承受新浇混凝土的荷载及施工荷载。

支撑是保证模板形状、尺寸及其空间位置的支撑体系。支撑体系既要保证模板形状、尺寸和空间位置正确，又要承受模板传来的全部荷载。

2. 模板分类

1）按材料分类

模板按所用的材料不同，分为胶合板模板、钢木模板、钢模板、钢竹模板、塑料模板、玻璃钢模板、铝合金模板等。

2）按结构类型分类

各种现浇钢筋混凝土结构构件，由于其形状、尺寸、构造不同，模板的构造及组装方法也不同，形成各自的特点。按结构类型模板分为：基础模板、柱模板、梁模板、楼板模板、楼梯模板、墙模板、壳模板、烟囱模板等。

3）按施工方法分类

①现场装拆式模板　在施工现场按照设计要求的结构形状、尺寸及空间位置现场组装的模板，当混凝土达到拆模强度后拆除模板。现场装拆式模板多用定型模板和工具式支撑。

②固定式模板　制作预制构件用的模板。按照构件的形状、尺寸在现场或预制厂制作模板。各种胎模（土胎模、砖胎模、混凝土胎模）即属固定式模板。

③移动式模板　随着混凝土的浇筑，模板可沿垂直方向或水平方向移动，称为移动式模板。如烟囱、水塔、墙柱混凝土浇筑时采用的滑升模板、提升模板和筒壳浇筑混凝土时采用的水平移动式模板等。

3. 胶合板模板

①必须选用经过板面处理的胶合板。经覆膜罩面处理的胶合板，增加了板面耐久性，

脱模性能良好，外观平整光滑，最适用于有特殊要求的、混凝土外表面不加装饰处理的清水混凝土工程，如混凝土桥墩、立交桥、筒仓、烟囱、塔等。

②经表面处理的胶合板，施工现场使用中，一般应注意以下几个问题：

- 脱模后立即清洗板面浮浆，堆放整齐；模板拆除时，严禁抛扔，以免损伤板面处理层；胶合板边角应涂有封边胶，故应及时清除水泥浆。
- 为了保护模板边角的封边胶，最好在支模时在模板拼缝处粘贴防水胶带或水泥纸袋，加以保护，防止漏浆；胶合板板面尽量不钻孔洞。
- 遇有预留孔洞，可用普通木板拼补。
- 使用前必须涂刷脱模剂。

4. 组合式钢模板

组合式钢模板是现代模板技术中，通用性强、装拆方便、周转次数多的一种以钢代木的新型模板，用它进行现浇钢筋混凝土结构施工，可事先按设计要求组拼成梁、柱、墙、楼板的大型模板，整体吊装就位，也可采用散装散拆方法。

组合式钢模板主要由钢模板、连接件和支承件三部分组成。

1) 钢模板

钢模板采用 Q235 钢材制成，钢板厚度 2.5mm。主要包括平面模板、阴角模板、阳角模板、连接角模等，如图 3-1 所示。

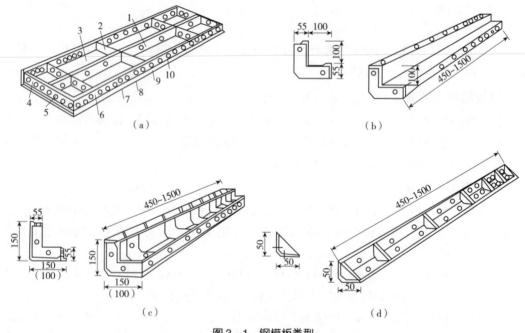

图 3-1 钢模板类型

(a) 平面模板；(b) 阳角模板；(c) 阴角模板；(d) 连接角模
1—中纵肋；2—中横肋；3—面板；4—横肋；5—插销孔；6—纵肋；
7—凸棱；8—凸鼓；9—U 形卡孔；10—钉子孔

2) 连接件

连接件由 U 形卡、L 形插销、钩头螺栓、紧固螺栓、扣件、对拉螺栓等组成,如图 3-2 所示。

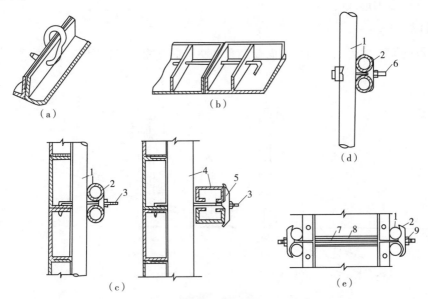

图 3-2 钢模板连接件

(a)U 形卡连接;(b)L 形插销连接;(c)钩头螺栓连接;(d)紧固螺栓连接;(e)对拉螺栓连接
1—圆钢管钢楞;2—"3"形扣件;3—钩头螺栓;4—内卷边槽钢钢楞;5—蝶形扣件;
6—紧固螺栓;7—对拉螺栓;8—塑料套管;9—螺母

3) 支承件

①钢楞 又称龙骨。主要用于支承钢模板并加强其整体刚度。钢楞的材料有 Q235 圆钢管、矩形钢管、内卷边槽钢、轻型槽钢、轧制槽钢等,可根据设计要求和供应条件选用。

②柱箍 又称柱卡箍、定位夹箍。用于直接支承和夹紧各类柱模的支承件,可根据柱模的外形尺寸和侧压力的大小来选用,如图 3-3 所示。

③梁卡具 又称梁托架,是一种将大梁、过梁等钢模板夹紧固定的装置,并承受混凝

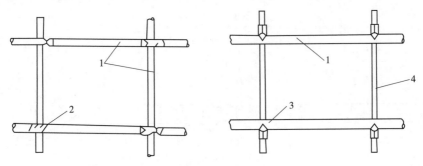

图 3-3 柱箍

1—圆钢管;2—直角扣件;3—"3"形扣件;4—对拉螺栓

土侧压力，采用Q235钢材制作。其种类较多，扁钢和圆钢管组合梁卡具(图3-4)，适用于断面为700mm×500mm以内的梁。梁卡具的高度和宽度都能调节。

④钢支柱　用于大梁、楼板等水平模板的垂直支撑，采用Q235钢管制作，有单管支柱和四管支柱多种形式(图3-5)。

4)斜撑

用于承受墙、柱等侧模板的侧向荷载和调整竖向支模的垂直度(图3-6)。

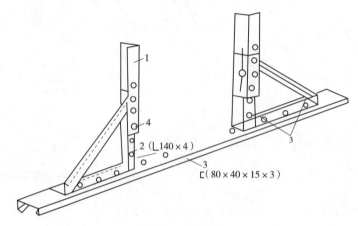

图3-4　梁卡具

1—调节杆；2—三脚架；3—底座；4—调节螺栓

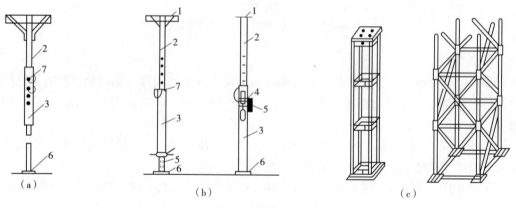

图3-5　钢支柱

(a)单管支柱；(b)可调支柱；(c)组合支柱

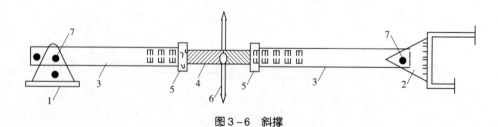

图3-6　斜撑

1—底座；2—顶撑；3—钢管斜撑；4—花篮螺丝；5—螺帽；6—旋杆；7—销钉

5) 桁架

有平面可调和曲面可变式两种。平面可调桁架用于支承楼板、梁平面构件的模板，曲面可变桁架用于支承曲面构件的模板。

5. 模板施工工艺

（1）基础模板的构造与安装

单独基础的特点是高度不大而体积较大，单独基础模板一般利用地基或基槽（坑）进行支撑。如土质良好，基础的最下一级可不用模板，直接原槽浇筑。安装时，要保证上下模板不发生相对位移（图3-7）。

（2）柱模板的构造与安装

柱的特点是断面尺寸不大但比较高。柱模板的构造和安装主要考虑保证垂直度及抵抗新浇混凝土的侧压力，同时也要便于浇筑混凝土、清理垃圾等。

木模板的柱模板由两块内拼板夹在两块外拼板之内组成，如图3-8所示。也可用短横板代替外拼板钉在内拼板上。柱模板底部开有清理孔，沿高度每隔2m开有浇筑孔。柱底部一般有一钉在底部混凝土上的木框，用来固定柱模板的位置。为承受混凝土的侧压力，拼板外要设柱箍，柱箍可为木制、钢制或钢木制。柱箍间距与混凝土侧压力大小、拼板的厚度有关，由于柱模板底部所受侧压力较大，因而柱模板下部柱箍较密。柱模板顶部根据需要开有与梁模板连接的缺口。

在安装柱模板前，应先绑扎好钢筋，测出标高并标在钢筋上，同时在已浇筑的基础顶面或楼面上固定好柱模底部的木框，在内外拼板上弹出中心线，根据柱边线及木框，竖立模板，用支撑临时固定，经校正，检查无误后再用斜撑固定。在同一条轴线上的柱，应先校正两端的柱模板，再从两端柱模板上口中心

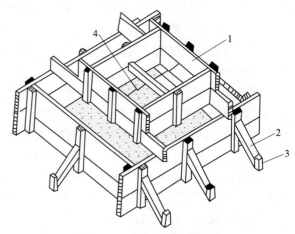

图3-7　独立柱基础木模板

1—侧模；2—斜撑；3—小柱；4—铁丝

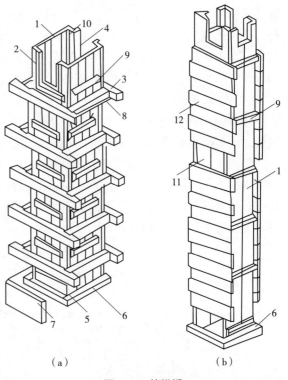

图3-8　柱模板

(a)拼板柱模板；(b)短横板柱模板

1—内拼板；2—外拼板；3—柱箍；4—梁缺口；
5—清理孔；6—木框；7—盖板；8—接紧螺栓；
9—拼条；10—三角木条；11—浇筑孔；12—短横板

线拉一条铁丝来校正中间柱模板。柱模之间用水平撑和剪刀撑相互拉结。

(3) 梁模板的构造与安装

梁的特点是跨度大而宽度不大,梁底一般是架空的。梁模板的模板,可采用木模板、定型组合钢模板等。

木模板的梁模板,一般由底模、侧模、夹木及支架系统组成。混凝土对梁侧模板有侧压力,对梁底模板有垂直压力,因此梁模板及其支架必须能承受这些荷载而不致发生超过规范允许的过大变形。为承受垂直荷载,在梁底模板下,每隔一定间距(800~1200mm)用顶撑(琵琶撑)顶住。顶撑可以用圆木、方木或钢管制成。顶撑底要加垫一对木楔块调整标高。为使顶撑传下来的集中荷载均匀地传给地面,在顶撑底加铺垫板。多层结构施工中,应使上、下层的顶撑在同一竖向直线上。为承受混凝土侧压力,侧模板底部用夹木固定,上部由斜撑和水平拉条固定。

单梁的侧模板一般拆除较早,因此侧模板应包在底模板的外面。柱的模板也可较早拆除,所以梁的模板不应伸到柱模板的缺口内,同样次梁模板也不应伸到主梁模板的缺口内。

梁模板安装时,下层楼板应达到足够的强度或具有足够的顶撑支撑。安装顺序是:沿梁模板下方楼地面上铺垫板,在柱模缺口处钉衬口档,把底板搁置在衬口档上,接着立靠近柱或墙的顶撑,再将梁等分,立中间部分顶撑,顶撑底部打入木楔,并检查、调整标高,接着把侧模板放上,两头钉于衬口档上,在梁侧模板底外侧钉夹木,再钉斜撑、水平拉条。有主次梁时,要待主梁模板安装并校正好后才能进行次梁模板安装。梁模板安装后要再拉中线检查,复核各梁模板的中心线位置是否正确。

(4) 楼板模板的构造与安装

楼板的面积大而厚度比较薄,侧向压力小。楼板模板及其支架系统,主要承受钢筋、模板、混凝土的自重荷载及其施工荷载,保证模板不变形。

如图3-9所示,楼板模板的底模板铺设在楞木上,楞木搁置在梁侧模板外的托木上,若楞木面不平,可以加木楔调平。当楞木的跨度较大时,中间应加设立柱,立柱上钉通长杠木。楼板底模板应垂直于楞木方向铺钉。当底模板采用定型模板时,应适当调整楞木间距来配合定型模板的规格。

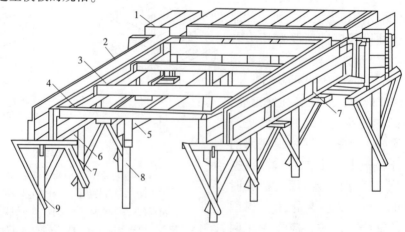

图3-9 有梁楼板模板

1—楼板模板;2—梁侧模板;3—楞木;4—托木;5—杠木;6—夹木;7—短撑木;8—立柱;9—顶撑

在主、次梁模板安装完毕后，才可以安装托木、楞木及楼板底模板。

(5)楼梯模板的构造与安装

楼梯模板的构造与楼板模板相似，不同点是楼梯模板要倾斜支设，且要能形成踏步。图 3-10 是一种楼梯模板(胶合板模板)，安装时，在楼梯间的墙上按设计标高画出楼梯段、楼梯踏步及平台梁、平台板的位置。先立平台梁、平台板的模板(同楼板模板的安装)，然后在楼梯基础侧板上钉托木，楼梯模板的斜楞钉在基础梁和平台梁侧模板外的托木上。在斜楞上面铺钉楼梯底模板，下面设杠木和斜向顶撑，斜向顶撑间距 1~1.2m，用拉杆拉结。再沿楼梯边立外帮板，用外帮板上的横挡木、斜撑和固定夹木将外帮板钉固在夹木上。再在靠墙的一面把反三角板立起，反三角板的两端可钉于平台梁和梯基的侧模板上，然后在反三角板与外帮板之间逐块钉上踏步侧板，踏步侧板的一头钉在外帮板的木档上，另一头钉在反三角板上的三角木块(或小木条)侧面上。如果梯段较宽，应在梯段中间再加反三角板，以免发生踏步侧板凸肚现象。为了确保梯板符合要求的厚度，在踏步侧板下面可以垫若干小木块，在浇筑混凝土时随时取出。

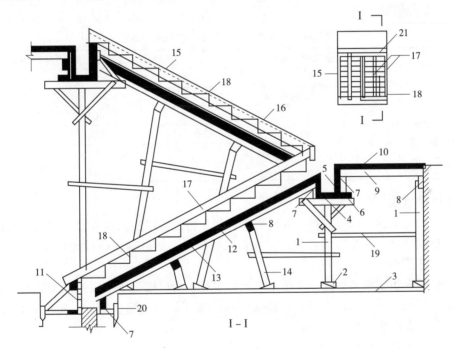

图 3-10 楼梯模板

1—支柱；2—木楔；3—垫板；4—平台梁底板；5—侧板；6—夹木；7—托木；8—杠木；9—木楞；
10—平台底板；11—梯基侧板；12—斜木楞；13—楼梯段底板；14—斜向顶撑；15—外帮板；
16—横挡木；17—反三角板；18—踏步侧板；19—拉杆；20—木桩；21—平台梁外侧模板

在楼梯段模板放线时，要注意每层楼梯第一步与最后一个踏步的高度，以免因疏忽了楼地面面层厚度的不同，而造成高低不同现象，影响使用。

(6)墙模板的构造与安装

一般结构的墙模板由两片模板组成，每片模板由若干块平面模板拼成。这些平面模板可以竖拼也可以横拼，外面用竖横钢楞(木模板可用木楞)加固，并用斜撑保持稳定，用对拉螺栓(或钢拉杆)以抵抗混凝土的侧压力和保持两片模板之间的间距(墙厚)。

墙模板的安装,首先沿边线抹水泥砂浆做好安装墙模板的基底处理,然后按配板图由一端向另一端,由下向上逐层拼装。钢模板也可先拼装成整块再安装。墙的钢筋既可以在模板安装前绑扎,也可以在安装好一边的模板后再绑扎钢筋,最后安装另一边模板。

6. 模板的拆除要点

模板的拆除日期取决于混凝土的强度、各个模板的用途、结构的性质、混凝土硬化时的气温等。及时拆模可提高模板的周转率,也可为其他工种施工创造条件。但过早拆模,混凝土会因强度不足,或受到外力作用而变形甚至断裂,造成重大质量事故。

(1)侧模板拆除

侧模板拆除时的混凝土强度应能保证其表面及棱角不因拆除模板而受损坏。

(2)底模板及支架拆除

底模板及支架拆除时的混凝土强度应符合设计要求;当无设计要求时,混凝土强度应符合表3-1的规定。

表3-1 底模拆除时的混凝土强度要求

构件类型	构件跨度(m)	达到设计抗压强度标准值的百分率(%)
板	≤2	≥50
板	>2,≤8	≥75
板	>8	≥100
梁、拱、壳	≤8	≥75
梁、拱、壳	>8	≥100
悬臂构件	—	≥100

(3)拆模顺序

一般是先支后拆,后支先拆,先拆除侧模板后拆除底模板。重大复杂模板的拆除,事先应制定拆模方案。对于肋形楼板,首先拆除柱模板,然后拆除楼板底模板、梁侧模板,最后拆除梁底模板。

多层楼板模板支架的拆除,应按下列要求进行:上层楼板正在浇筑混凝土时,下一层楼板的模板支撑不得拆除,再下一层楼板模板的支架仅可拆除一部分;跨度≥4m的梁均应保留支架,其间距不得大于3m。

(4)拆模注意事项

模板拆除时,不应对楼层形成冲击荷载。拆模时应尽量避免混凝土表面或模板受到损坏。拆除的模板和支撑应及时清理、修整,按尺寸和种类分别堆放,以便下次使用。若定型组合钢模板背面油漆脱落,应补刷防锈漆。已拆除模板和支架的结构,在混凝土达到设计强度指标后,才允许承受全部使用荷载。当承受施工荷载产生的效应比使用荷载更为不利时,必须经过核算,并加设临时支撑。

【任务实施】

1. 施工准备

熟悉施工图纸;准备木方、胶合板模板、钢管支撑、切割机等材料、机械;施工放样和标高测定完毕并经技术复核无误。

2. 制定安装柱模板施工工艺流程

按图纸的要求留设清扫口→检查模板的对角线、平整度→吊装第一片模板并临时支撑→吊装其他模板并临时支撑→安装上下两个柱箍并临时固定→安装其余的柱箍→校正柱模板的轴线、垂直等→固定支撑→清理卫生→封闭清理口。

3. 制定梁模板施工工艺流程

按施工图排放立杆→初调钢支撑长度→立杆并加以固定→校正各立杆的高度→拉梁底水平杆→钉梁底模→安装梁单侧侧模→绑扎梁钢筋→安装梁另一侧侧模→纵横水平加固杆、扫地杆安装→板缝嵌补→清理卫生→模板工程分项验收→梁侧模对拉螺栓紧固→混凝土浇筑(看模)→养护→拆模。

(1) 安装梁底模

本项目梁跨超过 8.0m，支模时按梁跨全长度 0.25% 起拱，起拱高度 2.5cm。梁底方钢就位于支撑双方钢托梁上后，拉通线校正底模中心线和边线以及标高，校正无误后将底模固定在支模架上。

(2) 安装梁侧模

当梁底模安装校正后，拼装梁侧模，安装时应注意侧模的上口高度控制，同时须加设木龙骨，并将侧模与底板连接，板板盖侧模，用铁钉固定。模板装完后，应检查梁模中心线及标高、断面尺寸，用钢管及木方加固。高度大于 600mm，梁侧面增加 $\phi 12$ 的对拉螺杆。

4. 制定板模板施工工艺流程

弹出板轴线并复核→搭支模架→调整托梁→摆主梁→调整楼板模标高及起拱→铺模板→清理卫生→检查模板标高、平整度、支撑牢固情况。

5. 制定模板拆除流程

(1) 柱模板拆除

拆除拉扦或斜撑→自上而下拆除柱箍→拆除部分竖肋→拆除模板及配件运输维护。柱模板拆除时，要从上口向外侧轻击和轻撬，使模板松动，要适当加设临时支撑，以防柱子模板倾倒伤人。

(2) 梁板模板拆除

拆除支架部分水平拉杆和剪刀撑→拆除侧模板→下调楼板支柱→使模板下降→分段分片拆除楼板模板→拆除木龙骨及支柱→拆除梁底模板及支撑系统。拆除支架部分水平拉杆和剪刀撑，以便作业，而后拆除梁侧模板上的水平钢管及斜支撑，轻撬梁侧模板，使之与混凝土表面脱离。下调支柱顶托螺杆后，轻撬模板下的龙骨，使龙骨与模板分离，或用木槌轻击，拆下第一块，然后逐块逐段拆除。切不可用钢棍或铁锤猛击乱撬。每块竹胶板拆下时，或人工托扶放于地上，或将支柱顶托螺杆再下调适当高度，以托住拆下的模板。严禁模板自由坠落于地面。拆除梁底模板的方法与拆除楼板模板大致相同。但拆除跨度较大的梁底模板时,应从跨中开始下调支柱顶托螺杆,然后向两端逐根下调,拆除梁底模支柱时,也从跨中向两端作业。

【考核评价】

考核评定方式	评定内容	分值	得分
自评	团队协作	10	
	成果质量	10	
互评	团队协作	20	
教师评定	考勤	10	
	团队协作	20	
	成果质量	30	
总　分			

【知识拓展】

1. 铝合金模板

混凝土工程铝合金模板简称铝合金模板,是继胶合板模板、组合钢模板体系、大模板体系、早拆模板体系后新一代的模板系统。铝合金模板是以铝合金型材为主要材料,经过机械加工和焊接等工艺制成的适用于混凝土工程的模板,并按照50mm模数设计由面板、肋、主体型材、平面模板、转角模板、早拆装置组合而成。铝合金模板设计和施工应用是混凝土工程模板技术的革新,更是建造技术工业化的体现。

铝合金模板具有如下优点:

①强度、稳定性好　按照标准挤压型材形成的铝合金模板构件有较高的强度、刚度和稳定性。

②拼缝少,精度高　建筑铝合金模板拆模后,可达到饰面及清水混凝土的标准,无须再进行其他工序。

③周期短,效率高　由于铝合金模板组装方便、单件重量最大只有不到30kg,摆脱了机械限制,人工拼装效率显著提升,熟练工人正常情况下每人每天可安装20~30m^2,在正常标准层拼装情况下5~6d周转一层,周转速度快,显著提高施工进度,节约管理成本。

④多次循环利用　铝合金模板构件采用整体挤压形成的铝合金型材作为原材,规范化使用情况下模板可翻转达到300余次。

⑤综合成本较低　对于拥有多栋相同相似楼来说,综合成本显著降低。

⑥应用范围较广　铝合金模板可用于超高层、地下室、住宅楼、管廊等工程。

⑦施工现场环保　铝合金模板构配件均可重复使用,施工拆模后,现场环境安全、干净、整洁。

⑧回收利用率高　铝模板报废后,均为可再生材料,均摊成本优势明显,属于绿色建筑材料。

2. 预制混凝土薄板

预制混凝土薄板是一种永久性模板。施工时,薄板安装在墙或梁上,下设临时支撑;然后在薄板上浇筑混凝土叠合层，形成叠合楼板，如图 3-11 所示。

根据配筋的不同，预制混凝土薄板可分为 3 类：第一类是预应力混凝土薄板；第二类是双钢筋混凝土薄板；第三类是冷轧扭钢筋混凝土薄板。预

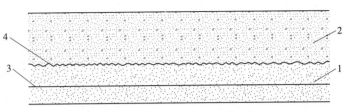

图 3-11　预制混凝土叠合楼板
1—预制薄板；2—现浇叠合层；3—预应力钢丝；4—叠合面

制混凝土薄板的功能：一是作底模；二是作为楼板配筋；三是提供光滑平整的底面，可不做抹灰，直接喷浆。这种叠合楼板与预制空心板比较，可节省模板，便于施工，缩短工期，整体性与连续性好，抗震性强，并可减少楼板总厚度。

任务 3-2　编制大模板体系施工方案

【工作任务】

学院内某工程是一个直径 21m 筒体，筒顶为锥壳，建筑高度为 55.75m，主体为钢筋混凝土筒体结构，筒壁厚 350mm。根据施工组织安排拟采用大模板体系，请根据规范与设计要求编制大模板体系施工方案。

【知识准备】

1. 大模板

大模板是进行现浇剪力墙结构施工的一种工具式模板，一般配以相应的起重吊装机械，通过合理的施工组织安排，以机械化施工方式在现场浇筑混凝土竖向（主要是墙、壁）结构构件。其特点是：以建筑物的开间、进深、层高为标准化的基础，以大模板为主要手段，以现浇混凝土墙体为主导工序，组织进行有节奏的均衡施工。为此，也要求建筑和结构设计能做到标准化，以使模板能做到周转通用。目前，大模板工艺已成为剪力墙结构工业化施工的主要方法之一。

大模板由板面结构、支撑系统和操作平台以及附件组成。

1）面板材料

板面是直接与混凝土接触的部分，要求表面平整，加工精密，有一定刚度，能多次重复使用。可作面板的材料很多，有钢板、木（竹）胶合板以及化学合成材料面板等。

2）构造类型

（1）内墙模板

模板的尺寸一般相当于每面墙的大小，这种模板由于无拼接接缝，浇筑的墙面平整。内墙模板有以下几种：

①整体式大模板　又称平模，是将大模板的面板、骨架、支撑系统和操作平台组拼焊成一体（图 3-12）。这种大模板由于是按建筑物的开间、进深尺寸加工制造的，通用性差，并需用小角模解决纵、横墙角部位模板的拼接处理，仅适用于大面积标准住宅的施

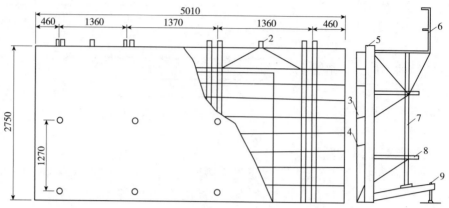

图 3-12 钢制平模构造示意图

工。目前已不多用。

②组合式大模板 组合式大模板是目前最常用的一种模板形式。它通过固定于大模板板面的角模,可以把纵横墙的模板组装在一起,用以同时浇筑纵横墙的混凝土,并可适应不同开间、进深尺寸的需要,利用模数条模板加以调整。

面板骨架由竖肋和横肋组成,直接承受面板传来的荷载。

③拆装式大模板 其板面与骨架以及骨架中各钢杆件之间的连接全部采用螺栓组装,这样比组合式大模板更便于拆改,也可减少因焊接而变形的问题。骨架与支撑架及操作平台的连接方法与组合式模板相同。

(2)外墙模板

全现浇剪力墙混凝土结构的外墙模板结构与组合式大模板基本相同,但也有所区别。除其宽度要按外墙开间设计外,还要注意以下几个问题:

①门窗洞口的设置 将门窗洞口部位的骨架取掉,按门窗洞口尺寸,在模板骨架做一边框,并与模板焊接为一体。门窗洞口的开洞,宜在内侧大模板上进行,以便于捣固混凝土时进行观察。

目前最新的做法是:大模板板面不再开门窗洞口,门洞和窄窗采用假洞口框固定在大模板上,装拆方便。

②外墙采用装饰混凝土时,要选用适当的衬模 装饰混凝土是利用混凝土浇筑时的塑性,依靠衬模形成有花饰线条和纹理质感的装饰图案,是一种新的饰面技术。它的成本低、耐久性好,能把结构与装修结合起来施工。

(3)模板配件

模板配件主要包括穿墙螺栓、楼梯间支模平台等。

①穿墙螺栓 用以连接固定两侧的大模板,承受混凝土的侧压力,保证墙体的厚度。一般采用 φ30 的 45 号圆钢制成。一端制成丝扣,长 10cm,用以调节墙体厚度。丝扣外面应罩以钢套管,防止落入水泥浆,影响使用。另一端采用钢销固定(图 3-13)。

为了能使穿墙螺栓重复使用,防止混凝土黏结穿墙螺栓,并保证墙体厚度,螺栓应套以与墙厚相同的塑料套管。

②楼梯间支模平台 由于楼梯段两端的休息平台标高相差约半层,为了解决大模板的立足支设问题,可采用楼梯间支模平台(图 3-14),使大模板的一端支设在楼层平台板上,另

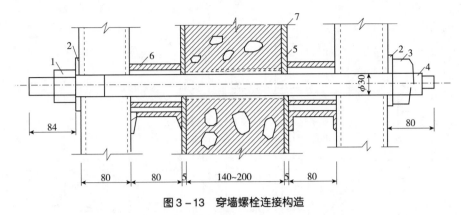

图 3-13 穿墙螺栓连接构造

1—螺母；2—垫板；3—板销；4—螺杆；5—套管；6—钢板撑管；7—模板

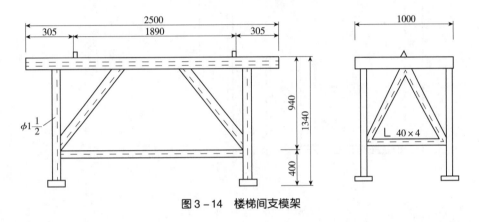

图 3-14 楼梯间支模架

一端则放置在楼梯间支模平台上。楼梯间支模平台的高度视两端休息平台的高度确定。

2. 滑动模板

滑动模板（简称为滑模），是在混凝土连续浇铸过程中，可使模板面紧贴混凝土面滑动的模板。采用滑模施工要比常规施工节约木材（包括模板和脚手板等）70%左右；采用滑模施工可以节约劳动力 30%~50%；采用滑模施工要比常规施工的工期短，速度快，可以缩短施工周期 30%~50%；滑模施工的结构整体性好，抗震效果明显，适用于高层或超高层抗震建筑物和高耸构筑物施工；滑模施工的设备便于加工、安装、运输。

1) 滑板系统装置的组成部分

① 模板系统　包括提升架、围圈、模板及加固、连接配件。
② 施工平台系统　包括工作平台、外圈走道、内外吊脚手架。
③ 提升系统　包括千斤顶、油管、分油器、针形阀、控制台、支承杆及测量控制装置。滑模构造如图 3-15 所示。

2) 主要部件构造及作用

(1) 提升架

提升架是整个滑模系统的主要受力部分。各项荷载集中传至提升架，最后通过装设在

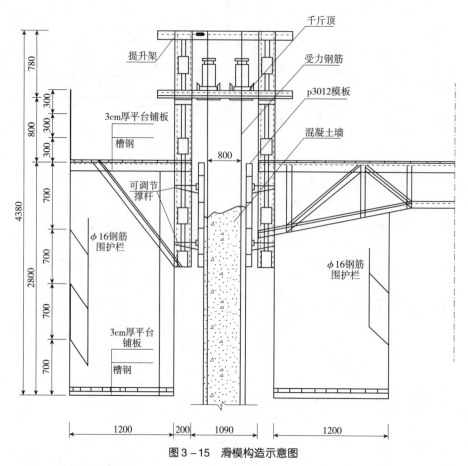

图 3-15 滑模构造示意图

提升架上的千斤顶传至支承杆上。提升架由横梁、立柱、牛腿及外挑架组成。各部分尺寸及杆件断面应通盘考虑经计算确定。

(2) 围圈

围圈是模板系统的横向连接部分,将模板按工程平面形状组合为整体。

(3) 模板

模板是混凝土成型的模具,要求板面平整,尺寸准确,刚度适中。模板高度一般为 90~120cm,宽度为 50cm,但根据需要也可加工成小于 50cm 的异形模板。模板通常用钢材制作,也可用其他材料制作,如钢木组合模板,是用硬质塑料板或玻璃钢等材料做面板的有机材料复合模板。

(4) 施工平台与吊脚手架

施工平台是滑模施工中各工种的作业面及材料、工具的存放场所。施工平台应视建筑物的平面形状、开门大小、操作要求及荷载情况设计。施工平台必须有可靠的强度及必要的刚度,确保施工安全,防止平台变形导致模板倾斜。如果跨度较大,在平台下应设置承托桁架。

吊脚手架用于对已滑出的混凝土结构进行处理或修补,要求沿结构内外两侧周围布置。吊脚手架的高度一般为 1.8m,可以设双层或三层。吊脚手架要有可靠的安全设备及防护设施。

(5)提升设备

提升设备由液压千斤顶、液压控制台、油路及支承杆组成。支承杆可用直径为25mm的光圆钢筋做支承杆,每根支承杆长度以3.5~5m为宜。支承杆的接头可用螺栓连接(支承杆两头加工成阴阳螺纹)或现场用小坡口焊接连接。

3. 爬升模板

爬升模板,即爬模,是一种适用于现浇钢筋混凝土竖直或倾斜结构施工的模板工艺,如墙体、桥梁、塔柱等。

爬升模板是综合大模板与滑动模板工艺和特点的一种模板工艺,具有大模板和滑动模板共同的优点,尤其适用于超高层建筑施工。

它与滑动模板一样,在结构施工阶段依附在建筑竖向结构上,随着结构施工而逐层上升,这样模板可以不占用施工场地,也不用其他垂直运输设备。另外,它装有操作脚手架,施工时有可靠的安全围护,故可不需搭设外脚手架,特别适用于在较狭小的场地上建造多层或高层建筑。

爬升模板由钢模板、提升架和提升装置三部分组成。

模板与爬架互爬是以建筑物的钢筋混凝土墙体为支承主体,通过附着于已完成的钢筋混凝土墙体上的爬升支架或大模板,利用连接爬升支架与大模板的爬升设备,使一方固定,另一方做相对运动,交替向上爬升,以完成模板的爬升、下降、就位和校正等工作。

导轨式液压爬升模板仍属模板与爬架互爬体系,其最大特点是:爬架在结构施工期间就可以插入装修装饰作业,即爬模爬架联体上升完成结构施工、分体下降进行装修装饰作业。

4. 台模

台模是浇筑钢筋混凝土楼板的一种大型工具式模板。在施工中可以整体脱模和转运,利用起重机从浇筑完的楼板下吊出,转移至上一楼层,中途不再落地,所以也称"飞模"。台模按其支架结构类型分为:立柱式台模、桁架式台模、悬架式台模等。

台模适用于各种结构的现浇混凝土,尤其适用于小开间、小进深的现浇楼板,单座台模面板的面积从2~6m^{2}甚至60m^{2}以上。台模整体性好,混凝土表面容易平整、施工进度快。

台模由台面、支架(支柱)、支腿、调节装置、行走轮等组成。台面是直接接触混凝土的部件,表面应平整光滑,具有较高的强度和刚度。目前常用的面板有:钢板、胶合板、铝合金板、工程塑料板及木板等,如图3-16所示。

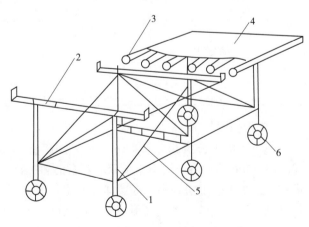

图3-16 台模
1—支腿;2—可伸缩的横梁;3—檩条;
4—面板;5—斜撑;6—滚轮

【任务实施】

(1) 制定编制说明

(2) 编制工程概况内容

(3) 编制施工方案

①施工工艺流程 大模板拼装→定位放线→安装模板的定位装置→安装洞口模板→安装大模板→调整模板，紧固对拉螺栓→验收。

②大模板安装注意事项 大模板安装前应进行技术交底；大模板要用醒目字体对模板编号，安装时对号入座；大模板安装前必须放出模板内侧线及外侧控制线作为安装基准；合模前必须将内部处理干净，必要时可在模板底部留置清扫口；合模前必须通过隐蔽工程验收；模板就位前涂刷隔离剂，刷好隔离剂的模板淋雨后必须补刷。

③大模板的安装应符合的规定 大模板安装应符合模板设计要求；模板安装时按模板编号遵循先内侧、后外侧的原则安装就位；大模板安装时根部和顶部都用混凝土撑棍顶住模板，作为固定措施；模板支撑必须牢固、稳定，支撑点设置在坚固可靠处，不得与脚手架拉结；混凝土浇筑前在模板上做出浇筑高度标记；模板安装就位后，用胶条堵缝。

(4) 编制施工进度计划及保证措施

(5) 编制质量计划

(6) 编制施工进度计划及保证措施

(7) 编制安全目标及管理措施

(8) 编制环境及文明施工管理目标及措施

【考核评价】

考核评定方式	评定内容	分值	得分
自评	团队协作	10	
	成果质量	10	
互评	团队协作	20	
教师评定	考勤	10	
	团队协作	20	
	成果质量	30	
总　分			

【知识拓展】

苏通大桥主桥全长为2088m，是采用跨度为100m+100m+300m+1088m+300m+100m+100m的七跨连续钢箱梁双塔双索面斜拉桥。其主桥索塔采用倒Y形结构，包括上塔柱、中塔柱、下塔柱和下横梁4个部分，采用C50混凝土，索塔总高300.4m，为同类桥型世界第一高塔。塔柱采用空心箱形断面，上塔柱为对称单箱单室，中间设钢锚箱用于锚固斜拉索，钢锚箱与塔柱之间采用剪力钉连接；下横梁设在主梁下方，采用箱形断面，为预应力混凝土结构。索塔混凝土总方量达27 786m^3，钢筋总重达7981t。

苏通大桥位于东南沿海区域，江面风速较大，气象条件差；一年中江面风力达6级以上的有179d，年平均降雨天数超过120d，雾天31d，还面临着台风、季风、龙卷风的威胁。另外，苏通大桥是高塔施工，其中，下塔柱塔肢倾斜度大(为1∶7.9295)，并且存在多个截面变化段，对塔肢模板操作便捷和可调节性要求高。为保证施工安全和施工质量，经过综合研究确定采用自动液压爬升模板系统进行索塔施工。液压自动爬模具有良好的工作性能，对施工人员的安全性也有很好的保证，加之爬升速度快，模板调整方便，无疑是最佳的索塔施工方法。此外，采用液压自动爬模施工的索塔，在横梁施工时采用塔梁异步施工工艺，可减少塔肢内侧模架的拼装次数，大大加快了施工进度。

复习思考题

一、选择题

1. 现浇混凝土墙板的模板垂直度主要靠（ ）控制。
   A. 对拉螺栓　　B. 模板卡具　　C. 斜撑　　D. 模板刚度
2. 梁模板承受的荷载是（ ）。
   A. 垂直力　　B. 水平力　　C. 垂直力和水平力　　D. 扭力
3. 跨度较大的梁模板支撑拆除的顺序是（ ）。
   A. 先拆跨中　　B. 先拆两端　　C. 无一定要求　　D. 工人根据经验
4. 模板按（ ）分类，可分为现场拆装式模板、固定式模板和移动式模板。
   A. 材料　　B. 结构类型　　C. 施工方法　　D. 施工顺序
5. 梁的截面较小时，木模板的支撑形式一般采用（ ）。
   A. 琵琶支撑　　B. 井架支撑　　C. 隧道模　　D. 桁架
6. 拆装方便、适用性较强、周转率高的模板是（ ）。
   A. 大模板　　B. 组合钢模板　　C. 滑升模板　　D. 爬升模板
7. 某梁的跨度为6m，采用钢模板、钢支柱支模时，其跨中起拱高度可为（ ）。
   A. 1mm　　B. 2mm　　C. 4mm　　D. 8mm
8. 跨度为6m、混凝土强度为C30的现浇混凝土板，当混凝土强度至少应达到（ ）时方可拆除模板。
   A. $15N/mm^2$　　B. $21N/mm^2$　　C. $22.5N/mm^2$　　D. $30N/mm^2$
9. 悬挑长度为1.5m、混凝土强度为C30的现浇阳台板，当混凝土强度至少达到（ ）时方可拆除底模。
   A. $15N/mm^2$　　B. $22.5N/mm^2$　　C. $21N/mm^2$　　D. $30N/mm^2$
10. （ ）是一种大型工具式模板，整体性好，混凝土表面容易平整，施工速度快。
    A. 胶合模板　　B. 组合钢模板　　C. 台模　　D. 爬升模板

二、简答题

1. 模板的分类有哪几种？
2. 定型组合钢模板由哪几部分组成？
3. 模板安装的程序是怎样的？包括哪些内容？
4. 梁结构的胶合板模板构造及安装要求有哪些？
5. 模板拆除要求及拆模注意事项有哪些？

三、案例题

某办公楼工程为钢筋混凝土框架结构，地下1层，地上8层，层高4.5m，墙体采用普通混凝土小砌块，工程外脚手架采用双排落地式扣件钢管脚手架，位于办公楼顶层用双排落地式扣件钢管脚手架，位于办公楼顶层的会议室，其框架柱间距为9m×9m。施工中发生了下列事件：

事件一：梁板模板采用多层板模碗扣支撑，架子工搭设完支撑架后，由木工制作好后直接拼装梁板模板，模板安装时用具有足够承载力和刚度的碗扣式钢管作支撑，模板拼接整齐、严密。但拆模后发现梁板的挠度过大，超过了规范要求。

事件二：会议室顶板底模支撑拆除前，试验员从同条件养护试件中取一组试件进行试验，试验强度达到设计强度的90%，项目部据此开始拆模。

(1) 事件一中梁板的挠度过大的原因是什么？
(2) 指出事件二中的不妥之处，并说明理由。
(3) 当设计无规定时，通常情况下模板拆除顺序遵循的原则是什么？

项目 4　钢筋混凝土——钢筋工程施工

【项目情景】

学院建工大楼项目为框架结构，局部平法施工图如图 4-1 所示，其框架结构为三级抗震等级，现场一级钢为盘条，三级钢每根 9m 定长，混凝土为 C30。

假如你是施工员，请思考：如何编制该钢筋工程的施工方案及钢筋配料单。

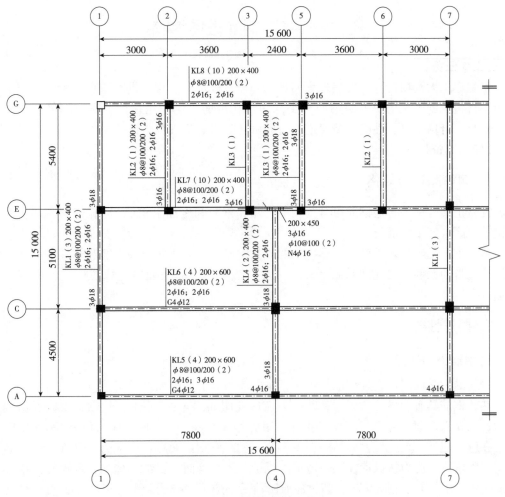

图 4-1　局部平法施工图

【学习目标】

》知识目标

1. 掌握钢筋种类，加工及安装施工工艺，质量检查内容和施工注意事项。

2. 掌握钢筋配料单的编制，检查验收钢筋工程的方法。
3. 掌握施工质量强制性规范对钢筋工程的要求。

>> 能力目标

1. 会应用平法制图规则读懂结构施工图中的钢筋布置图。
2. 会根据施工图纸计算钢筋下料长度和进行钢筋配料并填写料单。
3. 会根据施工图纸和施工现场实际条件有效地减少钢筋加工损耗。

>> 素质目标

1. 培养收集信息和编制工作计划的能力。
2. 培养观察、分析、判断、解决问题的能力和创新能力。
3. 培养组织、协调和沟通能力。
4. 培养工作态度、责任心、团队意识、协作能力。

任务4-1　钢筋进场验收

【工作任务】

学院建工大楼项目有一批热轧钢筋进场，请按规范要求对其进行进场检验。钢筋是重要施工材料，施工现场使用的钢筋种类众多，在钢筋进场使用之前，需对钢筋规格、型号、外观、合格证书、性能等情况进行查验确认是否满足规范与设计要求。

【知识准备】

1. 钢筋品种与规格

混凝土结构用的普通钢筋可分为两类：热轧钢筋和冷加工钢筋(冷轧带肋钢筋、冷轧扭钢筋、冷拔螺旋钢筋)。

热轧钢筋是经热轧成型并自然冷却的成品钢筋，分为热轧光圆钢筋和热轧带肋钢筋两种。冷轧带肋钢筋是热轧圆盘条经冷轧或冷拔减径后在其表面冷轧成三面或二面有肋的钢筋。

2. 钢筋性能

1) 钢筋力学性能

钢筋的力学性能可通过钢筋拉伸过程中的应力-应变图加以说明。

热轧钢筋具有明显的屈服点，其应力-应变图如图4-2所示。从图中可以看出，在应力达到 a 点之前，应力与应变成正比，呈弹性工作状态，a 点的应力值 σ_p 称为比例极限；在应力超过 a 点之后，应力与应变不成比例，有塑性变形；当应力达到 b 点，钢筋到达了屈服阶段，应力值保持在某一数值附近上、下波动而应变继续增加，取该阶段最低点 c 点的应力值，称为屈服点 σ_s；超过屈服阶段后，应力与应变又呈上升状态，直至最高点 d，称为强化阶段，d 点的应力值称为抗拉强度(强度极限) σ_b；从最高点 d 至断裂点 e' 钢筋产生颈缩现象，荷载下降，伸长增大，很快被拉断。

冷轧带肋钢筋的应力-应变图如图4-3所示，呈硬钢性质，无明显屈服点。一般将对应于塑性应变为0.2%的应力定为屈服强度，并以 $\sigma_{0.2}$ 表示。

提高钢筋强度，可减少用钢量，降低成本，但并非强度越高越好。高强钢筋在高应力下往往引起构件过大的变形和裂缝。

2) 钢筋锚固性能

钢筋混凝土结构中，两种性能不同的材料能够共同受力是由于它们之间存在着黏结锚固作用，这种作用使接触界面两边的钢筋与混凝土之间能够实现应力传递，从而在钢筋与混凝土中建立起结构承载所必需的工作应力。

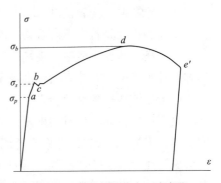

图 4-2　热轧钢筋应力-应变图

钢筋在混凝土中的黏结锚固作用有：胶结力——即接触面上的化学吸附作用，但其影响不大；摩阻力——与接触面的粗糙程度及侧压力有关，且随滑移发展其作用逐渐减小；咬合力——是带肋钢筋横肋对肋前混凝土挤压产生的，为带肋钢筋锚固力的主要来源；机械锚固力——指弯钩、弯折及附加锚固等措施（如焊锚板、贴焊钢筋等）提供的锚固作用。

3) 钢筋冷弯性能

钢筋冷弯是考核钢筋的塑性指标，也是钢筋加工所需的。钢筋弯折、做弯钩时应避免钢筋裂缝和折断。低强的热轧钢筋冷弯性能较好，强度较高的稍差，冷加工钢筋的冷弯性能最差。

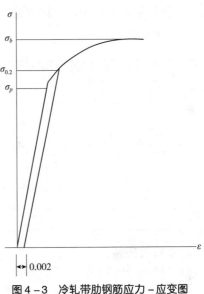

图 4-3　冷轧带肋钢筋应力-应变图

4) 钢筋焊接性能

钢材的可焊性系指被焊钢材在采用一定焊接材料、焊接工艺条件下，获得优质焊接接头的难易程度，也就是钢材对焊接加工的适应性。它包括以下两个方面：

(1) 工艺焊接性

工艺焊接性就是接合性能，指在一定焊接工艺条件下焊接接头中出现各种裂纹及其他工艺缺陷的敏感性和可能性。这种敏感性和可能性越大，则其工艺焊接性越差。

(2) 使用焊接性

使用焊接性是指在一定焊接条件下焊接接头对使用要求的适应性，以及影响使用可靠性的程度。这种适应性和使用可靠性越大，其使用焊接性越好。

【任务实施】

(1) 钢筋识别与外观检查

钢筋按外形分为光面钢筋、螺纹钢筋、钢丝和钢绞线。钢筋按强度分为Ⅰ、Ⅱ、Ⅲ、Ⅳ级钢筋，符号分别为 A、B、C、D。钢筋按直径分为细钢筋（6~10mm）、中粗钢筋（12~20mm）、粗钢筋（大于20mm）。

通过钢筋分类知识，识别钢筋牌号，查验进场钢筋是否符合设计要求。

外观检查是否有裂痕、结疤、夹杂、油污、生锈等情况。

(2)制定钢筋检验流程

①检验钢筋是否有出厂合格证明书及试验报告单,每捆(盘)钢筋均应有牌号。

②钢筋运至加工或施工现场时,应按炉罐(批)号及直径分批验收。验收内容包括查对标牌、外观检查,并按有关标准规定抽取试样做机械性能试验,验收合格后方可使用。

(3)进行热轧钢筋的检验

在每批次钢筋中任意抽出两根试样钢筋,一根试件做力学试验(测定屈服点、抗拉强度、伸长率),另一根试件做冷弯试验。四个指标中如有一个试验项目结果不符合该钢筋的机械性能所规定的数值时,则另取双倍数量的试件对不合格的项目做第二次试验,如仍有一根试件不合格,则该批钢筋不予验收。

(4)入库

进场钢筋验收无误,按规格、等级堆放入库,场地应坚实、干燥。

【考核评价】

考核评定方式	评定内容	分值	得分
自评	工作纪律	10	
	工作成果	10	
互评	工作成果	20	
教师评定	考勤	10	
	工作纪律	20	
	工作成果	30	
总　分			

【知识拓展】

钢筋中除了主要化学成分铁(Fe)以外,还含有少量的碳(C)、硅(Si)、锰(Mn)、磷(P)、硫(S)、氧(O)、氮(N)等元素。

碳:是决定钢筋性能的重要元素,它对钢材的力学性能影响很大。当钢中含碳量在0.8%以下时,随含碳量的增加,钢的强度和硬度提高,塑性和韧性下降。对于含碳量大于0.3%的钢,其焊接性能会显著下降。

硅:在钢中是有益元素,炼钢时起脱氧作用。它是我国钢筋的主加合金元素,其作用主要是提高钢的机械强度。

锰:在钢中是有益元素,炼钢时可起到脱氧去硫作用,消减硫所引起的热脆性,使钢材的热加工性质改善,同时能提高钢材的强度和硬度。

磷:是钢中很有害的元素之一。含磷量增加,钢材的强度、硬度提高,塑性和韧性显著下降,特别是温度越低,对塑性和韧性的影响越大,从而显著加大钢材的冷脆性。磷使钢材的可焊性显著降低,但可提高钢的耐磨性和耐蚀性。建筑用钢一般要求含磷量小于0.045%。

硫:是钢中很有害的元素,能降低钢材的各种机械性能。硫使钢的可焊性、冲击韧性、耐疲劳性和抗腐蚀性等均降低。

氧:是钢中有害的元素,能降低钢的机械性能,特别是韧性。氧化物所造成的低熔点,也使钢的可焊性变差。通常要求钢中含氧量小于 0.03%。

氮:对钢材的影响与磷、硫相似,使钢材强度提高,塑性特别是韧性显著下降,会加剧钢材的时效敏感性和冷脆性,降低可焊性。通常要求钢中含氮量小于 0.008%。

任务 4-2　钢筋连接质量验收

【工作任务】

学院建工大楼项目有一批柱主筋采用电渣压力焊的方式进行连接,要求结合规范和设计对这一批连接件进行验收,查验是否合格。施工现场钢筋连接件数量多、形式多,也是结构受力的薄弱点,钢筋连接件的质量显得尤为的重要。

【知识准备】

钢筋连接方式可分为机械连接、焊接、绑扎搭接等。由于钢筋通过连接接头传力的性能总不如整根钢筋,因此设置钢筋连接原则为:钢筋接头宜设置在受力较小处,同一根钢筋上宜少设接头,同一构件中的纵向受力钢筋接头宜相互错开。

1. 接头相关规定

1) 接头使用规定

①直径大于 12mm 以上的钢筋,应优先采用焊接接头或机械连接接头。

②当受拉钢筋的直径大于 28mm 及受压钢筋的直径大于 32mm 时,不宜采用绑扎搭接接头。

③轴心受拉及小偏心受拉杆件(如桁架和拱的拉杆)的纵向受力钢筋不得采用绑扎搭接接头。

④直接承受动力荷载的结构构件中,其纵向受力钢筋不得采用绑扎搭接接头。

2) 接头面积允许百分率

同一连接区段内,纵向钢筋搭接接头面积百分率为该区段内有搭接接头的纵向受力钢筋截面面积与全部纵向受力钢筋截面面积的比值。

①钢筋绑扎搭接接头连接区段的长度为 $1.3L_1$(L_1 为搭接长度),凡搭接接头中点位于该连接区段长度内的搭接接头均属于同一连接区段(图 4-4)。同一连接区段内,纵向受拉钢筋搭接接头面积百分率应符合设计要求;当设计无具体要求时,应符合下列规定:

- 对于梁、板类及墙类构件,不宜大于 25%。
- 对于柱类构件,不宜大于 50%。

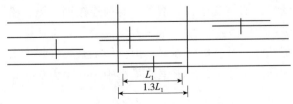

图 4-4　同一连接区段内的纵向受拉钢筋绑扎搭接接头

- 当工程中确有必要增大接头面积百分率时,对梁类构件不应大于50%;对其他构件,可根据实际情况放宽。
  - 纵向受压钢筋搭接接头面积百分率,不宜大于50%。

②钢筋机械连接与焊接接头连接区段的长度为 $35d$(d 为纵向受力钢筋的较大直径),且不小于500mm。同一连接区段内,纵向受力钢筋的接头面积百分率应符合设计要求;当设计无具体要求时,应符合下列规定:
- 受拉区不宜大于50%;受压区不受限制。
- 接头不宜设置在有抗震设防要求的框架梁端、柱端的箍筋加密区;当无法避开时,对等强度高质量机械连接接头,不应大于50%。
- 直接承受动力荷载的结构构件中,不宜采用焊接接头;当采用机械连接接头时,不应大于50%。

2. 钢筋机械连接

钢筋机械连接是指通过连接件的机械咬合作用或钢筋端面的承压作用,将一根钢筋中的力传递至另一根钢筋的连接方法。它具有以下优点:接头质量稳定可靠,不受钢筋化学成分的影响,人为因素的影响也小;操作简便,施工速度快,且不受气候条件影响;无污染、无火灾隐患,施工安全等。在粗直径钢筋连接中,钢筋机械连接方法有广阔的发展前景。

钢筋机械连接方法分类及适用范围,见表4-1所列。

表4-1 钢筋机械连接方法分类及适用范围

机械连接方法		适用范围	
		钢筋级别	钢筋直径(mm)
钢筋套筒挤压连接		HRB335、HRB400	16~40
		RRB400	16~40
钢筋锥螺纹套筒连接		HRB335、HRB400	16~40
		RRB400	16~40
钢筋镦粗直螺纹套筒连接		HRB335、HRB400	16~40
钢筋滚压直螺纹套筒连接	直接滚压	HRB335、HRB400	16~40
	挤肋滚压		16~40
	剥肋滚压		16~50

1)钢筋套筒挤压连接

带肋钢筋套筒挤压连接是将两根待接钢筋插入钢套筒,用挤压连接设备沿径向挤压钢套筒,使之产生塑性变形,依靠变形后的钢套筒与被连接钢筋纵、横肋产生的机械咬合成为整体的钢筋连接方法(图4-5)。

这种接头质量稳定性好,可与母材等强,但操作工人工作强度大,有时液压油污染钢筋,综合成本较高。钢筋挤压连接,要求钢筋最小中心间距为90mm。

(1)挤压工艺

①准备工作 钢筋端头的锈、泥沙、油污等杂物应清理干净。钢筋与套筒应进行试

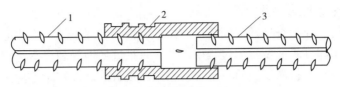

图 4-5 钢筋套筒挤压连接

1—已挤压的钢筋；2—钢套筒；3—未挤压的钢筋

套，如钢筋有马蹄、弯折或纵肋尺寸过大者，应预先矫正或用砂轮打磨；不同直径钢筋的套筒不得串用。钢筋端部应画出定位标记与检查标记。定位标记与钢筋端头的距离为钢套筒长度的一半，检查标记与定位标记的距离一般为 20mm。检查挤压设备情况，并进行试压，符合要求后方可作业。

②挤压作业　钢筋挤压连接宜先在地面上挤压一端套筒，在施工作业区插入待接钢筋后再挤压另一端套筒。压接钳就位时，应对正钢套筒压痕位置的标记，并使压模运动方向与钢筋两纵肋所在的平面相垂直，即保证最大压接面能在钢筋的横肋上。压接钳施压顺序由钢套筒中部顺次向端部进行。每次施压时，主要控制压痕深度。

(2) 套筒挤压接头质量检验

钢套筒进场，必须有原材料试验单与套筒出厂合格证，并由该技术提供单位提交有效的型式检验报告。钢筋套筒挤压连接开始前及施工过程中，应对每批进场钢筋进行挤压连接工艺检验。工艺检验应符合下列要求：每种规格钢筋的接头试件不应少于 3 个；接头试件的钢筋母材应进行抗拉强度试验；3 个接头试件强度均应符合现行行业标准《钢筋机械连接通用技术规程》中相应等级的强度要求，对于 A 级接头，试件抗拉强度尚应大于或等于 0.9 倍钢筋母材的实际抗拉强度（计算实际抗拉强度时，应采用钢筋的实际横截面面积）。

钢筋套筒挤压接头现场检验，一般只进行接头外观检查和单向拉伸试验。

2) 钢筋锥螺纹套筒连接

钢筋锥螺纹套筒连接是将两根待接钢筋端头用套丝机做出锥形外丝，然后用带锥形内丝的套筒将钢筋两端拧紧的钢筋连接方法（图 4-6）。这种接头质量稳定性一般，施工速度快，综合成本较低。

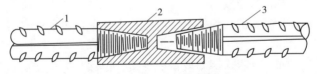

图 4-6 钢筋锥螺纹套筒连接

1—已连接的钢筋；2—锥螺纹套筒；3—待连接的钢筋

(1) 钢筋锥螺纹连接施工

连接钢筋前，将下层钢筋上端的塑料保护帽拧下来露出丝扣，并将丝扣上的水泥浆等污物清理干净。连接钢筋时，将已拧套筒的上层钢筋拧到被连接的钢筋上，并用扭力扳手按规定的力矩值把钢筋接头拧紧，直至扭力扳手在调定的力矩值发出响声，并随手画上油漆标记，以防有的钢筋接头漏拧。力矩扳手每半年应标定一次。

(2) 钢筋锥螺纹接头质量检验

①连接钢筋时,应检查连接套筒出厂合格证、钢筋锥螺纹加工检验记录。

②钢筋连接工程开始前及施工过程中,应对每批进场钢筋和接头进行工艺检验;对每种规格钢筋母材进行抗拉强度试验;每种规格钢筋接头的试件数量不应少于3个;接头试件应达到现行行业标准《钢筋机械连接通用技术规程》中相应等级的强度要求。

③随机抽取同规格接头数的10%进行外观检查。应满足钢筋与连接套的规格一致,接头丝扣无完整丝扣外露。如发现有一个完整丝扣外露,即为连接不合格,必须查明原因,责令工人重新拧紧或进行加固处理。

3) 钢筋镦粗直螺纹套筒连接

钢筋镦粗直螺纹套筒连接是先将钢筋端头镦粗,再切削成直螺纹,然后用带直螺纹的套筒将钢筋两端拧紧的钢筋连接方法(图4-7)。

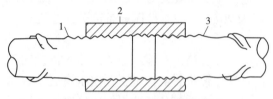

图4-7 钢筋镦粗直螺纹套筒连接
1—已连接的钢筋;2—直螺纹套筒;
3—正在拧入的钢筋

镦粗直螺纹钢筋接头的特点:钢筋端部经冷镦后不仅直径增大,使套丝后丝扣底部横截面积不小于钢筋原截面积,而且由于冷镦后钢材强度提高,接头部位有很高的强度。这种接头的螺纹精度高,接头质量稳定性好,操作简便,连接速度快。

4) 钢筋滚压直螺纹套筒连接

钢筋滚压直螺纹套筒连接是利用金属材料塑性变形后冷作硬化增强金属材料强度的特性,使接头与母材等强的连接方法。根据滚压直螺纹成形方式,又可分为直接滚压螺纹、挤肋滚压螺纹、剥肋滚压螺纹3种类型。

3. 钢筋焊接

1) 一般规定

钢筋焊接的一般规定如下:

①电渣压力焊应用于柱、墙、烟囱等现浇混凝土结构中竖向受力钢筋的连接;不得用于梁、板等构件中水平钢筋的连接。

②在工程开工或每批钢筋正式焊接前,应进行现象条件下的焊接性能试验,合格后方可正式生产。

③钢筋焊接施工之前,应清除钢筋或钢板焊接部位和与电极接触的钢筋表面上的锈斑油污、杂物等;钢筋端部若有弯折、扭曲,应予以矫直或切除。

2) 钢筋闪光对焊

钢筋闪光对焊是将两根钢筋安放成对接形式,利用焊接电流通过两根钢筋接触点产生的电阻热,使接触点金属熔化,产生强烈飞溅,形成闪光,迅速施加顶锻力的一种压焊方法。

(1) 对焊工艺

钢筋闪光对焊的焊接工艺可分为连续闪光焊、预热闪光焊和闪光-预热闪光焊等,根据钢筋品种、直径、焊机功率、施焊部位等因素选用。

①连续闪光焊　工艺过程包括：连续闪光和顶锻过程[图4-8(a)]。施焊时，先闭合一次电路，使两根钢筋端面轻微接触，此时端面的间隙中即喷射出火花般熔化的金属微粒——闪光，接着徐徐移动钢筋使两端面仍保持轻微接触，形成连续闪光。当闪光到预定的长度，使钢筋端头加热到接近熔点时，就以一定的压力迅速进行顶锻。先带电顶锻，再无电顶锻到一定长度，焊接接头即告完成。

②预热闪光焊　是在连续闪光焊前增加一次预热过程，以扩大焊接热影响区。其工艺过程包括：预热、闪光和顶锻过程[图4-8(b)]。施焊时先闭合电源，然后使两根钢筋端面交替地接触和分开，这时钢筋端面的间隙中即发出断续的闪光，而形成预热过程。当钢筋达到预热温度后进入闪光阶段，随后顶锻而成。

③闪光-预热闪光焊　是在预热闪光焊前加一次闪光过程，目的是使不平整的钢筋端面烧化平整，使预热均匀。其工艺过程包括：一次闪光、预热、二次闪光及顶锻过程[图4-8(c)]。施焊时首先连续闪光，使钢筋端部闪平，其后步骤同预热闪光焊。

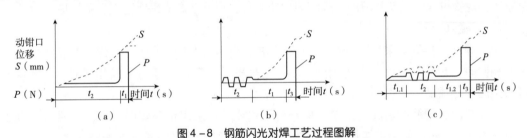

图4-8　钢筋闪光对焊工艺过程图解

(a)连续闪光焊；(b)预热闪光焊；(c)闪光-预热闪光焊

t_1—闪光时间；$t_{1.1}$—一次闪光时间；$t_{1.2}$—二次闪光时间；t_2—预热时间；t_3—顶锻时间

(2)对焊接头质量检验

①取样数量　在同一台班内，由同一焊工，按同一焊接参数完成的300个同类型接头作为一批。一周内连续焊接时，可以累计计算。一周内累计不足300个接头时，也按一批计算。钢筋闪光对焊接头的外观检查，每批抽查10%的接头，且不得少于10个。钢筋闪光对焊接头的力学性能试验包括拉伸试验和弯曲试验，应从每批成品中切取6个试件，3个进行拉伸试验，3个进行弯曲试验。

②外观检查　钢筋闪光对焊接头的外观检查应符合下列要求：接头处不得有横向裂纹；与电极接触处的钢筋表面，不得有明显的烧伤；接头处的弯折，不得大于4°。

③拉伸试验　钢筋对焊接头拉伸试验时应符合下列要求：3个试件的抗拉强度均不得低于该级别钢筋的抗拉强度标准值；至少有两个试样断于焊缝之外，并呈塑性断裂。当检验结果有一个试件的抗拉强度低于规定指标，或有两个试件在焊缝或热影响区发生脆性断裂时，应取双倍数量的试件进行复验。复验结果，若仍有一个试件的抗拉强度低于规定指标，或有3个试件呈脆性断裂，则该批接头为不合格品。

④弯曲试验　钢筋闪光对焊接头弯曲试验时，应将受压面的金属毛刺和镦粗变形部分去掉，与母材的外表齐平。

当试验结果有2个试件发生破断时，应再取6个试件进行复验。复验结果如仍有3个试件发生破断，应确认该批接头为不合格品。

3)钢筋电阻点焊

钢筋电阻点焊是将两根钢筋安放成交叉叠接形式,压紧于两电极之间,利用电阻热熔化母材金属,加压形成焊点的一种压焊方法。

点焊过程可分为预压、通电、锻压3个阶段。在通电开始一段时间内,接触点扩大,固态金属因加热膨胀,在焊接压力作用下,焊接处金属产生塑性变形,并挤向工件间隙缝中;继续加热后,开始出现熔化点,并逐渐扩大成所要求的核心尺寸时切断电流。

4)钢筋电弧焊

钢筋电弧焊是以焊条作为一极、钢筋作为另一极,利用焊接电流通过产生的电弧热进行焊接的一种熔焊方法。

钢筋电弧焊包括帮条焊、搭接焊、预埋件电弧焊和坡口焊等接头形式。焊接时应符合下列要求:应根据钢筋级别、直径、接头形式和焊接位置,选择焊条、焊接工艺和焊接参数;焊接时,引弧应在垫板、帮条或形成焊缝的部位进行,不得烧伤主筋;焊接地线与钢筋应接触紧密;焊接过程中应及时清渣,焊缝表面应光滑,焊缝余高应平缓过渡,弧坑应填满。

(1)帮条焊和搭接焊

帮条焊和搭接焊宜采用双面焊。当不能进行双面焊时,可采用单面焊。当帮条级别与主筋相同时,帮条直径可与主筋相同或小一个规格;当帮条直径与主筋相同时,帮条级别可与主筋相同或低一个级别。

①施焊前,钢筋的装配与定位,应符合下列要求:采用帮条焊时,两主筋端面之间的间隙应为2~5mm;采用搭接焊时,焊接端钢筋应预弯,并应使两钢筋的轴线在一直线上;帮条和主筋之间应采用四点定位焊固定[图4-9(a)];搭接焊时,应采用两点固定[图4-9(b)];定位焊缝与帮条端部或搭接端部的距离应大于或等于20mm。

②施焊时,应在帮条或搭接焊形成焊缝中引弧;在端头收弧前应填满弧坑,并应使主焊缝与定位焊缝的始端和终端熔合。

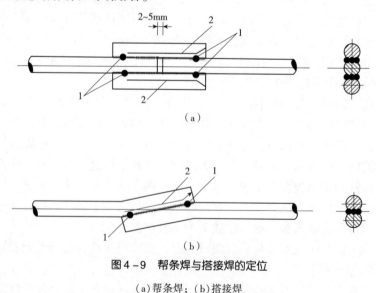

图4-9 帮条焊与搭接焊的定位

(a)帮条焊;(b)搭接焊

1—定位焊缝;2—弧坑拉出方位

③帮条焊或搭接焊的焊缝厚度 h 不应小于主筋直径的 0.3 倍,焊缝宽度 b 不应小于主筋直径的 0.7 倍(图 4-10)。

④钢筋与钢板搭接焊时,焊缝宽度不得小于钢筋直径的 0.5 倍,焊缝厚度不得小于钢筋直径的 0.35 倍。

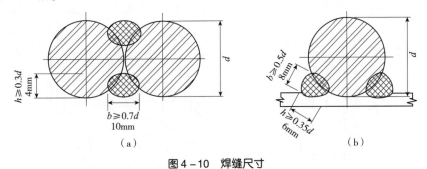

图 4-10 焊缝尺寸

(a)钢筋接头;(b)钢筋与钢板接头

(2)预埋件电弧焊

预埋件电弧焊分为贴角焊和穿孔塞焊两种(图 4-11)。施焊中,电流不宜过大,不得使钢筋咬边和烧伤。

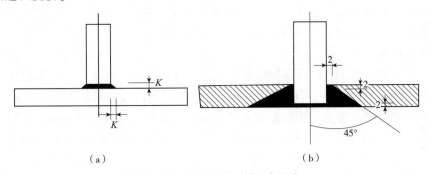

图 4-11 预埋件电弧焊 T 字接头

(a)贴角焊;(b)穿孔塞焊

(3)坡口焊

坡口焊工艺,应符合下列要求:

①焊缝根部、坡口端面以及钢筋与钢板之间均应熔合。

②焊接过程中应经常清渣。

③钢筋与钢垫板之间,应加焊 2~3 层侧面焊缝;宜采用几个接头轮流进行施焊;焊缝的宽度应大于 V 形坡口的边缘 2~3mm,焊缝余高不得大于 3mm,并宜平缓过渡至钢筋表面;当发现接头中有弧坑、气孔及咬边等缺陷时,应立即补焊。HRB400 级钢筋接头冷却后补焊时,应采用氧乙炔焰预热。

5)钢筋电渣压力焊

钢筋电渣压力焊是将两根钢筋安放成竖向对接形式,利用焊接电流通过两根钢筋端面间隙,在焊剂层下形成电弧过程和电渣过程,产生电弧热和电阻热,熔化钢筋,加压完成的一种压焊方法。这种焊接方法比电弧焊节省钢材、工效高、成本低,适用于现浇钢筋混凝土结构中竖向或斜向(倾斜度在 4∶1 范围内)钢筋的连接。

电渣压力焊的焊接设备包括:焊接电流、焊接机头、控制箱、焊剂填装盒等,如图 4 – 12 所示。

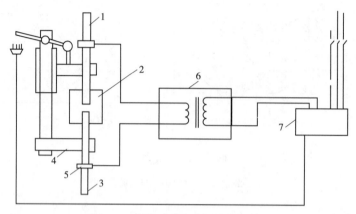

图 4 – 12 钢筋电渣压力焊设备示意图

1—上钢筋;2—焊剂盒;3—下钢筋;4—焊接机头;5—焊钳;6—焊接电源;7—控制箱

施焊前,焊接夹具的上、下钳口应夹紧在上、下钢筋上;钢筋一经夹紧,不得晃动。电渣压力焊的工艺过程包括:引弧、电弧、电渣和顶压过程。

(1)引弧过程

宜采用铁丝圈引弧法,也可采用直接引弧法。铁丝圈引弧法是将铁丝圈放在上、下钢筋端头之间,高约 10mm,电流通过铁丝圈与上、下钢筋端面的接触点形成短路引弧。直接引弧法是在通电后迅速将上钢筋提起,使两端头之间的距离为 2~4mm 直接引弧。当钢筋端头夹杂不导电物质或过于平滑造成引弧困难时,可以多次把上钢筋移下与下钢筋短接后再提起,达到引弧目的。

(2)电弧过程

靠电弧的高温作用,将钢筋端头的凸出部分不断烧化;同时将接口周围的焊剂充分熔化,形成一定深度的渣池。

(3)电渣过程

渣池形成一定深度后,将上钢筋缓缓插入渣池中,此时电弧熄灭,进入电渣过程。由于电流直接通过渣池产生大量的电阻热,使渣池温度升到近 2000℃,将钢筋端头迅速而均匀熔化。

(4)顶压过程

当钢筋端头达到全截面熔化时,迅速将上钢筋向下顶压,将熔化的金属、熔渣及氧化物等杂质全部挤出结合面,同时切断电源,焊接即告结束。

接头焊毕,应停歇后,方可回收焊剂和卸下焊接夹具,并敲去渣壳;四周焊包应均匀,凸出钢筋表面的高度应大于或等于 4mm。

4. 钢筋现场绑扎

1) 准备工作

①核对成品钢筋的钢号、直径、形状、尺寸和数量等是否与料单料牌相符。如有错漏，应纠正增补。

②准备绑扎用的铁丝、绑扎工具(如钢筋钩、带扳口的小撬棍)、绑扎架等。钢筋绑扎用的铁丝，可采用20～22号铁丝，其中22号铁丝只用于绑扎直径12mm以下的钢筋。

③准备控制混凝土保护层用的水泥砂浆垫块或塑料卡。

水泥砂浆垫块的厚度，应等于保护层厚度。垫块的平面尺寸：当保护层厚度≤20mm时为30mm×30mm；当保护层厚度>20mm时为50mm×50mm。当在垂直方向使用垫块时，可在垫块中埋入20号铁丝。

塑料卡的形状有两种：塑料垫块和塑料环圈，如图4-13所示。塑料垫块用于水平构件(如梁、板)，在两个方向均有凹槽，以便适应两种保护层厚度。塑料环圈用于垂直构件(如柱、墙)，使用时钢筋从卡嘴进入卡腔；由于塑料环圈有弹性，可使卡腔的大小适应钢筋直径的变化。

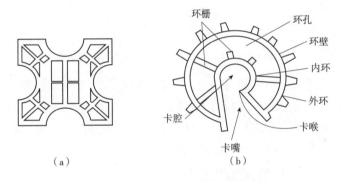

图4-13 控制混凝土保护层用的塑料卡
(a)塑料垫块；(b)塑料环圈

④划出钢筋位置线。平板或墙板的钢筋，在模板上划线；柱的箍筋，在两根对角线主筋上划点；梁的箍筋，则在架立筋上划点；基础的钢筋，在两向各取一根钢筋划点或在垫层上划线。

钢筋接头的位置，应根据来料规格，根据规范对有关接头位置、数量的规定，使其错开，在模板上划线。

⑤绑扎形式复杂的结构部位时，应先研究逐根钢筋穿插就位的顺序，并与模板工联系讨论支模和绑扎钢筋的先后次序，以减少绑扎困难。

2) 钢筋绑扎接头

①钢筋绑扎接头宜设置在受力较小处。同一纵向受力钢筋不宜设置两个或两个以上接头。接头末端至钢筋弯起点的距离不应小于钢筋直径的10倍。

②同一构件中相邻纵向受力钢筋的绑扎搭接接头宜相互错开。绑扎搭接接头中钢筋的横向间距不应小于钢筋直径，且不应小于25mm。

3) 基础钢筋绑扎

①钢筋网的绑扎，四周两行钢筋交叉点应每点扎牢，中间部分交叉点可相隔交错扎牢，但必须保证受力钢筋不位移。双向主筋的钢筋网，则须将全部钢筋相交点扎牢。绑扎时应注意相邻绑扎点的铁丝扣要成八字形，以免网片歪斜变形。

②基础底板采用双层钢筋网时，在上层钢筋网下面应设置钢筋撑脚，以保证钢筋位置正确。

钢筋撑脚的形式与尺寸如图 4-14 所示，每隔 1m 放置一个。其直径选用：当板厚 $h \leqslant 30cm$ 时为 $8\sim10mm$；当板厚 $h=30\sim50cm$ 时为 $12\sim14mm$；当板厚 $h>50cm$ 时为 $16\sim18mm$。

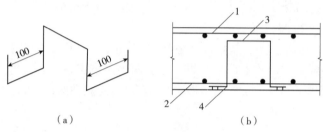

图 4-14 钢筋撑脚

(a)钢筋撑脚；(b)撑脚位置

1—上层钢筋网；2—下层钢筋网；3—撑脚；4—水泥垫块

③钢筋的弯钩应朝上，不要倒向一边；但双层钢筋网的上层钢筋弯钩应朝下。

④独立柱基础为双向弯曲，其底面短边的钢筋应放在长边钢筋的上面。

⑤现浇柱与基础连接用的插筋，其箍筋应比柱的箍筋缩小一个柱筋直径，以便连接。插筋位置一定要固定牢靠，以免造成柱轴线偏移。

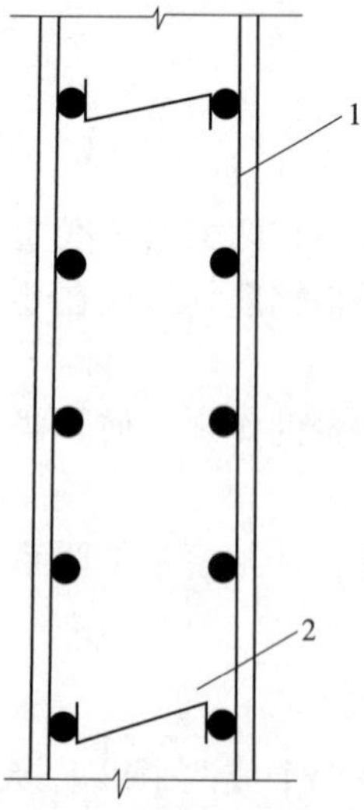

4) 墙钢筋绑扎

①墙(包括水塔壁、烟囱筒身、池壁等)的垂直钢筋每段长度不宜超过 4m(钢筋直径≤12mm) 或 6m(直径＞12mm)，水平钢筋每段长度不宜超过 8m，以利绑扎。

②墙的钢筋网绑扎同基础，钢筋的弯钩应朝向混凝土内。

③采用双层钢筋网时，在两层钢筋间应设置撑铁，以固定钢筋间距。撑铁可用直径 $6\sim10mm$ 的钢筋制成，长度等于两层网片的净距(图 4-15)，间距约为 1m，相互错开排列。

④墙的钢筋，可在基础钢筋绑扎之后浇筑混凝土前插入基础内。

⑤墙钢筋的绑扎，也应在模板安装前进行。

图 4-15 墙钢筋的撑铁

1—钢筋网；2—撑铁

5) 梁板钢筋绑扎

①纵向受力钢筋采用双层排列时，两排钢筋之间应垫以直径≥25mm 的短钢筋，以保持其设计距离。

②箍筋的接头(弯钩叠合处)应交错布置在两根架立钢筋上，其余同柱。

③板的钢筋网绑扎与基础相同，但应注意板上部的负筋，要防止被踩下；特别是雨篷、挑檐、阳台等悬臂板，要严格控制负筋位置，以免拆模后断裂。

④板、次梁与主梁交叉处，板的钢筋在上，次梁的钢筋居中，主梁的钢筋在下；当有圈梁或垫梁时，主梁的钢筋在上。

⑤框架节点处钢筋穿插十分稠密时，应特别注意梁顶面主筋间的净距要有30mm，以利浇筑混凝土。

⑥梁钢筋的绑扎与模板安装之间的配合关系是：梁的高度较小时，梁的钢筋架空在梁顶上绑扎，然后再落位；梁的高度较大($\geqslant 1.0m$)时，梁的钢筋宜在梁底模上绑扎，其两侧模或一侧模后装。

⑦梁板钢筋绑扎时应防止水电管线将钢筋抬起或压下。

【任务实施】

1. 明确取样数量和方法

①钢筋电渣压力焊接头的外观检查应逐个进行。
②强度检验时，从每批产品中切取3个试件进行力学试验。
③在一般构筑物中，每300个同类型接头(同钢筋级别、同钢筋直径)作为一批。
④在现浇钢筋混凝土框架结构中，每一楼层中以300个同类型接头作为一批，不足300个时，仍作为一批。

2. 开展外观检查

要求接头四周焊包均匀，无裂缝，钢筋表面无明显烧伤等缺陷，上、下钢筋的轴线偏移不得超过$0.1d$(d为钢筋直径)，同时不大于2mm，接头处弯折不大于4°。对外观检查不合格的接头，应将其切除重焊。

3. 进行力学试验

钢筋电渣压力焊接头力学试验结果，3个试件均不得低于该级别钢筋的抗拉强度标准值。如有一个试件的抗拉强度低于规定数值，应取双倍数量的试件进行复验，复验结果仍有1个试件强度达不到上述要求，则该批接头为不合格品。

【考核评价】

考核评定方式	评定内容	分值	得分
自评	工作纪律	10	
	工作成果	10	
互评	工作成果	20	
教师评定	考勤	10	
	工作纪律	20	
	工作成果	30	
总 分			

【知识拓展】

钢筋接头拉伸试验评判标准如下：

①符合下列条件之一，评定为合格：3个试件均断于钢筋母材，延性断裂，抗拉强度大于或等于钢筋母材抗拉强度标准值；2个试件断于钢筋母材，延性断裂，抗拉强度大于或等于钢筋母材抗拉强度标准值；1个试件断于焊缝或热影响区，脆性断裂或延性断裂，抗拉强度大于或等于钢筋母材抗拉强度标准值。

②符合下列条件之一，评定为复验：2个试件断于钢筋母材，延性断裂，抗拉强度大于或等于钢筋母材抗拉强度标准值；1个试件断于焊缝或热影响区，呈脆性断裂或延性断裂，抗拉强度小于钢筋母材抗拉强度标准值；1个试件断于钢筋母材，延性断裂，抗拉强度大于或等于钢筋母材抗拉强度标准值；2个试件断于焊缝或热影响区，呈脆性断裂，抗拉强度大于或等于钢筋母材抗拉强度标准值；3个试件全部断于焊缝或热影响区，呈脆性断裂，抗拉强度均大于或等于钢筋母材抗拉强度标准值。

③复验时，应再切取6个试件。复验结果，如仍有1个试件的抗拉强度小于钢筋母材的抗拉强度标准值；或有3个试件断于焊缝或热影响区，呈脆性断裂，均应判定该批接头为不合格品。

④凡不符合上述复验条件的检验批接头，均评为不合格品。

⑤当拉伸试验中，有试件断于钢筋母材，却呈脆性断裂；或者断于热影响区，呈延性断裂，其抗拉强度却小于钢筋母材抗拉强度标准值。以上两种情况均属异常现象，应视该项试验无效，并检查钢筋的材质性能。

任务4-3　钢筋配料计算并编写钢筋配料单

【工作任务】

学院建工大楼项目为框架结构，其框架结构为三级抗震等级，混凝土为C30。请根据梁的平法施工图计算钢筋下料长度，编写钢筋配料单。配料单应反映出工程名称、钢筋编号、钢筋简图和尺寸、钢筋直径、数量、下料长度、质量等。

【知识准备】

1. 钢筋配料

钢筋配料是根据构件配筋图，先绘出各种形状和规格的单根钢筋简图并加以编号，然后分别计算钢筋下料长度和根数，填写配料单，申请加工。

1) 钢筋下料长度计算

钢筋因弯曲或弯钩使其长度变化，在配料中不能直接根据图纸中尺寸下料；必须了解对混凝土保护层、钢筋弯曲、弯钩等的规定，再根据图中尺寸计算其下料长度。各种钢筋下料长度计算如下：

直钢筋下料长度 = 构件长度 - 保护层厚度 + 弯钩增加长度

弯起钢筋下料长度 = 直段长度 + 斜段长度 - 弯曲调整值 + 弯钩增加长度

箍筋下料长度 = 箍筋周长 + 箍筋调整值

上述钢筋如需搭接，还应增加钢筋搭接长度。

(1) 弯曲调整值

钢筋弯曲后的特点：一是在弯曲处内皮收缩、外皮延伸、轴线长度不变；二是在弯曲处形成圆弧。钢筋的量度方法是沿直线量外包尺寸（图 4-16），因此，弯起钢筋的量度尺寸大于下料尺寸，两者之间的差值称为弯曲调整值。弯曲调整值，根据理论推算并结合实践经验，列于表 4-2。

(2) 弯钩增加长度

钢筋的弯钩形式有 3 种：半圆弯钩、直弯钩及斜弯钩（图 4-17）。半圆弯钩是最常用的一种弯钩。直弯钩只用在柱钢筋的下部、箍筋和附加钢筋中。斜弯钩只用在直径较小的钢筋中。

图 4-16 钢筋弯曲时的量度方法

表 4-2 钢筋弯曲调整值

钢筋弯曲角度	30°	45°	60°	90°	135°
钢筋弯曲调整值	$0.35d$	$0.5d$	$0.85d$	$2d$	$2.5d$

注：d 为钢筋直径。

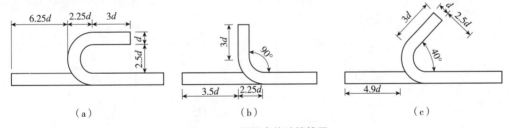

图 4-17 钢筋弯钩计算简图

(a) 半圆弯钩；(b) 直弯钩；(c) 斜弯钩

半圆钢筋的弯钩增加长度，按图 4-17 所示的简图（弯心直径为 $2.5d$、平直部分为 $3d$）计算：对半圆弯钩为 $6.25d$，对直弯钩为 $3.5d$，对斜弯钩为 $4.9d$。

在生产实践中，由于实际弯心直径与理论弯心直径有时不一致，钢筋粗细和机具条件不同等而影响平直部分的长短（手工弯钩时平直部分可适当加长，机械弯钩时可适当缩短），因此在实际配料计算时，对弯钩增加长度常根据具体条件，采用经验数据，见表 4-3 所列。

(3) 弯起钢筋斜长

弯起钢筋斜长计算简图，如图 4-18 所示。弯起钢筋斜长系数见表 4-4 所列。

表 4-3 半圆弯钩增加长度参考表（用机械弯）

钢筋直径(mm)	≤6	8~10	12~18	20~28	32~36
一个弯钩长度(mm)	40	$6d$	$5.5d$	$5d$	$4.5d$

注：d 为钢筋直径。

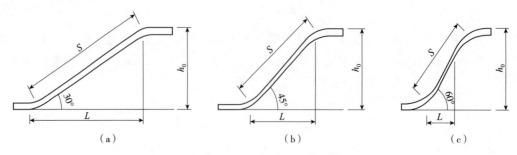

图 4-18 弯起钢筋斜长计算简图

(a)弯起角度 30°；(b)弯起角度 45°；(c)弯起角度 60°

表 4-4 弯起钢筋斜长系数

弯起角度	$\alpha = 30°$	$\alpha = 45°$	$\alpha = 60°$
斜边长度 s	$2h_0$	$1.41h_0$	$1.15h_0$
底边长度 l	$1.732h_0$	$1h_0$	$0.575h_0$
增加长度 $s-l$	$0.268h_0$	$0.41h_0$	$0.575h_0$

注：h_0 为弯起高度。

（4）箍筋调整值

箍筋调整值为弯钩增加长度和弯曲调整值两项之差或和，根据箍筋量外包尺寸或内皮尺寸确定见图 4-19 与表 4-5。

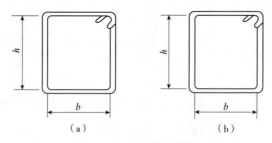

图 4-19 箍筋量度方法

(a)量外包尺寸；(b)量内皮尺寸

表 4-5 箍筋调整值

箍筋量度方法	箍筋直径(mm)			
	4~5	6	8	10~12
量外包尺寸	40	50	60	70
量内皮尺寸	80	100	120	150~170

2）配料计算注意事项

①在设计图纸中，钢筋配置的细节问题没有注明时，一般可按构造要求处理。

②配料计算时，要考虑钢筋的形状和尺寸在满足设计要求的前提下有利于加工安装。

③配料时，还要考虑施工需要的附加钢筋。例如，后张预应力构件预留孔道定位用的钢筋井字架，基础双层钢筋网中保证上层钢筋网位置用的钢筋撑脚，墙板双层钢筋网中固定钢筋间距用的钢筋撑铁，柱钢筋骨架增加四面斜筋撑等。

3) 配料计算实例

【例4-1】已知某教学楼钢筋混凝土框架梁 KL1 的截面尺寸与配筋(图4-20),共计5根。混凝土强度等级为 C25。求各种钢筋下料长度。

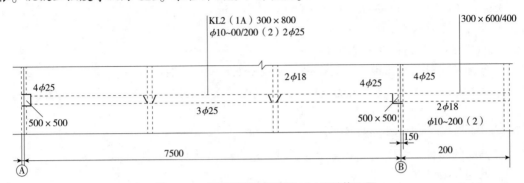

图4-20 钢筋混凝土框架梁 KL1 平法施工图

解：根据配筋构造的有关规定，得出：

(1) 纵向受力钢筋端头的混凝土保护层为 25mm。

(2) 框架梁纵向受力钢筋 B25 的锚固长度为 $35 \times 25 = 875 (\mathrm{mm})$，伸入柱内的长度可达 $500 - 25 = 475 (\mathrm{mm})$，需要向上(下)弯 400mm。

(3) 悬臂梁负弯矩钢筋应有两根伸至梁端包住边梁后斜向上伸至梁顶部。

(4) 吊筋底部宽度为次梁宽 $+ 2 \times 50 \mathrm{mm}$，按 45°向上弯至梁顶部，再水平延伸 $20d$，为 $20 \times 18 = 360 (\mathrm{mm})$。

对照 KL1 框架梁尺寸与上述构造要求，绘制单根钢筋翻样图(图4-21)，并将各种钢筋编号。

(5) 计算钢筋下料长度。

计算时应根据单根钢筋翻样图尺寸，并考虑各项调整值。

①号受力钢筋下料长度为：

$(7800 - 2 \times 25) + 2 \times 400 - 2 \times 2 \times 25 = 8450 (\mathrm{mm})$

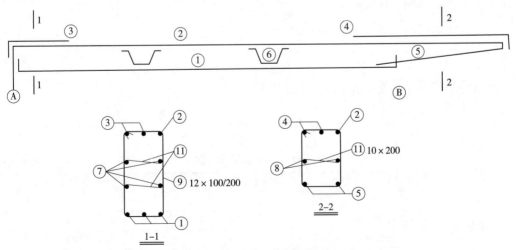

图4-21 KL1 框架梁钢筋翻样图

②号受力钢筋下料长度为：

$(9650 - 2 \times 25) + 400 + 350 + 200 + 500 - 3 \times 2 \times 25 - 0.5 \times 25 = 10\,888(\text{mm})$

⑥号吊筋下料长度为：

$350 + 2(1060 + 360) - 4 \times 0.5 \times 25 = 3140(\text{mm})$

⑨号箍筋下料长度为：

$2 \times (770 + 270) + 70 = 2150(\text{mm})$

⑩号箍筋下料长度，由于梁高变化，因此要先算出箍筋高差 Δ。

箍筋根数 $n = (1850 - 100)/200 + 1 = 10$，箍筋高差 $\Delta = (570 - 370)/(10 - 1) = 22(\text{mm})$。

2. 钢筋代换

当钢筋的品种、级别或规格需做变更时，应办理设计变更文件。

1) 代换原则

当施工中遇有钢筋的品种或规格与设计要求不符时，可参照以下原则进行钢筋代换：

① 等强度代换　当构件受强度控制时，钢筋可按强度相等原则进行代换。

② 等面积代换　当构件按最小配筋率配筋时，钢筋可按面积相等原则进行代换。

③ 当构件受裂缝宽度或挠度控制时，代换后应进行裂缝宽度或挠度验算。

2) 代换方法

$$n_2 \geqslant \frac{n_1 d_1^2 f_{y_1}}{d_2^2 f_{y_2}} \tag{4-1}$$

式中　n_2——代换钢筋根数，根；

　　　n_1——原设计钢筋根数，根；

　　　d_2——代换钢筋直径，mm；

　　　d_1——原设计钢筋直径，mm；

　　　f_{y_2}——代换钢筋抗拉强度设计值（表4-6），N/mm²；

　　　f_{y_1}——原设计钢筋抗拉强度设计值，N/mm²。

上式有两种特例，具体如下。

① 设计强度相同、直径不同的钢筋代换：

$$n_2 \geqslant n_1 \frac{d_1^2}{d_2^2} \tag{4-2}$$

② 直径相同、强度设计值不同的钢筋代换：

$$n_2 \geqslant n_1 \frac{f_{y_1}}{f_{y_2}} \tag{4-3}$$

表4-6　钢筋强度设计值　　　　　　　　　　　　　　　N/mm²

钢筋种类		抗拉强度设计值 f_y	抗压强度设计值 $f_{y'}$
热轧钢筋	HPB235	210	210
	HRB335	300	300
	HRB400	360	360
	RRB400	360	360

3) 构件截面的有效高度影响

钢筋代换后，有时由于受力钢筋直径加大或根数增多而需要增加排数，则构件截面的有效高度 h_0 减小，截面强度降低。对于这种影响，通常可凭经验适当增加钢筋面积，然后做截面强度复核。

对矩形截面的受弯构件，可根据弯矩相等，按下式复核截面强度。

$$N_2\left(h_{02} - \frac{N_2}{2f_c b}\right) \geqslant N_1\left(h_{01} - \frac{N_1}{2f_c b}\right) \tag{4-4}$$

式中 N_1——原设计的钢筋拉力，等于 $A_{s_1}f_{y_1}$（A_{s_1}——原设计钢筋的截面面积，f_{y_1}——原设计钢筋抗拉强度设计值），N；

N_2——代换钢筋拉力，同上，N；

h_{01}——原设计钢筋的合力点至构件截面受压边缘的距离，mm；

h_{02}——代换钢筋的合力点至构件截面受压边缘的距离，mm；

f_c——混凝土的抗压强度设计值，对 C20 混凝土为 9.6N/mm²，对 C25 混凝土为 11.9N/mm²，对 C30 混凝土为 14.3N/mm²，N/mm²；

b——构件截面宽度，mm。

4) 代换注意事项

钢筋代换时，必须充分了解设计意图和代换材料性能，并严格遵守现行混凝土结构设计规范的各项规定；凡重要结构中的钢筋代换，应征得设计单位同意。

① 对某些重要构件，如吊车梁、薄腹梁、桁架下弦等，不宜用 HPB235 级光圆钢筋代替 HRB335 和 HRB400 级带肋钢筋。

② 钢筋代换后，应满足配筋构造规定，如钢筋的最小直径、间距、根数、锚固长度等。

③ 同一截面内，可同时配有不同种类和直径的代换钢筋，但每根钢筋的拉力差不应过大（如同品种钢筋的直径差值一般不大于5mm），以免构件受力不匀。

④ 梁的纵向受力钢筋与弯起钢筋应分别代换，以保证正截面与斜截面强度。

⑤ 偏心受压构件（如框架柱、有吊车厂房柱、桁架上弦等）或偏心受拉构件作钢筋代换时，不取整个截面配筋量计算，应按受力面（受压或受拉）分别代换。

⑥ 当构件受裂缝宽度控制时，如以小直径钢筋代换大直径钢筋，强度等级低的钢筋代替强度等级高的钢筋，则可不做裂缝宽度验算。

5) 钢筋代换实例

【例 4-2】现有一块 6m 宽的现浇混凝土楼板，原设计的底部纵向受力钢筋采用 HPB235 级 φ12 钢筋@120mm，共计 50 根。现拟改用 HRB335 级 B12 钢筋，求所需 B12 钢筋根数及其间距。

解：本题属于直径相同、强度等级不同的钢筋代换，采用公式(4-4)计算：

$$n_2 = 50 \times 210/300 = 35(根)$$

$$间距 = 120 \times 50/35 = 171.4(mm)（取170mm）$$

【例 4-3】今有一根 400mm 宽的现浇混凝土梁，原设计的底部纵向受力钢筋采用 HRB335 级 B22 钢筋，共计 9 根，分两排布置，底排为 7 根，上排为 2 根。现拟改用 HRB400 级 C25 钢筋，求所需 C25 钢筋根数及其布置。

解：本题属于直径不同、强度等级不同的钢筋代换，采用公式(4-3)计算：

$$n_2 = 9 \times \frac{22^2 \times 300}{25^2 \times 300} = 5.81(根)(取6根)$$

一排布置，增大了代换钢筋的合力点至构件截面受压边缘的距离 h_0，有利于提高构件的承载力。

【任务实施】

(1)开展工作准备

备好梁平法施工图纸、图集。

(2)制作钢筋明细表

将结构施工图中钢筋的品种、规格列入钢筋明细表。

(3)绘制钢筋翻样图

依据平法制图规则绘制。

(4)计算钢筋的加工尺寸和下料长度

(5)编制梁钢筋配料单

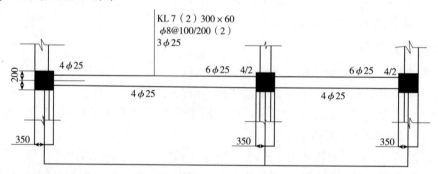

提示：加工尺寸为外包尺寸，计算钢筋下料长度时，应根据单根钢筋翻样图尺寸，并考虑各项调整值。

①上部贯通筋计算

上部贯通筋加工尺寸 = 通跨净跨长 + 首尾端支座锚固值

②端支座负筋计算

第一排端支座负筋长度 = 边净跨长度/3 + 端支座锚固值

第二排端支座负筋长度 = 边净跨长度/4 + 端支座锚固值

③中间支座上部直筋计算

第一排中间支座上部直筋长度 = 2Max(左、右净跨长度值)/3 + 中间柱宽

第二排中间支座上部直筋长度 = 2Max(左、右净跨长度值)/4 + 中间柱宽

④下部钢筋计算

下部钢筋长度 = 净跨长 + 左右支座锚固值

⑤腰筋计算

构造钢筋 = 净跨长 + 2×15d

抗扭钢筋算法同贯通钢筋。

⑥拉筋计算

拉筋长度 = (梁宽 - 2×保护层) + 弯钩增加值

拉筋的根数 = 布筋长度 / 布筋间距

⑦箍筋计算

箍筋加工尺寸 = 2 × (梁宽 − 2 × 保护层 + 2 × 钢筋直径 + 梁高 − 2 × 保护层 + 2 × 钢筋直径)

箍筋下料长度 = 2 × (梁宽 − 2 × 保护层 + 2 × 钢筋直径 + 梁高 − 2 × 保护层 + 2 × 钢筋直径) + 外皮调整值

箍筋根数 = (加密区长度 / 加密区间距 + 1) × 2 + (非加密区长度 / 非加密区间距 − 1) + 1

⑧吊筋计算

吊筋长度 = 2 × 锚固 + 2 × 斜段长度 + 次梁宽度 + 2 × 50

(框梁高度 > 800mm,夹角 = 60°；框梁高度 ≤ 800mm,夹角 = 45°)

根据实际情况直接计算钢筋的长度、根数即可。

(6) 汇总编制钢筋配料单

根据钢筋下料长度编写钢筋配料单,汇总编制钢筋配料单。

【考核评价】

考核评定方式	评定内容	分值	得分
自评	团队协作	10	
	成果质量	10	
互评	成果质量	20	
教师评定	考勤	10	
	团队协作	20	
	成果质量	30	
总 分			

【知识拓展】

平法钢筋下料软件运用

钢筋下料软件提供简单直观的操作方式完成施工图信息录入,准确地完成钢筋翻样、优化下料、原材用量计算,并根据钢筋施工流程,输出钢筋配料单、钢筋优化断料单、钢筋加工单、钢筋料牌等多种实用表单。信息技术的运用可大大提高工作效率,大幅降低钢筋加工损耗,节省钢筋。市场上大型厂商推出的下料翻样软件能严格遵照现行国家规范,准确诠释 16G101 标准图集钢筋构造,做到多、快、省。

系统提供多种实用表单可满足工程多种需要。钢筋配料单——钢筋翻样结果,详细标注钢筋尺寸,并准确描述钢筋在构件中的排布位置；钢筋加工单——直接用于钢筋弯曲加工；钢筋断料单——经过优化组合,指导钢筋下料；钢筋料牌——用于标识加工后的成品钢筋；钢筋原材提料单——用于钢筋加工原材备料；钢筋断料经济分析表——钢筋用量损耗情况一目了然。

系统可实现快速翻样、下料,提高工作效率 3 ~ 5 倍。通过软件提供的简单直观的界面,用户可以非常快速地录入施工图的工程构件信息,只需轻点鼠标,即可得到钢筋配料单及钢筋安装示意图,大大提高工作效率。

在钢筋翻样时，系统可以根据钢筋原材定尺长度，在构造要求允许的范围内优化钢筋断点，达到节省钢筋的目的。系统还独创了多级"智能筛"优化断料技术，可以根据施工场地具体情况对某个施工段的钢筋进行统一优化断料，显著节省钢筋用量，提高经济效益。

任务 4–4 钢筋加工

【工作任务】

学会钢筋现场加工制作：学院建工大楼某层梁图中有根框架梁 KL7，已经编制好钢筋配料表，请以小组为单位根据钢筋配料表进行该构件的钢筋制作及安装绑扎。

【知识准备】

1. 钢筋除锈

钢筋的表面应洁净。油渍、漆污和用锤敲击时能剥落的浮皮、铁锈等应在使用前清除干净。在焊接前，焊点处的水锈应清除干净。

钢筋除锈一般可通过以下两个途径：一是在钢筋冷拉或钢丝调直过程中除锈，对大量钢筋的除锈较为经济省力；二是用机械方法除锈，如采用电动除锈机除锈，对钢筋的局部除锈较为方便。此外，还可采用手工除锈（用钢丝刷、砂盘）、喷砂和酸洗除锈等。

2. 钢筋调直

采用钢筋调直机调直冷拔钢丝和细钢筋时，要根据钢筋的直径选用调直模和传送压辊，并要正确掌握调直模的偏移量和压辊的压紧程度。

采用冷拉方法调直钢筋时，HPB235 级钢筋的冷拉率不宜大于 4%，HRB335 级、HRB400 级及 RRB400 级冷拉率不宜大于 1%。

3. 钢筋切断

①将同规格钢筋根据不同长度长短搭配，统筹排料。一般应先断长料，后断短料，减少短头，减少损耗。

②断料时应避免用短尺量长料，防止在量料中产生累计误差。为此，宜在工作台上标出尺寸刻度线并设置控制断料尺寸用的挡板。

③在切断过程中，如发现钢筋有劈裂、缩头或严重的弯头等必须切除；如发现钢筋的硬度与该钢种有较大的出入，应及时向有关人员反映，查明情况。

④钢筋的断口，不得有马蹄形或起弯等现象。

4. 钢筋弯曲成型

1) **钢筋弯钩和弯折的有关规定**

(1) 受力钢筋

①HPB235 级钢筋末端应做 180°弯钩，其弯弧内直径不应小于钢筋直径的 2.5 倍，弯钩的弯后平直部分长度不应小于钢筋直径的 3 倍。

②当设计要求钢筋末端需做 135°弯钩时[图 4–22(a)]，HRB335 级、HRB400 级钢

筋的弯弧内直径 d 不应小于钢筋直径的 4 倍，弯钩的弯后平直部分长度应符合设计要求。

③钢筋做不大于 90°的弯折时[图 4-22(b)]，弯折处的弯弧内直径不应小于钢筋直径的 5 倍。

(2) 箍筋

除焊接封闭环式箍筋外，箍筋的末端应做弯钩。弯钩形式应符合设计要求；当设计无具体要求时，应符合下列规定：

①箍筋弯钩的弯弧内直径除应满足本条第 1(1)点外，尚应不小于受力钢筋的直径。

②箍筋弯钩的弯折角度，对一般结构，不应小于 90°；对有抗震等要求的结构应为 135°(图 4-23)。

③箍筋弯后的平直部分长度，对一般结构，不宜小于箍筋直径的 5 倍；对有抗震等要求的结构，不应小于箍筋直径的 10 倍。

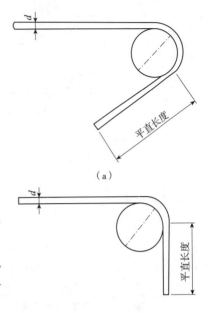

图 4-22 受力钢筋弯折

(a)135°；(b)90°

2) 弯曲成型工艺

(1) 划线

钢筋弯曲前，对形状复杂的钢筋(如弯起钢筋)，根据钢筋料牌上标明的尺寸，用石笔将各弯曲点位置划出。划线时应注意：

①根据不同的弯曲角度扣除弯曲调整值，其扣法是从相邻两段长度中各扣一半。

②钢筋端部带半圆弯钩时，该段长度划线时增加 $0.5d$(d 为钢筋直径)。

③划线工作宜从钢筋中线开始向两边进行；两边不对称的钢筋，也可从钢筋一端开始划线，如划到另一端有出入，则应重新调整。

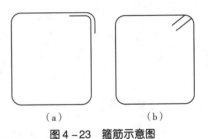

图 4-23 箍筋示意图

(a)90°/90°；(b)135°/135°

【例 4-4】现有一根直径 20mm 的弯起钢筋，其所需的形状和尺寸如图 4-24 所示。划线方法如下：

解：第一步，在钢筋中心线上划第一道线；

第二步，取中段 $4000/2 - 0.5d/2 = 1995(mm)$，划第二道线；

第三步，取斜段 $635 - 2 \times 0.5d/2 = 625(mm)$，划第三道线；

第四步，取直段 $850 - 0.5d/2 + 0.5d = 855(mm)$，划第四道线。

第一根钢筋成型后应与设计尺寸校对一遍，完全符合后再成批生产。

(2) 钢筋弯曲成型

钢筋在弯曲机上成型时(图 4-25)，心轴直径应是钢筋直径的 2.5~5.0 倍，成型轴宜加偏心轴套，以便适应不同直径的钢筋弯曲需要。弯曲细钢筋时，为了使弯弧一侧的钢筋保持平直，挡铁轴宜做成可变挡架或固定挡架(加铁板调整)。

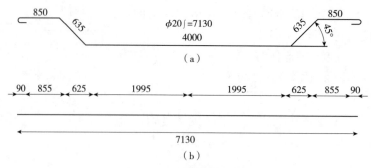

图 4-24 弯起钢筋的划线

(a)弯起钢筋的形状和尺寸；(b)钢筋划线

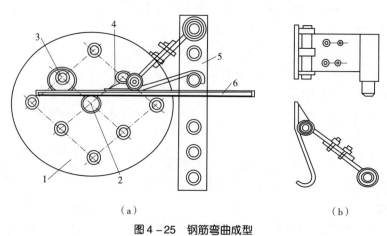

图 4-25 钢筋弯曲成型

(a)工作简图；(b)可变挡架构造

1—工作盘；2—心轴；3—成型轴；4—可变挡架；5—插座；6—钢筋

【任务实施】

1. 选取钢筋安装构件和安装区域

各小组对照图纸选取钢筋安装构件，在实训场地选择相应安装区域，并在料场选取相应成型钢筋按计划堆放到场地。核对实物钢筋的级别、型号、形状、尺寸及数量是否与设计图纸和配料单、料牌吻合。

2. 绑扎梁钢筋

(1)模内绑扎步骤

①在梁侧模上画好箍筋间距或在已摆放的主筋上画出箍筋间距。

②先穿主梁的下部纵向受力钢筋及弯起钢筋，将箍筋按已画好的间距逐一分开；穿次梁的下部纵向钢筋及弯起钢筋，并套好箍筋；放主次梁的架立筋；隔一定间距将架立筋与箍筋绑扎牢固；调整好箍筋间距；绑架立筋，再绑主筋，主次梁同时配合进行。

③框架梁上部纵向钢筋应贯穿中间节点，梁下部纵向钢筋伸入中间节点锚固长度及伸过中心线的长度要符合设计要求。框架梁纵向钢筋在端节点内的锚固长度也要符合设计要求。

（2）模外绑扎步骤

①主梁钢筋也可先在模板上绑扎，然后入模，其方法把主梁需穿次梁的部位抬高，在主、次梁梁口搁横杆数根，把次梁上部纵筋铺在横杆上，按箍筋间距套箍筋，再将次梁下部纵筋穿入箍筋内，按架立筋、弯起筋、受力筋的顺序与箍筋绑扎，抽出横杆，使骨架落入模板内。

②梁的受力筋为双排时，可用短钢筋垫在两层钢筋之间，钢筋排距应符合设计要求，梁上部两层钢筋可用 U 形钢筋及 S 形钢筋固定。

【考核评价】

考核评定方式	评定内容	分值	得分
自评	施工工艺	10	
	团队协作	10	
	成果质量	10	
互评	成果质量	20	
教师评定	考勤	10	
	施工工艺	10	
	团队协作	10	
	成果质量	20	
总 分			

【知识拓展】

机械自动化钢筋加工

计算机数控全自动钢筋弯箍机械可通过全智能高集成控制实现钢筋送料、去氧化皮、校直延伸、弯曲成型、切断多种工艺、单机一体化，能直接制作多种尺寸、多种规格的箍筋，满足设计要求。可以大大提高钢筋的加工效率。

复习思考题

一、单项选择题

1. 钢筋混凝土框架结构中，柱、墙的竖向钢筋焊接宜采用(　　)。
   A. 电弧焊　　　B. 闪光对焊　　　C. 电渣压力焊　　　D. 搭接焊　　　E. 电阻点焊
2. 钢筋绑扎搭接长度随着混凝土强度等级提高而(　　)。
   A. 增加　　　B. 减少　　　C. 固定不变　　　D. 施工单位自行确定
3. 施工现场如不能按图纸要求，钢筋需要代换，应征得(　　)同意。
   A. 施工总承包单位　　　　　B. 设计单位
   C. 单位政府主管部门　　　　D. 施工监理单位
4. 某梁宽度为 250mm，纵向受力钢筋为一排 4 根直径为 20mm 的 HRB335 级钢筋，钢筋净间距为(　　)。
   A. 20mm　　　B. 30mm　　　C. 40mm　　　D. 50mm

5. 已知某钢筋混凝土梁中的 1 号钢筋外包尺寸为 5980mm，钢筋两端弯钩增长值共计 156mm，钢筋中间部位弯折的量度差值共为 36mm，则 1 号钢筋下料长度为(　　)。
   A. 6172mm　　　B. 6100mm　　　C. 6256mm　　　D. 6292mm
6. 不同种类钢筋代换，应按(　　)的原则进行。
   A. 钢筋面积相等　　　　　　B. 钢筋强度相等
   C. 钢筋面积不小于代换前　　D. 钢筋受拉承载力设计值相等
7. 构件按最小配筋率配筋时，按代换前后(　　)相等的原则进行钢筋代换。
   A. 面积　　　B. 强度　　　C. 刚度　　　D. 变形
8. 钢筋的冷拉调直必须控制钢筋的(　　)。
   A. 变形　　　B. 强度　　　C. 冷拉率　　　D. 刚度
9. 套筒挤压连接缺点是(　　)。
   A. 接头强度低　　B. 质量不稳定　　C. 脆性大　　D. 连接速度较慢

二、简答题

1. 钢筋切断有哪几种方法？
2. 钢筋弯曲成型有几种方法？
3. 钢筋的接头连接分为几类？
4. 钢筋焊接有几种形式？
5. 钢筋的搭接有哪些要求？
6. 柱梁板钢筋现场绑扎的基本程序是什么？

三、计算题

某建筑物 7 度抗震设防，一层楼有 1 根 L 梁，梁的配筋如图 4-26 所示，计算 L 梁的钢筋下料长度。

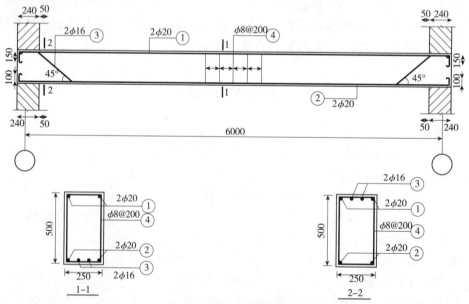

图 4-26　梁的配筋

项目 5 钢筋混凝土——混凝土工程施工

【项目情景】

学院建工大楼项目为五层框架结构工程，总建筑面积为 6641.48m²；建筑物南北方向的宽度为 26.4m，东西方向的最大长度为 67.6m；一至二层层高为 4.5m，三至五层层高为 3.8m；建筑总高度为 20.4m。抗震等级为三级，抗震设防烈度为 6 度。框架柱主要截面尺寸 600mm×600mm；框架梁最大断面尺寸 400mm×800mm，框架梁 400mm×600mm；楼板厚度 120mm。基础为桩基础，基础及框架柱、梁、板混凝土为 C30；过梁构造柱圈梁混凝土为 C20，基础垫层混凝土为 C15。

假如你是施工员，请思考：①根据案例背景，如何编制混凝土工程的施工方案？②该工程施工中有哪些安全隐患，应如何防范？

【学习目标】

》》知识目标

1. 掌握混凝土的施工工艺、质量检查内容和施工注意事项。
2. 掌握混凝土浇筑的施工中应防止问题的出现。
3. 了解混凝土自然养护方法。
4. 掌握混凝土工程的质量规定、配合比计算方法，施工缝留设和处理方法。

》》能力目标

1. 会应用平法制图规则读懂结构施工图中的结构布置图。
2. 会根据施工图纸合理地设置施工缝的位置。
3. 会根据施工现场情况制定施工缝的施工方案。

》》素质目标

1. 培养收集信息和资料整理能力。
2. 培养观察、分析、判断、解决问题的能力和创新能力。
3. 培养组织、协调和沟通能力。
4. 培养工作态度、责任心、团队意识、协作能力。

任务 5-1 混凝土主要原材料现场检验

【工作任务】

学院建工大楼为混凝土框架结构，建设施工过程中，混凝土用量巨大，原材料决定着混凝土成品的质量，同时混凝土的质量对建筑物主体质量起关键作用。因此对混凝土原材料的检验验收显得尤为的重要。本任务要求对学院建工大楼项目的主要原材料水泥、砂、石进行现场检验。

【知识准备】

混凝土是以胶凝材料、水、细骨料、粗骨料,需要时掺入外加剂和矿物掺合料,按适当比例配合,经过均匀拌制、密实成型及养护硬化而成的人工石材。

混凝土按施工工艺主要分为:预拌混凝土、现场搅拌混凝土、离心成型混凝土、喷射混凝土、泵送混凝土等;按拌和料的流动度分为:干硬性混凝土、半干硬性混凝土、塑性混凝土、流动性混凝土、大流动性混凝土、自流平混凝土等。

混凝土的组成材料主要包括以下几种。

1. 水泥

常用的水泥有硅酸盐水泥、普通硅酸盐水泥、矿渣硅酸盐水泥、火山灰质硅酸盐水泥、粉煤灰硅酸盐水泥和复合硅酸盐水泥。

水泥进场时应对其品种、级别、包装或散装仓号、出厂日期等进行检查,并应对其强度、安定性及其他必要的性能指标进行复验,其质量必须符合现行国家标准规定。当在使用中对水泥质量有怀疑或水泥出厂超过3个月(快硬硅酸盐水泥超过1个月)时,应进行复验,并按复验结果使用。钢筋混凝土结构、预应力混凝土结构中,严禁使用含氯化物的水泥。

检查数量:按同一生产厂家、同一等级、同一品种、同一批号且连续进场的水泥,袋装不超过200t为一批,散装不超过500t为一批,每批抽样不少于一次。

检验方法:检查产品合格证、出厂检验报告和进场复验报告。

入库的水泥应按品种、强度等级、出厂日期分别堆放,并树立标志。做到先到先用,并防止混掺使用。为了防止水泥受潮,现场仓库应尽量密闭。包装水泥存放时,应垫起离地约30cm,离墙也应在30cm以上。堆放高度一般不要超过10包。

2. 砂

砂按其产源可分天然砂、人工砂。由自然条件作用而形成的,粒径在5mm以下的岩石颗粒,称为天然砂。天然砂包括河砂、湖砂、海砂和山砂等。人工砂又分机制砂、混合砂。人工砂为经除土处理的机制砂、混合砂的统称。机制砂是由机械破碎、筛分制成的粒径小于4.75mm的岩石颗粒,但不包括软质岩、风化岩石的颗粒。混合砂是由机制砂和天然砂混合制成的砂。按砂的粒径可分为粗砂、中砂和细砂。

3. 石子

普通混凝土所用的石子可分为碎石和卵石。由天然岩石或卵石经破碎、筛分而得的粒径大于5mm的岩石颗粒,称为碎石;由自然条件作用而形成的粒径大于5mm的岩石颗粒,称为卵石。

碎石和卵石的颗粒级配,单粒级宜用于组合成具有要求级配的连续级配,也可与连续级配混合使用,以改善其级配或配成较大粒度的连续级配。不宜用单一的单粒级配制混凝土。如必须单独使用,则应做技术经济分析,并通过试验证明不会发生离析或影响混凝土的质量。

4. 水

一般符合国家标准的生活饮用水,可直接用于拌制各种混凝土。地表水和地下水首次使用前,应按有关标准进行检验方可使用。海水可用于拌制素混凝土,但不得用于拌制钢筋混凝土和预应力混凝土。有饰面要求的混凝土也不应用海水拌制。

5. 矿物掺合料

矿物掺合料,指以氧化硅、氧化铝为主要成分,在混凝土中可以代替部分水泥、改善混凝土性能,且掺量不小于5%的具有火山灰活性的粉体材料,如粉煤灰、磨细矿渣、沸石粉、硅粉等。

矿物掺合料是混凝土的主要组成材料,它起着根本改变传统混凝土性能的作用。在高性能混凝土中加入较大量的磨细矿物掺合料,可以起到降低水化热、改善工作性、增进后期强度、改善混凝土内部结构、提高耐久性、节约资源等作用。其中某些矿物细掺合料还能起到抑制碱-骨料反应的作用。可以将这种磨细矿物掺合料作为胶凝材料的一部分。高性能混凝土中的水胶比是指水与水泥加矿物细掺合料之比。

不同的矿物掺合料对改善混凝土的物理、力学性能与耐久性具有不同的效果,应根据混凝土的设计要求与结构的工作环境加以选择。使用矿物细掺合料与使用高效减水剂同样重要,必须认真试验选择。

6. 混凝土外加剂

1) 外加剂的种类

混凝土外加剂是在混凝土拌和过程中掺入的,并能按要求改善混凝土性能的材料。常用外加剂有以下几种:

减水剂:在混凝土坍落度基本相同的条件下,能减少拌和用水量的外加剂。

引气剂:在混凝土搅拌过程中,能引入大量分布均匀的微小气泡,以减少混凝土拌和物泌水离析,改善和易性,并能显著提高硬化混凝土抗冻融耐久性的外加剂。

缓凝剂:能延缓混凝土凝结时间,并对混凝土后期强度发展没有不利影响,是兼有缓凝和减水作用的外加剂。

早强剂:能够提高混凝土早期强度,但对后期强度没有明显影响的外加剂,是兼有早强和减水作用的外加剂。

防冻剂:在规定温度下,能显著降低混凝土的冰点,使混凝土的液相不冻结或仅部分冻结,以保证水泥的水化作用,并在一定的时间内获得预期强度的外加剂。

泵送剂:能改善混凝土拌和物泵送性能的外加剂。

速凝剂:能使混凝土或砂浆迅速凝结硬化的外加剂。

阻锈剂:能抑制或减轻混凝土中钢筋或其他预埋金属锈蚀的外加剂。

着色剂:能制备具有稳定色彩混凝土的外加剂。

2) 外加剂的选择

外加剂的品种应根据工程设计和施工要求选择,通过试验及技术经济比较确定。外加剂掺入混凝土中，不得对人体产生危害，不得对环境产生污染。掺外加剂混凝土所用水泥，宜采用硅酸盐水泥、普通硅酸盐水泥、矿渣硅酸盐水泥、火山灰质硅酸盐水泥、粉煤灰硅酸盐水泥和复合硅酸盐水泥，并应检验外加剂对水泥的适应性，符合要求方可使用。掺外加剂混凝土所用材料如水泥、砂、石、掺合料，外加剂均应符合国家现行的有关标准的要求。试配外加剂混凝土时，应采用工程使用的原材料、配合比及与施工相同的环境条件，检测项目根据设计及施工要求确定，如坍落度、坍落度经时变化、凝结时间、强度、含气量、收缩率、膨胀率等，当工程所用原材料或混凝土性能要求发生变化时，应再进行试配试验。不同品种外加剂复合使用，应注意其相容性及对混凝土性能的影响，使用前应进行试验，满足要求方可使用。

选择外加剂的品种，应根据使用外加剂的主要目的，通过技术经济比较确定。外加剂的掺量，应按其品种并根据使用要求、施工条件、混凝土原材料等因素通过试验确定。外加剂的掺量(按固体计算)，应以水泥重量的百分率表示，称量误差不应超过规定计量的2%。所用的粗、细骨料，应符合国家现行的有关标准的规定。掺用外加剂混凝土的制作和使用，还应符合国家现行的混凝土外加剂质量标准以及有关的标准、规范的规定。

【任务实施】

1. 水泥检验

水泥进场时，必须有合格证等质量证明文件，并应对其品种、标号、包装、出厂日期等检查验收。

水泥可以袋装或散装。袋装水泥每袋净重50kg，且不得少于标志重量的98%。水泥袋上应标明工厂名称、生产许可证编号、品种名称、代号、标号、包装年月日和编号。同一个批号袋装水泥200t为一检验批。水泥存放时间不应超过3个月(按出厂日期起算)，若超过3个月，必须进行检验，重新确定标号。

2. 砂的检验

砂应按同产地、同规格分批验收。以200m^3或300t为一验收批。不足上述数量者以一批论。砂的数量验收，可按重量或体积计算。

砂每验收批至少应进行颗粒级配、含泥量和泥块含量检验。当质量比较稳定，进料量又较大时，可定期检验。

3. 石子检验

碎石或卵石的试验样品应按同产地、同规格分批验收，以200m^3或300t为一验收批。不足上述数量者以一验收批论。碎石或卵石的数量验收，可按重量计算，也可按体积计算。

碎石或卵石每验收批至少应进行颗粒级配，含泥量、泥块含量及针片状颗粒含量检验。对于重要或特殊工程应根据工程要求，应增加检验项目。对其他指标的合格性有怀疑时应予以检验。当质量比较稳定、进料量又较大时，可定期检验。当使用新产源的石子时，应由施工单位按有关标准规定的质量要求进行全面检验。

碎石或卵石在运输、装卸和堆放过程中，应防止颗粒离析和混入杂质(骨料中严禁混入煅烧过的白云石或石灰块），并应按产地、种类和规格，分别堆放。

【考核评价】

考核评定方式	评定内容	分值	得分
自评	工作纪律	10	
	工作成果	10	
互评	工作成果	20	
教师评定	考勤	10	
	工作纪律	20	
	工作成果	30	
总 分			

【知识拓展】

高强混凝土是指强度等级为 C60 及其以上的混凝土，C100 强度等级以上的混凝土称为超高强混凝土。它是用水泥、砂、石原材料外加减水剂或同时外加粉煤灰、矿粉、矿渣、硅粉等混合料，经常规工艺生产而获得高强的混凝土。高强混凝土作为一种新的建筑材料，以其抗压强度高、抗变形能力强、密度大、孔隙率低的优越性，在高层建筑结构、大跨度桥梁结构以及某些特种结构中得到广泛的应用。高强混凝土最大的特点是抗压强度高，一般为普通强度混凝土的 4~6 倍，故可减小构件的截面，适宜用于高层建筑。试验表明，在一定的轴压比和合适的配箍率情况下，高强混凝土框架柱具有较好的抗震性能。而且柱截面尺寸减小，减轻自重，避免短柱，对结构抗震也有利，提高了经济效益。

同时，高强混凝土材料为预应力技术提供了有利条件，可采用高强度钢材和人为控制应力，从而大大地提高了受弯构件的抗弯刚度和抗裂度。因此越来越广泛地将施加预应力的高强混凝土结构应用于大跨度房屋和桥梁中。此外，利用高强混凝土密度大的特点，可将其用作建造承受冲击和爆炸荷载的建（构）筑物，如原子能反应堆基础等。利用高强混凝土抗渗性能强和抗腐蚀性能强的特点，可建造具有高抗渗和高抗腐要求的工业用水池等。

在一般情况下，混凝土强度等级从 C30 提高到 C60，对受压构件可节省混凝土 30%~40%，受弯构件可节省混凝土 10%~20%。

高强混凝土比普通混凝土成本上要高一些，但由于减少了截面，结构自重减轻，这对自重占荷载主要部分的建筑物具有特别重要意义。另外，由于梁柱截面缩小，不但在建筑上解决了不美观的问题，而且可增加使用面积。以深圳贤成大厦为例，该建筑原设计用 C40 级混凝土，改用 C60 级混凝土后，其底层面积可增大 1060m^2，经济效益十分显著。

由于高强混凝土的密实性能好，抗渗、抗冻性能均优于普通混凝土。因此，国外高强混凝土除用于高层建筑和大跨度工程外，还大量用于海洋和港口工程，它们耐海水侵蚀和海浪冲刷的能力大大优于普通混凝土，可以提高工程使用寿命。

高强混凝土变形小，可使构件的刚度得以提高，大大改善了建筑物的变形性能。

任务 5-2　施工缝处理方案设计

【工作任务】

学院建工大楼建设过程中,考虑施工安全,先浇筑框架柱再浇筑梁板,因此柱与梁板的交接处形成施工缝,请对该施工缝的处理方案进行设计。混凝土施工过程中,施工缝的留设十分重要,作为施工技术人员应具备合理设置施工缝的位置,并对施工缝的施工方案进行制定的能力。

【知识准备】

1. 混凝土的拌制

混凝土的拌制(搅拌),就是将水、水泥和粗细骨料进行均匀拌和及混合的过程,同时通过搅拌,还可达到使材料强化、塑化的作用。

1)常用混凝土搅拌机

常用的混凝土搅拌机按其搅拌原理主要分为自落式搅拌机和强制式搅拌机两类。

①自落式搅拌机　这种搅拌机的搅拌鼓筒是垂直放置的。随着鼓筒的转动,混凝土拌和料在鼓筒内做自由落体式翻转搅拌,从而达到搅拌的目的。自落式搅拌机多用以搅拌塑性混凝土和低流动性混凝土。

②强制式搅拌机　强制式搅拌机的鼓筒筒内有若干组叶片,搅拌时叶片绕竖轴或卧轴旋转,将材料强行搅拌,直至搅拌均匀。这种搅拌机的搅拌作用强烈,适宜于搅拌干硬性混凝土和轻骨料混凝土,也可搅拌流动性混凝土,具有搅拌质量好、搅拌速度快、生产效率高、操作简便及安全等优点。强制式混凝土搅拌机的几种形式如图 5-1 所示。

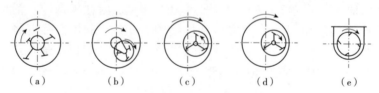

图 5-1　强制式混凝土搅拌机的几种形式

(a)涡桨式;(b)搅拌盘固定的行星式;(c)搅拌盘反向旋转的行星式;
(d)搅拌盘同向旋转的行星式;(e)单卧轴式

2)现场混凝土搅拌站

现场搅拌站必须考虑工程任务大小、施工现场条件、机具设备等情况,因地制宜设置。搅拌站的设计尽量做到自动上料、自动称量、机动出料和集中操纵控制,有相应的环境保护措施,使搅拌站后台上料作业走向机械化、自动化生产。

现场混凝土搅拌站生产工艺流程如图 5-2 所示。

3)混凝土搅拌施工要点

(1)搅拌要求

搅拌混凝土前,加水空转数分钟,将积水倒净,使拌筒充分润湿。搅拌第一盘时,考

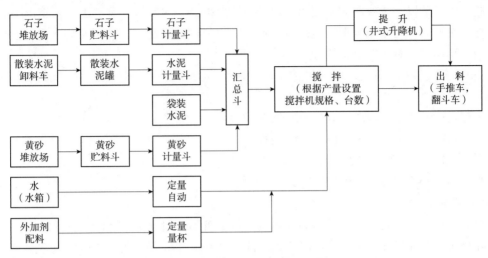

图 5-2 现场混凝土搅拌站生产工艺流程

虑到筒壁上的砂浆损失，石子用量应按配合比规定减半。

搅拌好的混凝土要做到基本卸尽。在全部混凝土卸出之前不得再投入拌和料，更不得采取边出料边进料的方法。严格控制水灰比和坍落度，未经试验人员同意不得随意加减用水量。

(2) 施工配合比

严格掌握混凝土材料配合比。在搅拌机旁挂牌公布，便于检查。

混凝土原材料按重量计的允许偏差，不得超过下列规定：水泥、外加掺合料 ±2%；粗细骨料 ±3%；水、外加剂溶液 ±2%。骨料含水率应经常测定。雨天施工时，应增加测定次数。

混凝土应按国家现行标准《普通混凝土配合比设计规程》（JGJ 55—2011）的有关规定，根据混凝土的强度等级、耐久性和工作性等要求进行配合比设计。

施工配料时影响混凝土质量的因素主要有两方面：一是称量不准；二是未按砂、石骨料实际含水率的变化进行施工配合比的换算。

施工时应及时测定砂、石骨料的含水率，并将混凝土配合比换算成在实际含水率情况下的施工配合比。

设混凝土实验室的配合比为：水泥:砂子:石子 $= 1:x:y$，测得砂子的含水率为 ωx，石子的含水率为 ωy，则施工配合比应为：$1:x(1+\omega x):y(1+\omega y)$。

【例 5-1】已知 C20 混凝土的实验室配合比为：1:2.55:5.12，水灰比为 0.65，经测定砂的含水率为 3%，石子的含水率为 1%，1m³ 混凝土的水泥用量为 310kg，则施工配合比为：$1:2.55(1+3\%):5.12(1+1\%) = 1:2.63:5.17$。试计算该混凝土配合比。

解：1m³ 混凝土材料的用量如下：

水泥：310kg

砂子：$310 \times 2.63 = 815.3 (kg)$

石子：$310 \times 5.17 = 1602.7 (kg)$

水：$310 \times 0.65 - 310 \times 2.55 \times 3\% - 310 \times 5.12 \times 1\% = 161.9 (kg)$

施工中经常以一袋或两袋水泥为下料单位，每搅拌一次叫作一盘。因此，求出 $1m^3$ 混凝土材料用量后，还必须根据工地现有搅拌机的出料容量确定每次需用几袋水泥，然后按水泥用量算出砂、石子的每盘用量。

在例题中，如果采用 JZ250 型搅拌机，出料容量为 $0.25m^3$，则每搅拌一次的装料数量如下：

水泥：$310 \times 0.25 = 77.5 (kg)$（取一袋半水泥，即 75kg）

砂子：$815.3 \times 75 \div 310 = 197.325 (kg)$

石子：$16\ 027 \times 75 \div 310 = 3877.5 (kg)$

水：$161.9 \times 75 \div 310 = 39.17 (kg)$

（3）搅拌

搅拌装料顺序为石子→水泥→砂。每盘装料数量不得超过搅拌筒标准容量的 10%。

在每次用搅拌机拌和第一罐混凝土前，应先开动搅拌机空车运转，运转正常后再加料搅拌。拌第一罐混凝土时，宜按配合比多加入 10% 的水泥、水、细骨料的用量；或减少 10% 的粗骨料用量，使富裕的砂浆布满鼓筒内壁及搅拌叶片，防止第一罐混凝土拌和物中的砂浆偏少。

搅拌时间：从原料全部投入搅拌机筒时起，至混凝土拌和料开始卸出时止，所经历的时间称作搅拌时间。通过充分搅拌，混凝土的各种组成材料混合均匀，颜色一致。搅拌时间随搅拌机的类型及混凝土拌和料和易性的不同而异。在生产中，应根据混凝土拌和料要求的均匀性、混凝土强度增长的效果及生产效率几种因素，规定合适的搅拌时间。但混凝土搅拌的最短时间，应符合表 5 – 1 规定。

表 5 – 1　混凝土搅拌的最短时间　　　　　　　　　　　　　　　　　s

混凝土坍落度（mm）	搅拌机类型	搅拌机容积（L）		
		<250	250～500	>500
≤30	自落式	90	120	150
	强制式	60	90	120
>30	自落式	90	90	120
	强制式	60	60	90

注：掺有外加剂时，搅拌时间应适当延长。

使用外加剂时，应注意检查核对外加剂品名、生产厂名、牌号等。使用时一般宜先将外加剂制成外加剂溶液，并预加入拌和水中，当采用粉状外加剂时，也可采用定量小包装外加剂另加载体的掺用方式。当用外加剂溶液时，应经常检查外加剂溶液的浓度，并应经常搅拌外加剂溶液，使溶液浓度均匀一致，防止沉淀。溶液中的水量，应包括在拌和用水量内。

（4）质量要求

混凝土搅拌完毕后，应按下列要求检测混凝土拌和物的各项性能：混凝土拌和物的稠度，应在搅拌地点和浇筑地点分别取样检测。每工作班不应少于 1 次。评定时应以浇筑地点的为准。在检测坍落度时，还应观察混凝土拌和物的黏聚性和保水性，全面评定拌和物的和易性。根据需要，如果应检查混凝土拌和物的其他质量指标时，检测结果也应符合各自的要求，如含气量、水灰比和水泥含量等。

2. 混凝土运输与浇筑

1）混凝土运输设备

（1）水平运输设备

手推车：手推车是施工工地上普遍使用的水平运输工具，手推车具有小巧、轻便等特点，不但适用于一般的地面水平运输，还能在脚手架、施工栈道上使用；也可与塔吊、井、架等配合使用，解决垂直运输。

机动翻斗车：具有轻便灵活、结构简单、转弯半径小、速度快、能自动卸料、操作维护简便等特点，适用于短距离水平运输混凝土以及砂、石等散装材料。

混凝土搅拌输送车：是一种用于长距离输送混凝土的高效能机械，它是将运送混凝土的搅拌筒安装在汽车底盘上，而以混凝土搅拌站生产的混凝土拌和物灌装入搅拌筒内，直接运至施工现场，供浇筑作业需要。在运输途中，混凝土搅拌筒始终在不停地慢速转动，从而使筒内的混凝土拌和物可连续得到搅动，以保证混凝土通过长途运输后，仍不致产生离析现象。在运输距离很长时，也可将混凝土干料装入筒内，在运输途中加水搅拌，这样能减少由于长途运输而引起的混凝土坍落度损失。

（2）施工电梯

施工电梯的主要部件有基础、立柱导轨井架、带有底笼的平面主框架、梯笼和附墙支撑。其主要特点是用途广泛，适应性强，安全可靠，运输速度高，提升高度最高可达 $150\sim200m$。

（3）泵送设备

①液压活塞泵　是一种较为先进的混凝土泵。当混凝土泵工作时，搅拌好的混凝土拌和料装入料斗，吸入端片阀移开，排出端片阀关闭，活塞在液压作用下，带动活塞左移，混凝土混合料在自重及真空吸力作用下，进入混凝土缸内。然后，液压系统中压力油的进出方向相反，活塞右移，同时吸入端片阀关闭，压出端片阀移开，混凝土被压入管道，输送到浇筑地点。由于混凝土泵的出料是一种脉冲式的，所以一般混凝土泵都有两套缸体左右并列，交替出料，通过Y形导管，送入同一管道，使出料稳定。

②混凝土汽车泵或移动泵车　将液压活塞式混凝土泵固定安装在汽车底盘上，使用时开至需要施工的地点，进行混凝土泵送作业，称为混凝土汽车泵或移动泵车。一般情况下，此种泵车都附带装有全回转三段折叠臂架式的布料杆。这种泵车使用方便，适用范围广，既可以利用在工地配置装接的管道将混凝土输送到较远、较高的混凝土浇筑部位，也可以发挥随车附带的布料杆的作用，把混凝土直接输送到需要浇筑的地点。混凝土泵车的输送能力一般为 $80m^3/h$。

③固定式混凝土泵　使用时，需用汽车将其拖带至施工地点，然后进行混凝土输送。主要由混凝土推送机构、分配闸机构、料斗搅拌装置、操作系统、清洗系统等组成。它具有输送能力大、输送高度高等特点，一般最大水平输送距离为 $250\sim600m$，最大垂直输送高度为 $150m$，输送能力为 $60m^3/h$ 左右，适用于高层建筑的混凝土输送。

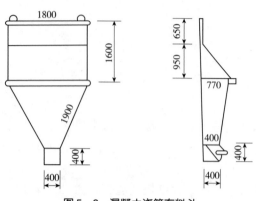

图 5-3 混凝土浇筑布料斗

(4) 混凝土布料设备

①混凝土泵车布料杆　是在混凝土泵车上附装的既可伸缩也可曲折的混凝土布料装置。混凝土输送管道就设在布料杆内,末端是一段软管,用于混凝土浇筑时的布料工作。这种装置的布料范围广,在一般情况下不需再行配管。

②混凝土浇筑斗　为混凝土水平与垂直运输的一种转运工具。混凝土装进浇筑斗内,由起重机吊送至浇筑地点直接布料(图 5-3)。浇筑斗是用钢板拼焊成簸箕式,容量一般为 $1m^3$。两边焊有耳环,便于挂钩起吊。上部开口,下部有门,以便打开和关闭。

2) 混凝土振动设备

振动设备分类见表 5-2 所列。

表 5-2　振动设备分类

分类	说明
内部振动器 (插入式振动器)	形式有硬管的、软管的。振动部分有锤式、棒式、片式等。振动频率有高有低。主要适用于大体积混凝土、基础、柱、梁、墙、厚度较大的板,以及预制构件的捣实工作。当钢筋十分稠密或结构厚度很薄时,其使用就会受到一定的限制
表面振动器 (平板式振动器)	其工作部分是一钢制或木制平板,板上装一个带偏心块的电动振动器。振动力通过平板传递给混凝土,由于其振动作用深度较小,仅用于表面积大而平整的结构物,如平板、地面、屋面等构件
外部振动器 (附着式振动器)	这种振动器通常是利用螺栓或钳形夹具固定在模板外侧,不与混凝土直接接触,借助模板或其他物体将振动力传递到混凝土。由于振动作用不能深远,仅适用于振捣钢筋较密、厚度较小以及不宜使用插入式振动器的结构构件
振动台	由上部框架和下部支架、支承弹簧、电动机、齿轮同步器、振动子等组成。上部框架是振动台的台面,上面可固定放置模板,通过螺旋弹簧支承在下部的支架上,振动台只能做上下方向的定向振动,适用于混凝土预制构件的振捣

3) 混凝土输送

在混凝土输送工序中,应控制混凝土运至浇筑地点后,不离析、不分层、组成成分不发生变化,并能保证施工所必需的稠度。

运送混凝土的容积和管道,应不吸水、不漏浆,并保证卸料及输送通畅。容器和管道在冬、夏期都要有保温或隔热措施。

(1) 输送时间

混凝土应以最少的转载次数和最短的时间,从搅拌地点运至浇筑地点。混凝土从搅拌机中卸出后到浇筑完毕的延续时间应符合表 5-3 的要求。

(2) 质量要求

①混凝土运送至浇筑地点,如混凝土拌和物出现离析或分层现象,应对混凝土拌和物

表5-3 混凝土从搅拌机中卸出到浇筑完毕的延续时间   min

气温(℃)	延续时间			
	采用搅拌车		其他运输设备	
	≤C30	>C30	≤C30	>C30
≤25	120	90	90	75
>25	90	60	60	45

注：掺有外加剂或采用快硬水泥时延续时间应通过试验确定。

进行二次搅拌。

②混凝土运至浇筑地点时，应检测其稠度，所测稠度值应符合设计和施工要求。其允许偏差值应符合有关标准的规定。

③混凝土拌和物运至浇筑地点时的温度，最高不宜超过35℃；最低不宜低于5℃。

4) 混凝土浇筑

(1) 浇筑施工准备

①制定施工方案　根据工程对象、结构特点，结合具体条件，制定混凝土浇筑的施工方案。

②机具准备及检查　搅拌机、运输车、料斗、串筒、振动器等机具设备按需要准备充足，并考虑发生故障时的修理时间。重要工程，应有备用的搅拌机和振动器。特别是采用泵送混凝土，一定要有备用泵。所用的机具均应在浇筑前进行检查和试运转，同时配有专职技工，随时检修。浇筑前，必须核实一次浇筑完毕或浇筑至某施工缝前的工程材料，以免停工待料。

③保证水电及原材料的供应　在混凝土浇筑期间，要保证水、电、照明不中断。为了防备临时停水停电，事先应在浇筑地点储备一定数量的原材料(如砂、石、水泥、水等)和人工拌和捣固用的工具，以防出现意外的施工停歇缝。

④掌握天气季节变化情况　加强气象预测预报的联系工作。在混凝土施工阶段应掌握天气的变化情况，特别在雷雨台风季节和寒流突然袭击之际更应注意，以保证混凝土连续浇筑顺利进行，确保混凝土质量。根据工程需要和季节施工特点，应准备好在浇筑过程中所必需的抽水设备和防雨、防暑、防寒等物资。

模板和隐蔽工程项目应分别进行预检和隐蔽验收。符合要求时，方可进行浇筑。检查时应注意以下几点：模板的标高、位置与构件的截面尺寸是否与设计相符；构件的预留拱度是否正确；所安装的支架是否稳定；支柱的支撑和模板的固定是否可靠；模板的紧密程度；钢筋与预埋件的规格、数量、安装位置及构件接点连接焊缝，是否与设计相符。在浇筑混凝土前，模板内的垃圾、木片、刨花、锯屑、泥土和钢筋上的油污等杂物，应清除干净。木模板应浇水加以润湿，但不允许留有积水。湿润后，胶合板模板中尚未胀密的缝隙应贴严，以防漏浆。金属模板中的缝隙和孔洞也应予以封闭。检查安全设施、劳动配备是否妥当，能否满足浇筑速度的要求。

(2) 浇筑厚度及间歇时间

①浇筑层厚度　混凝土浇筑层的厚度，应符合表5-4的规定。

②浇筑间歇时间　浇筑混凝土应连续进行。如必须间歇，其间歇时间宜缩短，并应在

表 5-4 混凝土浇筑层厚度 mm

捣实混凝土的方法		浇筑层的厚度
插入式振捣		振捣器作用部分长度的 1.25 倍
表面振动		200
人工捣固	在基础、无筋混凝土或配筋稀疏的结构中	250
	在梁、墙板、柱结构中	200
	在配筋密列的结构中	150
轻骨料混凝土	插入式振捣	300
	表面振动(振动时需加荷)	200

表 5-5 混凝土运输、浇筑和间隙的时间 min

混凝土强度等级	气温(℃)	
	≤25	>25
≤C30	210	180
>C30	180	150

注：当混凝土中掺有促凝或缓凝型外加剂时，其允许时间应通过试验确定。

前层混凝土凝结之前，将次层混凝土浇筑完毕。

混凝土运输、浇筑及间歇的全部时间不得超过表 5-5 的规定，若超过规定时间必须设置施工缝。

(3)浇筑质量要求

在浇筑工序中，应控制混凝土的均匀性和密实性。混凝土拌和物运至浇筑地点后，应立即浇筑入模。在浇筑过程中，如发现混凝土拌和物的均匀性和稠度发生较大的变化，应及时处理。浇筑混凝土时，应注意防止混凝土的分层离析。混凝土由料斗、漏斗内卸出进行浇筑时，其自由倾落高度一般不宜超过 2m，在竖向结构中浇筑混凝土的高度不得超过 3m，否则应采用串筒、斜槽、溜管等下料。浇筑竖向结构混凝土前，底部应先填以 50～100mm 厚与混凝土成分相同的水泥砂浆。浇筑混凝土时，应经常观察模板、支架、钢筋、预埋件和预留孔洞的情况，当发现有变形、移位时，应立即停止浇筑，并应在已浇筑的混凝土凝结前修整完好。混凝土在浇筑及静置过程中，应采取措施防止产生裂缝。混凝土因沉降及干缩产生的非结构性的表面裂缝，应在混凝土终凝前予以修整。在浇筑与柱和墙连成整体的梁和板时，应在柱和墙浇筑完毕后停歇 1～1.5h，使混凝土获得初步沉实后，再继续浇筑，以防止接缝处出现裂缝。梁和板应同时浇筑混凝土。较大尺寸的梁(梁的高度大于 1m)、拱和类似的结构，可单独浇筑。但施工缝的设置应符合有关规定。

5)混凝土施工缝及后浇带

(1)施工缝的设置

由于施工技术和施工组织上的原因，不能连续将结构整体浇筑完成，并且间歇的时间预计将超出规范规定的时间时，应预先选定适当的部位设置施工缝。

施工缝的位置应设置在结构受剪力较小且便于施工的部位。留缝应符合下列规定：柱子留置在基础的顶面、梁或吊车梁牛腿的下面、吊车梁的上面、无梁楼板柱帽的下面(图 5-4)。

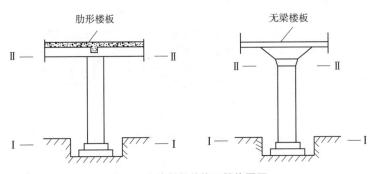

图 5-4 浇筑柱的施工缝位置图

Ⅰ、Ⅱ—施工缝位置

与板连成整体的大断面梁,留置在板底面以下 20~30mm 处。当板下有梁托时,留在梁托下部。单向板,留置在平行于板的短边的任何位置。有主次梁的楼板,宜顺着次梁方向浇筑,施工缝应留置在次梁跨度的中间 1/3 范围内(图 5-5)。

墙,留置在门洞口过梁跨中 1/3 范围内,也可留在纵横墙的交接处。双向受力楼板、大体积混凝土结构、拱、弯拱、薄壳、蓄水池、斗仓、多层钢架及其他结构复杂的工程,施工缝的位置应按设计要求留置。

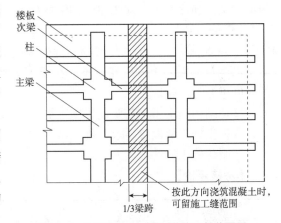

图 5-5 浇筑有主次梁楼板的施工缝位置图

(2)施工缝的处理

在施工缝处继续浇筑混凝土时,已浇筑的混凝土抗压强度不应小于 $1.2N/mm^2$。混凝土达到 $1.2N/mm^2$ 的时间,可通过试验决定,同时,必须对施工缝进行必要的处理。

在已硬化的混凝土表面上继续浇筑混凝土前,应清除垃圾、水泥薄膜、表面上松动砂石和软弱混凝土层,同时还应加以凿毛,用水冲洗干净并充分湿润,一般不宜少于 24h,残留在混凝土表面的积水应予清除。注意施工缝位置附近回弯钢筋时,要做到钢筋周围的混凝土不受松动和损坏。钢筋上的油污、水泥砂浆及浮锈等杂物也应清除。在浇筑前,水平施工缝宜先铺上 10~15mm 厚的水泥砂浆一层,其配合比与混凝土内的砂浆成分相同。从施工缝处开始继续浇筑时,要注意避免直接靠近缝边下料。机械振捣前,宜向施缝处逐渐推进,并距 80~100cm 处停止振捣,但应加强对施工缝接缝的捣实工作,使其紧密结合。

(3)后浇带的设置

后浇带是为在现浇钢筋混凝土结构施工过程中,克服由于温度、收缩而可能产生有害裂缝而设置的临时施工缝。该缝需根据设计要求保留一段时间后再浇筑,将整个结构连成整体。后浇带的保留时间应根据设计确定,若设计无要求,一般至少保留 28d。

后浇带的宽度应考虑施工简便,避免应力集中。一般其宽度为 70~100cm。后浇带内的钢筋应完好保存。后浇带的构造如图 5-6 所示。

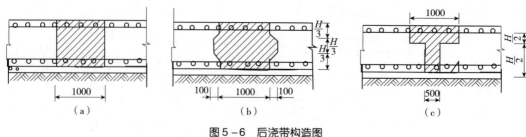

图 5-6 后浇带构造图
(a)平接式；(b)企口式；(c)台阶式

后浇带在浇筑混凝土前，必须将整个混凝土表面按照施工缝的要求进行处理。填充后浇带混凝土可采用微膨胀或无收缩水泥，也可采用普通水泥加入相应的外加剂拌制，但填筑混凝土的强度等级必须比原结构强度提高一级，并保持至少 15d 的湿润养护。

【任务实施】

① 3～5 人一个小组，复习施工缝处理的方法。注意，在施工缝处继续浇筑混凝土时，对于已浇筑的混凝土抗压强度不应小于 $1.2N/mm^2$，混凝土达到 $1.2N/mm^2$ 的强度所需要的时间可通过试验确定。

② 把结构施工图中需要设置施工缝构件的位置标出来。

③ 根据施工缝设置要求，确定所在构件的施工缝位置。

④ 制作施工缝的施工方案。

【考核评价】

考核评定方式	评定内容	分值	得分
自评	方案设计内容	10	
互评	方案设计内容	20	
	团队合作	10	
教师评定	考勤	10	
	团队合作	20	
	方案设计内容	30	
总　分			

【知识拓展】

现浇混凝土结构分项工程质量检验

现浇结构拆模后，应由监理(建设)单位、施工单位对外观质量和尺寸偏差进行检查，做出记录，并应及时按施工技术方案对缺陷进行处理。

1)外观质量

(1)主控项目

现浇结构的外观质量不应有严重缺陷。

对已经出现的严重缺陷，应由施工单位提出技术处理方案，并经监理(建设)单位认可后进行处理。对经处理的部位，应重新检查验收。

(2) 一般项目

现浇结构的外观质量不宜有一般缺陷。

对已经出现的一般缺陷，应由施工单位按技术处理方案进行处理，并重新检查验收。

2) 尺寸偏差

(1) 主控项目

现浇结构不应有影响结构性能和使用功能的尺寸偏差。混凝土设备基础不应有影响结构性能和设备安装的尺寸偏差。

对超过尺寸允许偏差且影响结构性能和安装、使用功能的部位，应由施工单位提出技术处理方案，并经监理(建设)单位认可后进行处理。对经处理的部位，应重新检查验收。

(2) 一般项目

现浇结构和混凝土设备基础拆模后的尺寸偏差应符合表5-6的规定。

表5-6 现浇结构尺寸允许偏差和检验方法

项目			允许偏差(mm)	检验方法
轴线位置	基础		15	钢尺检查
	独立基础		10	
	墙、柱、梁		8	
	剪力墙		5	
垂直度	层高(m)	≤5	8	经纬仪或吊线、钢尺检查
		>5	10	经纬仪或吊线、钢尺检查
	全高(H)		$H/1000$ 且 ≤30	经纬仪、钢尺检查
标高	层高		±10	水准仪或拉线、钢尺检查
	全高		±30	
截面尺寸			+8，-5	钢尺检查
电梯井	井筒长、宽对定位中心线		+25，0	钢尺检查
	井筒全高(H)垂直度		$H/1000$ 且 ≤30	经纬仪、钢尺检查
表面平整度			8	2m靠尺和塞尺检查
预埋设施中心线位置	预埋件		10	钢尺检查
	预埋螺栓		5	
	预埋管		5	
预留洞中心线位置			15	钢尺检查

注：检查轴线、中心线位置时，应沿纵、横两个方向量测，并取其中的较大值。

任务5-3 大体积混凝土养护方案编制

【工作任务】

学院建工大楼项目有一混凝土桩基础承台(编号CT5)，尺寸为长3.5m、宽3.5m、高1.8m，属于大体积混凝土。请编制该承台的大体积混凝土养护方案。

【知识准备】

混凝土养护工艺

1）覆盖浇水养护

利用平均气温高于5℃的自然条件，用适当的材料对混凝土表面加以覆盖并浇水，使混凝土在一定的时间内保持水泥水化作用所需要的适当温度和湿度条件。

覆盖浇水养护应符合下列规定：覆盖浇水养护应在混凝土浇筑完毕后的12h内进行。混凝土的浇水养护时间，对采用硅酸盐水泥、普通硅酸盐水泥或矿渣硅酸盐水泥拌制的混凝土，不得少于7d；对掺用缓凝型外加剂、矿物掺合料或有抗渗性要求的混凝土，不得少于14d。

混凝土的养护用水宜与拌制水相同。当日平均气温低于5℃时，不得浇水。

大面积结构如地坪、楼板、屋面等可采用蓄水养护。贮水池一类工程可于拆除内模混凝土达到一定强度后注水养护。

2）薄膜布养护

在有条件的情况下，可采用不透水、气的薄膜布（如塑料薄膜布）养护。用薄膜布把混凝土表面敞露的部分全部严密地覆盖起来，保证混凝土在不失水的情况下得到充足的养护。这种养护方法的优点是不必浇水，操作方便，能重复使用，能提高混凝土的早期强度，加速模具的周转。但应该保持薄膜布内有凝结水。

3）薄膜养生液养护

薄膜养生液养护是将可成膜的溶液喷洒在混凝土表面，溶液挥发后在混凝土表面凝结成一层薄膜，使混凝土表面与空气隔绝，封闭混凝土中的水分使其不再被蒸发，而完成水化作用。这种养护方法一般适用于表面积大的混凝土施工和缺水地区。但应注意薄膜的保护。

4）蒸汽养护

蒸汽养护是缩短养护时间的方法之一，混凝土在较高湿度和温度条件下，可迅速达到要求的强度。施工现场由于条件限制，现浇预制构件一般可采用临时性地面或地下的养护坑，上盖养护罩或用简易的帆布、油布覆盖。

蒸汽养护分4个阶段：

（1）静停阶段

静停阶段就是指混凝土浇筑完毕至升温前在室温下先放置一段时间。这主要是为了增强混凝土对升温阶段结构破坏作用的抵抗能力，防止蒸汽养护的混凝土构件表面产生裂缝和疏松现象，一般需2~6h。

（2）升温阶段

升温阶段就是混凝土原始温度上升到恒温阶段。温度急速上升，会使混凝土表面因体积膨胀太快而产生裂缝。因而必须控制升温速度，一般为10~25℃/h。

（3）恒温阶段

恒温阶段是混凝土强度增长最快的阶段。恒温的温度应随水泥品种不同而异，普通水泥的养护温度不得超过80℃，矿渣水泥、火山灰水泥可提高到85~90℃。恒温加热阶段应保持90%~100%的相对湿度。

(4) 降温阶段

在降温阶段,混凝土已经硬化,如降温过快,混凝土会产生表面裂缝,因此降温速度应加以控制。一般情况下,构件厚度在10cm左右时,降温速度每小时不大于20~30℃。

为了避免由于蒸汽温度骤然升降而引起混凝土构件产生裂缝变形,必须严格控制升温和降温的速度。出槽的构件温度与室外温度相差不得大于40℃,当室外为0℃以下时,温度相差不得大于20℃。

【任务实施】

1. 制定编制依据

施工验收规范、验收标准以及本项目施工图纸和施工组织设计等。

2. 编写工程概况

描述项目基本情况。

3. 开展施工准备内容编写

材料、机械设备、劳动力的准备及作业条件。混凝土养护前做好施工环境的调查,如水源、水质、电力设施、养护线路等情况。根据混凝土结构物的形式和设计规范要求,提前制订相应的施工进度计划和养护方案,同时安排人员负责。

4. 制定施工工艺标准

承台使用的混凝土水胶比均小于0.45,且胶凝材料中掺有矿物掺和料。日平均气温不低于5℃时,混凝土潮湿养护时间按表5-7执行;日平均气温低于5℃时,禁止对混凝土表面进行洒水养护,采用喷涂养护液的方式进行养护。

表5-7 混凝土养护时间 d

水泥品种	相对湿度		
	<60%(干燥环境)	60%~90%(较湿环境)	>90%(潮湿环境)
硅酸盐水泥、普通硅酸盐水泥	14	7	可不另洒水养护
矿渣硅酸盐水泥、火山灰质硅酸盐水泥、粉煤灰硅酸盐水泥、复合硅酸盐水泥	21	14	

应选择合适的养护方法。以覆盖浇水养护为例,具体流程为:埋设温度感应器→浇筑混凝土→表面覆盖土工布→洒水养护→温度观测→数据分析→停止养护。

根据大体积混凝土基础早期升温较快、后期降温较慢的特点,测温采取先频后疏的原则。主要测量承台中心温度及混凝土表面温度。

【考核评价】

考核评定方式	评定内容	分值	得分
自评	方案编制内容	10	

(续)

考核评定方式	评定内容	分值	得分
互评	团队合作	20	
	方案编制内容	10	
教师评定	考勤	10	
	团队合作	20	
	方案编制内容	30	
总 分			

【知识拓展】

大体积混凝土养护

1)保持适宜的温度和湿度

大体积混凝土结构厚实，混凝土量大，工程条件复杂，施工技术要求高，水泥水化热较大，易使结构物产生温度变形。大体积混凝土除了最小断面和内外温度有一定的规定外，对平面尺寸也有一定限制。因为平面尺寸越大，约束作用所产生的温度力也越大，如采取的控制温度措施不当，温度应力超过混凝土所能承受的拉力极限值，则易产生裂缝。如何养护及施工技术的控制十分重要。大体积混凝土的养护主要是保持适宜的温度和湿度条件。

2)保湿养护的作用

保湿养护的作用是减少混凝土表面的热扩散，减小混凝土表面的温度梯度，防止其产生表面裂缝；延长散热时间，充分发挥混凝土的潜力和材料的松弛特性。使混凝土的平均总温差所产生的拉应力小于混凝土的抗拉强度，防止产生贯穿裂缝。刚浇筑不久的混凝土处于凝固硬化阶段，水化速度较快，适宜的潮湿条件可防止混凝土表面脱水而产生干缩裂缝；混凝土在潮湿条件下，可使水泥的水化作用顺利进行，提高混凝土的极限拉伸强度。

3)温度监测

为掌握大体积混凝土升温和降温的变化规律，以及各种材料在各种条件下的温度影响，需要对混凝土进行温度监测控制。

(1)测温点的布置

沿浇筑的高度，布置在底部、中部和表面，应具有代表性和可比性。垂直测点间距一般为500~800mm；平面则应布置在边缘与中间，平面测点间距一般为2.5~5m。

(2)测温制度

在混凝土温度上升阶段每2~4h测温一次，温度下降阶段每8h测一次，同时应测大气温度。所有测温孔均应编号，进行混凝土内部不同深度和表面温度的测量。测温工作应由专人进行。测温记录应交技术负责人阅签，并作为对混凝土施工和质量的控制依据。

(3)测温工具的选用

为及时控制混凝土内外温差，校验计算值与实测值的差别，随时掌握混凝土温度动态，在测温过程中，当发现温度差超过25℃时，应及时加强保温或延缓拆除保温材料，以防混凝土产生温差应力和裂缝。

复习思考题

一、单选题

1. 混凝土搅拌时间是指(　　)的时间。
   A. 原材料全部投入到全部卸出　　　　B. 开始投料到开始卸料
   C. 原材料全部投入到开始卸出　　　　D. 开始投料到全部卸料
2. 混凝土自由倾落高度，浇筑柱、墙等竖向构件时，不应超过(　　)。如超过，应采用串筒、溜管或振动溜管下落。
   A. 1m　　　　B. 2m　　　　C. 3m　　　　D. 5m
3. 浇筑混凝土使用插入式振捣器应(　　)。
   A. 快插快拔　　B. 快插慢拔　　C. 慢插快拔　　D. 慢插慢拔
4. 在施工缝处继续浇筑混凝土时，已浇筑的混凝土抗压强度不应小于(　　)。
   A. $1.2N/mm^2$　　B. $1.5N/mm^2$　　C. C15　　D. C20
5. 混凝土立方体抗压强度应以边长为150mm的立方体试件在温度为(　　)、相对湿度为90%以上的潮湿环境或水中的标准条件下经过28d养护后试验确定。
   A. 20℃±1℃　　B. 20℃±2℃　　C. 20℃±3℃　　D. 20℃±5℃
6. 梁、柱混凝土浇筑时应采用(　　)振捣。
   A. 表面振动器　　B. 外部振动器　　C. 内部振动器　　D. 振动台
7. 一般的楼板混凝土浇筑时宜采用(　　)振捣。
   A. 表面振动器　　B. 外部振动器　　C. 内部振动器　　D. 振动台
8. 施工缝宜留在(　　)。
   A. 剪力较大的部位　　　　　　　　B. 剪力较小的部位
   C. 施工方便的部位　　　　　　　　D. 剪力较小的部位和施工方便的部位
9. 硅酸盐水泥拌制的混凝土养护时间不得少于(　　)。
   A. 14d　　　　B. 21d　　　　C. 7d　　　　D. 28d
10. 一般混凝土结构养护采用的是(　　)。
    A. 自然养护　　B. 加热养护　　C. 畜热养护　　D. 人工养护
11. 当混凝土结构厚度不大而面积很大时，宜采用(　　)方法进行浇筑。
    A. 全面分层　　B. 分段分层　　C. 斜面分层　　D. 局部分层
12. 下列哪项施工过程不属于混凝土工程的主要环节(　　)。
    A. 混凝土制备与运输　　　　　　B. 浇筑与捣实
    C. 绑扎钢筋　　　　　　　　　　D. 混凝土制备与浇筑
13. 混凝土在运输过程中不应产生分层、离析现象。如有离析现象，必须在浇筑时进行(　　)。
    A. 加水　　　　B. 振捣　　　　C. 二次搅拌　　D. 二次配合比设计
14. 施工缝宜留在结构受剪力较小且便于施工的部位，柱施工缝宜留在(　　)。
    A. 无梁楼板柱帽的上面　　　　　B. 基础的底面

C. 梁或吊车梁牛腿的下面 D. 吊车梁的下面

15. 使用( )可以节约施工用地，保证混凝土质量，保证混凝土供应量，减小混凝土垂直运输压力，是混凝土施工的发展方向。
    A. 现场拌制混凝土 B. 高强度混凝土
    C. 泵送混凝土 D. 泵送商品混凝土

16. 搅拌混凝土时，为了保证按配合比投料，要按砂石实际( )进行修正，调整以后的配合比称为施工配合比。
    A. 含泥量 B. 称量误差 C. 含水量 D. 粒径

17. 浇筑柱子混凝土时，其根部应先浇( )，目的是防止烂根。
    A. 5~10mm 厚水泥浆 B. 5~10mm 厚水泥砂浆
    C. 50~100mm 厚水泥砂浆 D. 500mm 厚石子增加一倍的混凝土

18. 蒸汽养护的混凝土构件出槽后，其表面温度与外界温差不得大于( )。
    A. 10℃ B. 20℃ C. 30℃ D. 40℃

19. 为防止蒸汽养护的混凝土构件表面产生裂缝和疏松现象，必须在养护中设置( )阶段。
    A. 静停 B. 升温 C. 恒温 D. 降温

20. 在梁、板、柱等结构的接缝和施工缝处产生烂根的原因之一是( )。
    A. 混凝土强度偏低 B. 养护时间不足
    C. 配筋不足 D. 接缝处模板拼缝不严，漏浆

二、简答题

1. 简述混凝土后浇带的处理方法。
2. 什么是施工缝？应在何处留设？继续浇筑混凝土时对施工缝有何要求？如何处理？
3. 简述多层钢筋混凝土框架结构施工顺序、施工过程和柱、梁、板浇筑方法，以及如何组织流水施工。
4. 厚大体积混凝土施工特点有哪些？如何确定浇筑方案？其温度裂缝有几种类型？防止开裂有哪些措施？

三、计算题

某大梁采用 C20 混凝土，实验室配合比提供的水泥用量为 $350kg/m^3$，砂子为 $680kg/m^3$，石子为 $1400kg/m^3$，$W/C=0.60$，现场取砂子 500g，烘干后有 485g，取石子 500g，烘干后有 495g。试求：(1)施工配合比；(2)当采用 350L 搅拌机进行搅拌时，求各材料用量(用袋装水泥)。

项目 6　预应力混凝土工程施工

【项目情景】

某体育中心的综合训练馆采用有黏结预应力框架梁、柱结构，梁跨度为36m，柱距为8m，混凝土强度等级采用C40，共3层。其梁、柱均为预应力构件，主梁尺寸为 $b \times h = 600mm \times 2400mm$，预应力配筋为 4 束 9$\phi$15.2，预应力柱截面尺寸为 $b \times h = 1300mm \times 1300mm$，一层柱预应力配筋为 2 束 9$\phi$15.2，二层柱预应力筋为 4 束 12$\phi$15.2，预应力钢筋采用 1860MPa 级高强度低松弛钢绞线。该工程在梁、柱中均采用了预应力技术。在张拉柱的预应力筋时，未采用一次张拉到位的方式，而采用了柱、梁交叉张拉顺序。

假如你是工地项目经理，请思考：此案例中，除了有黏结预应力混凝土，还有哪些预应力混凝土类型？该工程为何要采用预应力混凝土技术？张拉方式有哪些类型？

【学习目标】

>> 知识目标

1. 了解预应力混凝土的特点，了解夹具、锚具、张拉机具的构造和使用方法。
2. 掌握先张法、后张法预应力混凝土施工的施工工艺。
3. 掌握后张法无黏结预应力混凝土的施工新工艺。
4. 熟悉后张法施工时孔道的留设方法和后张法施工中孔道灌浆的作用和方法。

>> 能力目标

1. 会选用预应力混凝土使用的材料。
2. 会选用预应力混凝土施工机械设备和生产设施。
3. 会编写先张法、后张法预应力混凝土施工的生产工艺。
4. 会编制后张无黏结预应力混凝土施工新工艺流程。

>> 素质目标

1. 培养收集信息和编制工作计划的能力。
2. 培养观察、分析、判断、解决问题的能力和创新能力。
3. 培养组织、协调和沟通能力。
4. 培养工作态度、责任心、团队意识、协作能力。

任务 6-1　先张法施工

【工作任务】

以班级为单位现场参观先张法预应力混凝土构件的生产过程，并形成参观总结报告。

【知识准备】

预应力混凝土与钢筋混凝土比较，具有构件截面小、自重轻、刚度大、抗裂度高、耐久性好、材料省等优点,但预应力混凝土施工,需要专门的材料与设备、特殊的工艺、单价较高。在大开间、大跨度与重荷载的结构中,采用预应力混凝土结构,可减少材料用量,扩大使用功能,综合经济效益好,在现代结构中具有广阔的发展前景。

预应力混凝土按预应力度大小可分为:全预应力混凝土和部分预应力混凝土。全预应力混凝土是在全部使用荷载下受拉边缘不允许出现拉应力的预应力混凝土,适用于要求混凝土不开裂的结构。部分预应力混凝土是在全部使用荷载下受拉边缘允许出现一定的拉应力或裂缝的混凝土,其综合性能较好,费用较低,适用面广。

预应力混凝土按施工方式不同可分为:预制预应力混凝土,现浇预应力混凝土和叠合预应力混凝土等。按预加应力的方法不同可分为:先张法预应力混凝土,后张法预应力混凝土。近年来,预应力技术与空间钢结构相结合,创造出预应力网架、网壳、索网、索拱、索膜、斜拉等结构新体系,充分发挥受拉杆件的潜力,结构轻盈,美观大方。

1. 张拉设备与夹具

1)张拉设备

张拉设备要求工作可靠,控制应力要准确,能以稳定的速率加大拉力。先张法粗钢筋的张拉,分单根张拉和多根成组张拉。选择张拉机具时,为了保证设备、人身安全和张拉力准确,张拉机具的张拉力应不小于预应力筋张拉力的 1.5 倍;张拉机具的张拉行程应不小于预应力筋张拉伸长值的 1.1~1.3 倍。

(1)预应力钢丝的张拉设备

在台座上生产构件一般采用单根钢丝张拉,由于张拉力较小,一般采用电动卷扬机、电动螺杆张拉机张拉。

图 6-1 为电动螺杆张拉机工作原理,由螺杆、顶杆、张拉夹具、弹簧测力器及电动机组成。

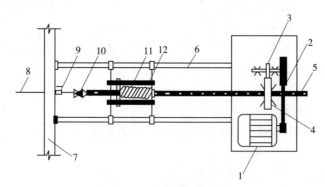

图 6-1 电动螺杆张拉机

1—电动机;2—皮带;3—齿轮;4—齿轮螺母;5—螺杆;6—顶杆;7—台座横梁;
8—钢丝;9—锚固夹具;10—张拉夹具;11—弹簧测力计;12—滑动架

(2)预应力钢筋的张拉设备

先张法中的钢筋可单根进行张拉或多根成组张拉。成组张拉需要较大张拉力的张拉设备;单根张拉可采用小张拉力的张拉设备,操作比较方便。

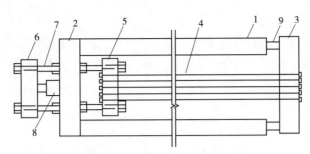

图 6-2 四横梁式成组张拉装置

1—台座；2、3—前后横梁；4—钢筋；5、6—拉力架的横梁；
7—大螺纹杆；8—液压千斤顶；9—放张装置

①液压千斤顶成组张拉　可采用如图 6-2 所示的四横梁装置，这种方式一般只适用于螺纹端杆锚具或墩头夹具。

②液压千斤顶单根张拉　直径 12～20mm 的单根钢筋可采用穿心式千斤顶进行张拉。如图 6-3 所示，张拉时高压油泵启动，从后油嘴进油，前油嘴回油，被偏心夹具夹紧的钢筋随液压缸的伸出而被拉伸。

YC-20 型穿心式千斤顶的最大张拉力为 20kN，最大行程为 200mm。适用于用圆套筒三片式夹具张拉锚固 12～20mm 钢筋。

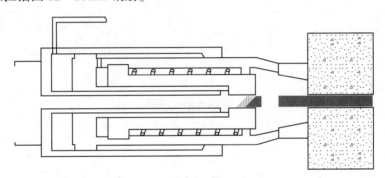

图 6-3　YC-20 型穿心式千斤顶

2) 夹具

夹具是先张法构件施工时保持预应力筋拉力，并将其固定在张拉台座(或设备)上的临时性锚固装置。按其工作用途不同分为锚固夹具和张拉夹具。

(1) 钢质锥形夹具

钢质锥形夹具主要用来锚固直径为 3～5mm 的单根钢丝夹具，如图 6-4 所示。

(2) 墩头夹具

如图 6-5 所示，采用镦头夹具时，将预应力筋端部热镦或冷镦，通过承力板锚固。

(3) 张拉夹具

张拉夹具是夹持住预应力筋后，与张拉机械连接起来进行预应力筋张拉的机具。

常用的张拉夹具有月牙形夹具、偏心式夹具、楔形夹具等，如图 6-6 所示，适用于张拉钢丝和直径 16mm 以下的钢筋。

3) 台座

台座要有足够的强度、刚度和稳定性，满足生产工艺的要求。其形式有墩式和槽式台座。槽式台座，长45~76m，适于双向预应力构件，易于蒸汽养护，结构形式如图6-7所示。

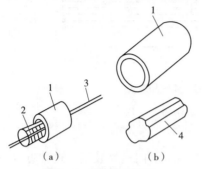

图6-4 钢质锥形夹具

(a)圆锥齿板式；(b)圆锥槽式
1—套筒；2—齿板；3—钢丝；4—锥塞

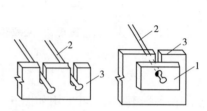

图6-5 固定端墩头夹具

1—垫片；2—墩头钢丝；3—承力板

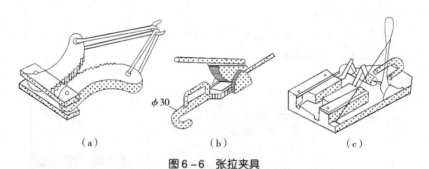

图6-6 张拉夹具

(a)月牙形夹具；(b)偏心式夹具；(c)楔形夹具

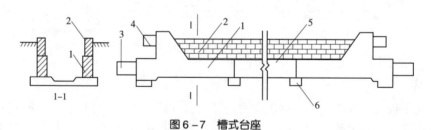

图6-7 槽式台座

1—端柱；2—砖墙；3—下横梁；4—上横梁；5—传力柱；6—柱垫

2. 先张法施工工艺

先张法是在浇筑混凝土之前，先张拉预应力钢筋，并将预应力筋临时固定在台座或钢模上，待混凝土达到一定强度（一般不低于混凝土设计强度标准值的75%），混凝土与预应力筋具有一定的黏结力时，放松预应力筋，在预应力的反弹力作用下，使构件受拉区的混凝土承受预压应力。

工艺过程为：张拉固定钢筋→浇混凝土→养护（至75%强度）→放张钢筋。适用于

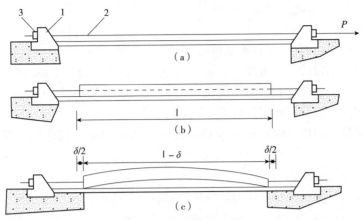

图6-8 先张法施工工艺

(a)预应力筋张拉；(b)混凝土浇筑及养护；(c)放张预应力筋
1—台座；2—预应力筋；3—夹具

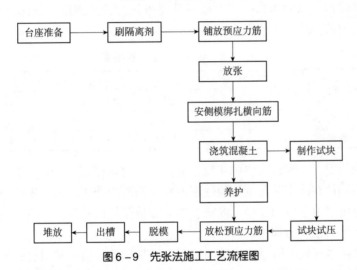

图6-9 先张法施工工艺流程图

构件厂生产中、小型构件(楼板、屋面板、吊车梁、薄腹梁等)。先张法施工工艺如图6-8所示。

先张法的工艺流程图如图6-9所示，其中关键是预应力筋的张拉与固定，混凝土浇筑以及预应力筋的放张。

1)刷隔离剂，预应力筋的铺设

长线台座台面在铺放预应力筋前应涂刷隔离剂。涂刷的隔离剂不应沾污钢筋，以免影响钢筋与混凝土的黏结。在浇注混凝土前应防止雨水冲刷，破坏隔离剂。待隔离剂干后即可铺预应力筋，预应力筋宜采用牵引车铺设。

2)预应力筋的张拉

(1)张拉程序

为了减少应力松弛损失，预应力钢筋宜采用超张拉法。预应力钢丝张拉工作量大时，宜采用一次张拉法。

超张拉法：0→1.05σ_{con}（持荷2min）→σ_{con}。

一次张拉法：0→1.03σ_{con}。

其中，σ_{con}为预应力筋的张拉控制应力。

采用超张拉法的目的是减少预应力筋的松弛应力损失，持荷2min可以加速钢筋松弛的早期发展(前1min内完成损失总值的50%)。所谓"松弛"即钢材在常温、高应力状态下具有不断产生塑性变形，导致钢筋应力下降的特性。

采用一次张拉法同样可以达到减少松弛效果，且这种张拉程序施工简便，一般应用较广。

(2) 控制应力及最大应力

张拉控制应力是指在张拉预应力筋时所达到的规定应力，应按设计规定采用。控制应力的数值直接影响预应力的效果。施工中采用超张拉工艺，使超张拉应力比张拉控制应力提高3%~5%。预应力筋的张拉控制应力，应符合设计要求。

《混凝土结构设计规范》规定：预应力钢筋张拉控制应力σ_{con}不宜超过表6-1规定的张拉控制应力的限值，以确保张拉力不超过其屈服强度，使预应力筋处于弹性工作状态，对混凝土建立有效的预压应力，但也不应小于$0.4f_{ptk}$。

表6-1 张拉控制应力极限值

钢筋种类	张拉方法	
	先张法	后张法
消除应力钢筋、钢绞线	$0.75f_{ptk}$	$0.75f_{ptk}$
热处理钢筋	$0.70f_{ptk}$	$0.65f_{ptk}$

当符合下列情况之一时，表以中张拉控制应力限值可提高$0.05f_{ptk}$。

①要求提高构件在施工阶段的抗裂性能而在使用阶段受压区内设置的预应力钢筋。

②要求部分抵消由于应力松弛、摩擦、钢筋分批张拉以及预应力钢筋与张拉台座之间的温差等因素产生的预应力损失。

预应力筋张拉锚固后实际预应力值与工程设计规定检验值的相对允许偏差为±5%。

(3) 混凝土的浇筑与养护

预应力筋张拉完成后，钢筋绑扎、模板拼装和混凝土浇筑等工作应尽快跟上。混凝土应振捣密实。混凝土浇筑时，振动器不得碰撞预应力筋。混凝土未达到强度前，也不允许碰撞或踩动预应力筋。

混凝土的浇筑应一次完成，不允许留设施工缝。

混凝土可采用自然养护或蒸汽养护。

(4) 预应力筋放松

混凝土强度达到设计规定的数值(一般不小于混凝土标准强度的75%)后，才可放松预应力筋。预应力筋放张过程是预应力的传递过程，是先张法构件能否获得良好质量的一个重要生产过程。应根据放张要求，确定合理的放张顺序、放张方法及相应的技术措施。

①放张要求 放张预应力筋时，混凝土强度必须符合设计要求。当设计无要求时，不得低于设计的混凝土强度标准值的75%。对于重叠生产的构件，要求最上一层构件的混凝土强度不低于设计强度标准值的75%时方可进行预应力筋的放张。过早放张预应力筋会引

起较大的预应力损失或产生预应力筋滑动。预应力混凝土构件在预应力筋放张前要对混凝土试块进行试压,以确定混凝土的实际强度。

②放张顺序 预应力筋的放张顺序应符合设计要求。当设计无专门要求时,应符合下列规定:

- 对承受轴心预压力的构件(如压杆、桩等),所有预应力筋应同时放张;
- 对承受偏心预压力的构件,应先同时放张预压力较小区域的预应力筋,再同时放张预压力较大区域的预应力筋;
- 当不能按上述规定放张时,应分阶段、对称、相互交错地放张,以防止放张过程中构件发生翘曲、裂纹及预应力筋断裂等现象;
- 放张后预应力筋的切断顺序,宜由放张端开始,逐次切向另一端。

③放张方法 对于预应力钢丝混凝土构件,分两种放法:配筋不多的预应力钢丝放张采用剪切、割断和熔断的方法自中间向两侧逐根进行,以减少回弹量,利于脱模。配筋较多的预应力钢丝放张采用同时放张的方法,所有钢筋应同时放张,可采用楔块或砂箱等装置进行缓慢放张,以防止最后的预应力钢丝因应力突然增大而断裂或使构件端部开裂。

楔块放张:楔块装置放置在台座与横梁之间,放张预应力筋时,旋转螺母使螺杆向上运动,带动楔块向上移动,钢块间距变小,横梁向台座方向移动,便可同时放松预应力筋(图6-10)。楔块放张一般用于张拉力不大于300kN的情况。

砂箱放张:砂箱装置放置在台座和横梁之间,它由钢制的套箱和活塞组成,内装石英砂或铁砂。预应力筋张拉时,砂箱中的砂被压实,承受横梁的反力。预应力筋放张时,将出砂口打开,砂缓慢流出,从而使预应力筋缓慢地放张(图6-11)。

【任务实施】

(1)准备工作

做好参观准备,查阅相关资料。

(2)行前教育

包括安全教育,知识点复习。

(3)实地参观先张法预应力混凝土构件的生产过程

了解先张法预应力混凝土构件的生产工艺要求,了解先张法生产预应力混凝土构件的适用性。重点观察施工工艺流程,台座准备、隔离剂涂刷、铺设预应力筋、预应力筋的张拉、混凝土浇筑养护、放张脱模出槽堆放等过程。

(4)形成参观总结报告

总结报告要求如下:

①应充分运用所学专业基础理论知识,结合自己的考察经历和调查资料,进行比较深入的分析和总结。

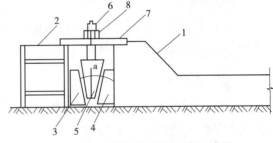

图6-10 用楔块放张预应力筋示意图

1—台座;2—横梁;3、4—楔块;5—钢楔块;
6—螺杆;7—承力板;8—螺母

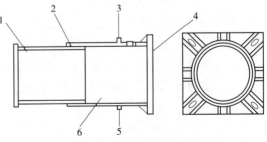

图6-11 砂箱构造图

1—活塞;2—套箱;3—进砂口;4—套箱底板;
5—出砂口;6—砂

②参观考察报告要有独立的见解，重点突出、条理清晰。

③参观考察报告的资料必须真实，内容应简明扼要，且必须与所学专业内容相关，能反映出考察单位的情况及本人考察的情况、体会和感受。

④考察报告由封面、正文和附录构成，各部分要求如下：

封面：应能反映考察的基本信息及标题。

正文：必须包含考察目的，考察地点介绍，考察内容、过程和完成的任务，考察收获、体会和建议。

附录：附录在设计考察结尾中出现，对正文起补充说明作用的信息材料，可以是文字、表格、照片等形式。

【考核评价】

考核评定方式	评定内容	分值	得分
自评	团队协作	10	
	参观总结报告	10	
互评	团队协作	20	
教师评定	考勤	10	
	团队协作	20	
	参观总结报告	30	
总　分			

【知识拓展】

先张法预应力施工质量，应按现行国家标准《混凝土结构工程施工质量验收规范》（GB 50204—2015）的规定进行验收。

1. 主控项目

(1) 预应力筋进场时，应按现行国家标准《预应力混凝土用钢丝》（GB/T 5223—2014）、《预应力混凝土用钢绞线》（GB/T 5224—2014）等的规定抽取试件做力学性能检验，其质量必须符合有关标准的规定。

检查数量：按进场的批次和产品的抽样检验方案确定。

检验方法：检查产品合格证、出厂检验报告和进场复验报告。

(2) 预应力筋用夹具的性能，应符合现行国家标准《预应力筋用锚具、夹具和连接器》（GB/T 14370—2015）的规定。

检验方法：检查产品合格证和出厂检验报告。

(3) 预应力筋铺设时，其品种、级别、规格、数量等必须符合设计要求。

检查数量：隐蔽工程验收时全数检查。

检验方法：观察与钢尺检查。

(4) 先张法预应力施工时，应选用非油类隔离剂，并应避免沾污预应力筋。

检查数量：全数检查。

检验方法：观察。

(5) 预应力筋放张时，混凝土强度应符合设计要求；如设计无规定，不应低于设计的混凝土强度标准值的 75%。

检查数量：全数检查。

检验方法：检查同条件养护试件试验报告。

(6) 预应力筋张拉锚固后实际建立的预应力值与工程设计规定检验值的相对允许偏差为 ±5%。

检查数量：每工作班抽查预应力筋总数的 1%，且不少于 3 根。

检验方法：检查预应力筋应力检测记录。

(7) 在浇筑混凝土前发生断裂或滑脱的预应力筋必须予以更换。

检验方法：全数观察，检查张拉记录。

(8) 预应力筋放张时，宜缓慢放松锚固装置，使各根预应力筋同时缓慢放松。

检验方法：全数观察检查。

2. 一般项目

(1) 钢丝两端采用镦头夹具时，对短线整体张拉的钢丝，同组钢丝长度的极差不得大于 2mm。

钢丝墩头的强度不得低于钢丝强度标准值的 98%。

检查数量：每工作班抽查预应力筋总数的 3%，且不少于 3 束。对钢丝镦头强度，每批钢丝检查 6 个镦头试件。

检验方法：观察、钢尺检查。检查钢丝镦头试验报告。

(2) 锚固时张拉端预应力筋的内缩量应符合设计要求。

检查数量：每工作班抽查预应力筋总数的 3%，且不少于 3 根。

检验方法：钢尺检查。

(3) 先张法预应力筋张拉后与设计位置的偏差不得大于 5mm，且不得大于构件截面短边边长的 4%。

检查数量：每工作班抽查预应力筋总数的 3%，且不少于 3 根。

检验方法：钢尺检查。

任务 6-2　后张法施工

【工作任务】

编制后张法预应力混凝土专项施工方案。

【知识准备】

1. 张拉设备与锚具

1) 张拉设备

预应力筋用张拉设备是由液压张拉千斤顶、电动油泵和外接油管等组成。张拉设备应装有测力仪表，以准确计算预应力值。张拉设备的发展趋向是：大吨位、小型化和轻量化。液压张拉千斤顶，按机型不同可分为：拉杆式千斤顶、穿心式千斤顶和锥锚式千斤顶等。

(1) 拉杆式千斤顶

拉杆式千斤顶适用于张拉以螺丝端杆锚具为张拉锚具的粗钢筋，张拉以锥形螺杆锚杆为张拉锚具的钢丝束，张拉以 DM5A 型镦头锚具为张拉锚具的钢丝束。构造如图 6-12 所示。

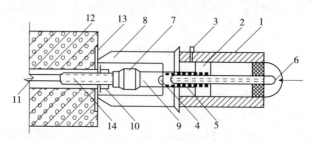

图 6-12　拉杆式千斤顶的构造

1—主缸；2—主缸活塞；3—主缸油嘴；4—副缸；5—副缸活塞；6—副缸油嘴；7—连接器；
8—顶杆；9—拉杆；10—螺母；11—预应力筋；12—混凝土构件；13—预埋钢板；14—螺丝端杆

拉杆式千斤顶构造简单，操作方便，应用范围较广。拉杆式千斤顶的张拉力有 400kN、600kN 和 800kN 三级，张拉行程为 150mm。

(2) YC-60 型穿心式千斤顶

YC-60 型穿心式千斤顶既能张拉预应力筋，又能顶压锚具锚固预应力筋，故又称为穿心式双作用千斤顶，其构造及工作示意图如图 6-13 所示。张拉工作过程是：首先将安装好锚具的预应力筋穿过千斤顶的中心孔道，利用工具式锚具将预应力筋锚固在张拉油缸的端部。高压油进入张拉油室，张拉活塞顶住构件端部的垫板，使张拉油缸向左移动，从而对预应力筋进行张拉。YC-60 型穿心式千斤顶张拉力为 600kN，张拉行程为 150mm。

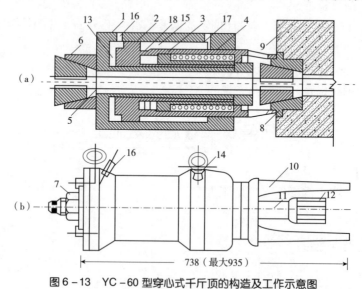

图 6-13　YC-60 型穿心式千斤顶的构造及工作示意图

(a) 构造与工作原理；(b) 加撑脚后的外貌

1—张拉油缸；2—顶压油缸(即张拉活塞)；3—顶压活塞；4—弹簧；5—预应力筋；6—工具锚；
7—螺母；8—锚环；9—构件；10—撑脚；11—张拉杆；12—连接器；13—张拉工作油室；
14—顶压工作油室；15—张拉回程油室；16—张拉缸油嘴；17—顶压缸油嘴；18—油孔

(3) 锥锚式双作用千斤顶

锥锚式双作用千斤顶适用于张拉以 KT-Z 型锚具为张拉锚具的钢筋束和钢绞线束，张拉以钢质锥形锚具为张拉锚具的钢丝束。

锥锚式双作用千斤顶的构造和工作过程如图 6-14 所示。

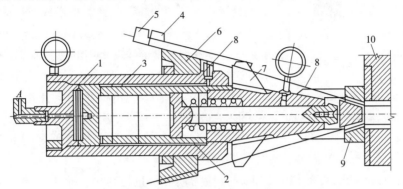

图 6-14　锥锚式双作用千斤顶的构造和工作过程

1—主缸；2—副缸；3—退楔缸；4—楔块(张拉时位置)；5—楔块(退出时位置)；
6—锥形卡环；7—退楔翼片；8—预应力筋；9—锥形锚具；10—构件

锥锚式双作用千斤顶的张拉工作过程是：将预应力筋用楔块锚固在锥形卡环上，使高压油经主缸油嘴进入主缸，主缸带动锚固在锥形卡环上的预应力筋向左移动，进行预应力的张拉。

2) 锚具

在后张法中预应力筋的锚具与张拉机械是配套使用的，不同类型的预应力筋形式，采用不同的锚具。由于后张法构件预应力传递靠锚具，因此，锚具必须具有可靠的锚固性能、足够的刚度和强度储备，而且要求构造简单，施工方便，预应力损失小，价格便宜。

(1) 单根粗钢筋的锚具

单根粗钢筋用作预应力筋时，张拉端采用螺丝端杆锚具，固定端采用帮条锚具或镦头锚具。

①螺丝端杆锚具　适用于锚固直径不大于 36mm 的冷拉 HRB335 级与 HRB400 级钢筋。它是由螺丝端杆、螺母和垫板组成，如图 6-15 所示。螺丝端杆的长度一般为 320mm，螺丝端杆与预应力筋焊接后，同张拉机械相连进行张拉，最后上紧螺母即完成对预应力钢筋的锚固。

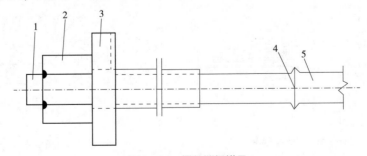

图 6-15　螺丝端杆锚具

1—端杆；2—螺母；3—垫板；4—焊接接头；5—钢筋

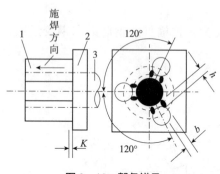

图 6-16 帮条锚具
1—衬板;2—帮条;3—预应力筋

②帮条锚具 适用于冷拉 HRB335 级与 HRB400 级钢筋及冷拉 5 号钢钢筋,主要用于固定。它由帮条和衬板组成,如图 6-16 所示。

③镦头锚具 由镦头和垫板组成。镦头一般是直接在预应力筋端部热镦、冷镦或锻打成型。

(2)钢筋束(钢绞线束)锚具

钢筋束、钢绞线束采用的锚具有 JM 型、XM 型、QM 型和镦头锚具等。其中镦头锚具用于非张拉端。

①JM 型锚具 由锚环和夹片组成,夹片呈扇形,如图 6-17 所示,用两侧的半圆槽锚着预应力钢筋。为增加夹片与预应力钢筋之间的摩擦,在半圆槽内刻有截面为梯形的齿痕,夹片的背面坡度与锚环一致。

JM12 型锚具具有良好的锚固性能,预应力筋滑移量比较小,施工方便,但其机械加工量大,成本较高。

②XM 型锚具 由锚环和夹片组成,利用楔形夹片,将每根钢绞线独立地锚固在带有锥形的锚环上,形成一个独立的锚固单元,如图 6-18 所示。

③QM 型锚具 与 XM 型锚具相似,它也是由锚板和夹片组成,但锚孔是直的,锚板顶面是平的,夹片垂直开缝。此外,备有配套喇叭形铸铁垫板与弹簧等。

④镦头锚具 适用于预应力钢筋束固定端锚固,由固定板和带镦头的预应力筋组成(图 6-19)。

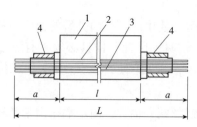 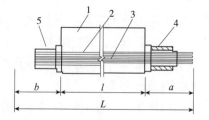

图 6-17 JM12-6 锚具

1—混凝土构件;2—孔道;3—钢筋束;4—JM12-6 锚具;5—镦头锚具

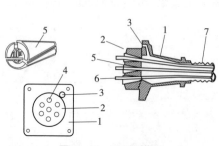 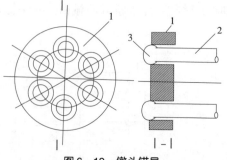

图 6-18 XM 型锚具

1—喇叭管;2—锚环;3—灌浆孔;4—圆锥孔;
5—夹片;6—钢绞线;7—波纹管

图 6-19 镦头锚具

1—锚固板;2—预应力筋;3—镦头

2. 后张法施工工艺

先制作混凝土构件,并在预应力筋的位置预留出相应孔道,待混凝土强度达到设计规定的数值后,穿入预应力筋进行张拉,并利用锚具把预应力筋锚固,最后进行孔道灌浆。

工艺过程:浇筑混凝土结构或构件(留孔)→养护拆模→(达75%强度后)穿筋张拉→固定→孔道灌浆→(砂浆达15N/mm²,混凝土达100%后)移动、吊装。

适用于大构件及结构的现场施工预制拼装,结构张拉。其特点是不需台座,但工序多、工艺复杂,锚具不能重复利用。

后张法施工工艺如图6-20所示。后张法施工工艺与预应力施工有关的是孔道留设、预应力筋张拉和孔道灌浆三部分。其施工工艺流程如图6-21所示。

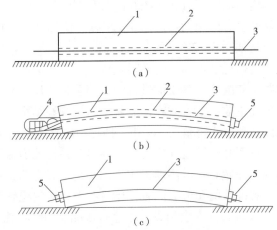

图6-20 后张法施工示意图
(a)制作混凝土构件;(b)张拉钢筋;
(c)锚固和孔道灌浆
1—混凝土构件;2—预留孔道;3—预应力筋;
4—千斤顶;5—锚具

1)孔道留设

孔道留设是后张法预应力混凝土构件制作中的关键工序之一。预留孔道的尺寸与位置应正确,孔道应平顺;端部的预埋垫板应垂直于孔道中心线并用螺栓或钉子固定在模板上,以防止浇筑混凝土时发生走动;孔道的直径一般应比预应力筋的外径(包括钢筋对焊接头的外径或需穿入孔道的锚具外径)大10~15mm,以利于预应力筋穿入。孔道留设的方法有钢管抽芯法、胶管抽芯法和预埋波纹管法等。

(1)钢管抽芯法

钢管抽芯法适用于留设直线孔道。钢管抽芯法是预先将钢管敷设在模板的孔道位置上,在混凝土浇筑后每隔一定时间慢慢转动钢管,防止它与混凝土粘住,待混凝土初凝后、终凝前抽出钢管形成孔道。选用的钢管要求平直、表面光滑,敷设位置准确;钢管用钢筋井字

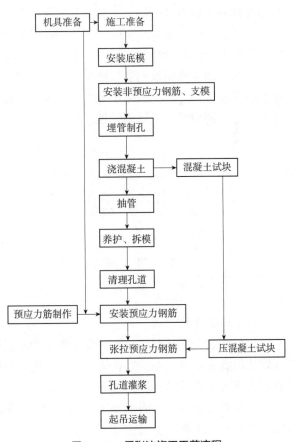

图6-21 后张法施工工艺流程

架固定，间距不宜大于 1.0m。每根钢管的长度一般不超过 15m，以便于转动和抽管。钢管两端应各伸出构件外 0.5m 左右；较长时构件可采用两根钢管，中间用套管连接，其连接方法如图 6-22 所示。

准确地掌握抽管时间很重要。抽管时间与水泥品种、气温和养护条件有关。抽管宜在混凝土初凝后、终凝前进行，以用手指按压混凝土表面不显指纹时为宜。抽管过早，会造成坍孔事故；抽管太晚，混凝土与钢管黏结牢固，抽管困难，甚至抽不出来。常温下抽管时间在混凝土浇筑后 3~5h。抽管顺序宜先上后下。抽管方法可分为人工抽管或卷扬机抽管，抽管时必须速度均匀，边抽边转并与孔道保持在一条直线上，抽管后应及时检查孔道情况，并做好孔道清理工作，以防止以后穿筋困难。

留设预留孔道的同时，还要在设计规定位置留设灌浆孔和排气孔。一般在构件两端和中间每隔 12m 左右留设一个直径 20mm 的灌浆孔，在构件两端各留一个排气孔。留设灌浆孔和排气孔的目的是方便构件孔道灌浆。留设方法是用木塞或白铁皮管。

(2) 胶管抽芯法

胶管抽芯法利用的胶管有 5~7 层的夹布胶管和钢丝网胶管，应将其预先敷设在模板中的孔道位置上，胶管每间隔不大于 0.5m 距离用钢筋井字架予以固定。采用夹布胶管预留孔道时，混凝土浇筑前夹布胶管内充入压缩空气或压力水，工作压力 600~800kPa，使管径增大 3mm 左右，然后浇筑混凝土，待混凝土初凝后放出压缩空气或压力水，使管径缩小和混凝土脱离开，抽出夹布胶管。夹布胶管内充入压缩空气或压力水前，胶管两端应有密封装置，如图 6-23 所示。采用钢丝网胶管预留孔道时，预留孔道的方法和钢管相同。由于钢丝网胶管质地坚硬，并具有一定的弹性，抽管时在拉力作用下管径缩小和混凝土脱离开，即可将钢丝网胶管抽出。胶管抽芯法施工省去了转管工序，又由于胶管便于弯曲，所以胶管抽芯法既适用于直线孔道留设，也适用于曲线孔道留设。胶管抽芯法的灌浆孔和排气孔的留设方法同钢管抽芯法。

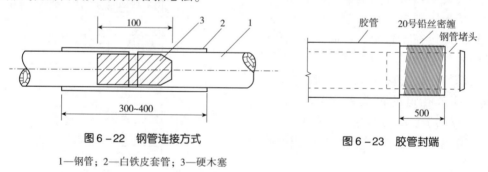

图 6-22 钢管连接方式　　　　图 6-23 胶管封端

1—钢管；2—白铁皮套管；3—硬木塞

(3) 预埋波纹管法

预埋波纹管法是利用与孔道直径相同的金属管埋入混凝土构件中，无须抽出。预埋波纹管法因省去抽管工序，且孔道留设的位置、形状也易保证，故目前应用较为普遍。波纹管可作成各种形状的孔道，是现代后张预应力筋孔道成型用的理想材料。

波纹管外形按照每两个相邻的折叠咬口之间凸出部（波纹）的数量分为单波纹和双波纹，如图 6-24 所示。

波纹管的连接采用大一号同型波纹管。接头管的长度为 200~300mm，用塑料热塑管或密封胶带封口，如图6-25所示。

2）预应力筋的制作

预应力筋的制作与钢筋的直径、钢材的品种、锚具的类型、张拉设备和张拉工艺有关。目前常用的预应力筋有单根钢筋、钢筋束或钢绞线束。

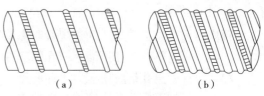

图6-24 波纹管外形

(a)单波纹；(b)双波纹

单根钢筋的制作一般包括配料、对焊、冷拉等工序，钢筋的下料长度应由计算确定，计算时应考虑锚具的特点、对焊接头的压缩量、钢筋的冷拉率和弹性回缩率、构件的长度等因素。

钢筋束（钢绞线束）由于其强度高、柔性好、钢筋不需要接头等优点，近年来应用越来越广泛。钢筋束所用钢筋一般是盘圆状供应，长度较长，不需要对焊接长。钢筋束

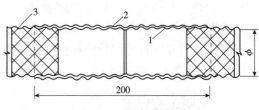

图6-25 波纹管的连接

1—波纹管；2—接头管；3—密封胶带

(钢绞线束)的制作工艺一般是：开盘冷拉、下料和编束。编束的目的主要是保证穿入构件孔道中的预应力筋束不发生扭结。

3）预应力筋的张拉

(1)张拉条件

预应力筋张拉时，构件的混凝土强度应符合设计要求；如设计无要求，混凝土强度不应低于设计强度等级的75%。

(2)张拉程序

张拉程序有超张拉法$[0 \rightarrow 1.05\sigma_{con}(持荷2min) \rightarrow \sigma_{con}]$和一次张拉法$(0 \rightarrow 1.03\sigma_{con})$两类。

(3)张拉控制应力的确定

预应力筋的张拉控制应力按《混凝土结构设计规范》规定取值。参见先张法。

(4)张拉顺序

预应力筋的张拉顺序，应使混凝土不产生超应力、构件不扭转与侧弯、结构不变位等，因此，对称张拉是一条重要原则。

(5)张拉方法

为了减少预应力筋与预留孔道摩擦引起的损失，对于抽芯成形孔道，曲线形预应力筋和长度大于24m的直线形预应力筋，应采取两端同时张拉的方法。长度小于或等于24m的直线形预应力筋，可一端张拉。对预埋波纹管孔道：曲线形预应力筋和长度大于30m的直线形预应力筋，宜采取两端同时张拉的方法。长度小于或等于30m的直线形预应力筋，可一端张拉。同一截面中有多根一端张拉的预应力筋时，张拉端宜分别设置在构件的两端，当两端同时张拉同一根预应力筋时，为减少预应力损失，施工时宜采用先张拉一端锚固，再在另一端补足张拉力后进行锚固。

4）孔道灌浆

预应力筋张拉锚固后，孔道应及时灌浆以防止预应力筋锈蚀，增加结构的整体性和耐久性。但采用电热法时孔道灌浆应在钢筋冷却后进行。

灌浆前混凝土孔道应用压力水冲刷干净并润湿孔壁。灌浆顺序应先下后上，以避免上层孔道漏浆而把下层孔道堵塞。孔道灌浆可采用电动灰浆泵，灌浆应缓慢均匀地进行，不得中断，灌满孔道并封闭排气孔后，宜再继续加压至 0.5~0.6MPa 并稳压一定时间，以确保孔道灌浆的密实性。对于不掺外加剂的水泥浆可采用二次灌浆法，以提高孔道灌浆的密实性。灌浆后孔道内水泥浆及砂浆强度达到 15MPa 时，预应力混凝土构件即可进行起吊运输或安装。

最后把露在构件端部外面的预应力筋及锚具，用封端混凝土保护起来。

【任务实施】

1. 说明工程概况

拟定工程简介、主要技术标准、主要工程项目及数量。

2. 编写施工总体计划

拟定工程预应力施工的特点和难点、计划投入本工程的主要施工机械、设备及试验仪表、计划投入本工程的人员、计划投入本工程的材料、材料采购要求及施工前期准备工作。

3. 编写主要施工工艺流程

预应力张拉顺序、张拉顺序流程图、张拉顺序说明、施工操作要点、预应力筋的下料和穿束、孔道安装定位、张拉预埋件的安装、混凝土浇筑、预应力钢束的张拉、孔道压浆、封锚以及施工中可能出现的问题及处理方法。

【考核评价】

考核评定方式	评定内容	分值	得分
自评	团队协作	10	
	方案编制内容	10	
互评	团队协作	20	
教师评定	考勤	10	
	团队协作	20	
	方案编制内容	30	
总 分			

【知识拓展】

真空辅助压浆

真空辅助压浆是在预应力筋孔道的一端采用真空泵抽吸孔道中的空气，使孔道内形成负压 0.1MPa 的真空度，然后在孔道的另一端采用灌浆泵进行压浆，对超长孔道、大曲率孔道、扁管孔道、腐蚀环境的孔道等压浆尤其有利。

1) 真空辅助压浆技术的优点

①在真空状态下，孔道内的空气、水分以及混在水泥浆中的气泡被消除，增强了浆体的密实度。

②孔道在真实状态下，减小了由于孔道高低弯曲而使浆体自身形成的压头差，便于浆体充盈整个孔道，尤其是一些异形关键部位。

③真空辅助压浆的过程是一个连续且迅速的过程，缩短了灌浆时间。

真空辅助压浆的孔道，应具有良好的密封性，宜采用塑性波纹管；灌浆用水泥浆，应优化配置，才能充分发挥真空辅助压浆的作用。

2) 对水泥浆的要求

真空辅助压浆采用的水泥浆应符合以下要求：采用强度等级不低于 32.5 的普通硅酸盐水泥；掺加适量的缓凝高效减水剂，必要时掺微膨胀剂等；水灰比采用 0.3~0.35；水泥浆 3h 泌水率应控制在 2%；流动度宜为 12~15s，且不大于 18s。

3) 施工工艺

①在预应力筋孔道灌浆之前，应切除外露的钢绞线，进行封锚。封锚后 24~36h，方可灌浆。

②将灌浆阀、排气阀全部关闭，启动真空泵抽真空，使真空度达到负压 0.06~0.1MPa 并保持稳定。

③启动灌浆泵，当灌浆泵输出的浆体达到要求稠度时，将泵上的输送管接到锚垫板上的引出管，开始灌浆。

④灌浆过程中，真空泵保持连续工作；压力达到 0.6MPa 左右，持压 1.2min，关闭灌浆泵及灌浆端阀门，完成灌浆。

任务 6-3　无黏结预应力混凝土施工

【工作任务】

参观后张法无黏结预应力混凝土构件的生产过程，并形成参观总结报告。

【知识准备】

在后张法预应力混凝土构件中，预应力筋分为有黏结和无黏结两种。有黏结的预应力是后张法的常规做法，张拉后通过灌浆使预应力筋与混凝土黏结。无黏结预应力的做法是在预应力筋表面刷涂油脂并包塑料带（管）后，如同普通钢筋一样先铺设在支好的模板内，再浇筑混凝土，待混凝土达到规定的强度后，进行预应力筋张拉和锚固。这种预应力工艺是借助两端的锚具传递预应力，无须留孔灌浆，施工简便，摩擦损失小。预应力筋易弯成多跨曲线形状等，但对锚具锚固能力要求较高。

1. 无黏结预应力筋的制作

无黏结预应力筋由无黏结筋、涂料层和外包层三部分组成，如图 6-26 所示。

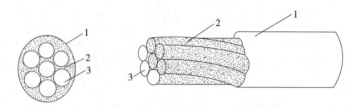

图 6-26 无黏结预应力筋

1—塑料外包层；2—防腐润滑脂；3—钢绞线（或钢丝束）

2. 无黏结预应力筋的铺设与张拉

无黏结预应力在施工中，关键工序是无黏结预应力筋的铺设、张拉。

（1）无黏结预应力筋的铺设

在单向连续梁板中，无黏结筋的铺设比较简单，如同普通钢筋一样铺设在设计位置上。在双向连续平板中，无黏结筋一般为双向曲线配筋，两个方向的无黏结筋互相穿插，给施工操作带来困难，因此确定铺设顺序很重要。铺设双向配筋的无黏结筋时，应先铺设标高较低的无黏结筋，再铺设标高较高的无黏结筋，并应尽量避免两个方向的无黏结筋相互穿插编结。

无黏结筋应严格按设计要求的曲线形状就位并固定牢靠。用铁丝将无黏结筋与非预应力钢筋绑扎牢固，以防止无黏结筋在浇筑混凝土过程中发生位移。

（2）无黏结预应力筋的张拉

由于无黏结预应力筋一般为曲线配筋，故应两端同时张拉。

无黏结筋的张拉顺序应与其铺设顺序一致，先铺设的先张拉，后铺设的后张拉。成束无黏结筋正式张拉前，宜先用千斤顶往复抽动1~2次以降低张拉摩擦损失。无黏结筋的张拉过程中，当有个别钢丝发生滑脱或断裂时，可相应降低张拉力，但滑脱或断裂的数量不应超过结构同一截面无黏结预应力筋总量的2%。

3. 无黏结预应力筋电热法施工

电热法是利用钢筋热胀冷缩原理来张拉预应力筋的一种施工方法。对预应力钢筋通以低电压的强电流，使钢筋发热伸长，待其伸长至预定长度后，随即进行锚固并切断电源，断电后钢筋降温而冷却回缩，使混凝土建立预压应力。电热法适用于冷拉HRB335、HRB400、RRB400钢筋或钢丝配筋的先张法、后张法和模外张拉构件。其特点是操作简便，劳动强度低，设备简单，效率高，可避免摩擦损失，张拉曲线形钢筋或高空进行张拉更显其优越性。

夹具的选择：一般采用螺丝端杆、墩头锚具和帮条锚具。

电热张拉法的施工工艺流程如图6-27所示。

【任务实施】

（1）准备工作

做好参观准备，查阅相关资料。

（2）行前教育

包括安全教育、知识点复习。

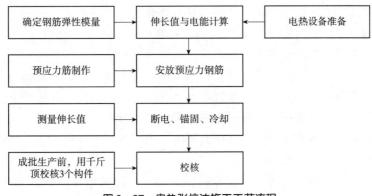

图 6-27 电热张拉法施工工艺流程

(3) 实地参观后张法无黏结预应力混凝土构件的生产工艺过程

了解后张法无黏结预应力混凝土构件的适用性和生产工艺要求，深入理解有黏结预应力混凝土与无黏结预应力混凝土的区别。

(4) 形成参观总结报告

总结报告要求如下：

①应充分运用所学专业基础理论知识，结合自己的考察经历和调查资料，进行比较深入的分析和总结。

②参观考察报告要有独立的见解，重点突出、条理清晰。

③参观考察报告的资料必须真实，内容应简明扼要，且必须与所学专业内容相关，能反映出考察单位的情况及本人考察的情况、体会和感受。

④考察报告由封面、正文和附录构成，各部分要求如下：

封面：应能反映考察的基本信息及标题。

正文：必须包含考察目的，考察地点介绍，考察内容、过程和完成的任务，考察收获、体会和建议。

附录：在设计考察结尾中出现，对正文起补充说明作用的信息材料，可以是文字、表格、照片等形式。

【考核评价】

考核评定方式	评定内容	分值	得分
自评	团队协作	10	
	参观总结报告	10	
互评	团队协作	20	
教师评定	考勤	10	
	团队协作	20	
	参观总结报告	30	
总 分			

【知识拓展】

预应力混凝土施工存在一系列安全问题，如张拉钢筋时断裂伤人、电热张拉时触电伤人等。因此应注意以下技术环节：

①锚具、夹具应有出厂合格证，并经进场检查合格。

②台座两端、千斤顶后面应设防护设施，并在台座长度方向每隔 4~5m 设一个防护架。台座、预应力筋两端严禁站人，更不准进入台座。

③操作千斤顶和测量伸长值的人员，应站在千斤顶侧面操作，严格遵守操作规程。液压泵开动过程中不得擅自离开岗位，如需离开，必须把液压阀门全部松开或切断电路。

④预应力筋的一次伸长值不应超过设备的最大张拉行程。

⑤钢丝束锻头锚固体系在张拉过程中应随时拧上螺母，以保证安全；如遇钢丝束偏长或偏短，应增加螺母或用连接器解决。

⑥螺丝端杆与预应力筋的焊接应在冷拉前进行，冷拉时螺母应位于螺纹端杆的端部，冷拉后螺丝端杆不得发生塑性变形。

⑦施焊时严禁将地线搭在预应力筋上，且严禁在预应力筋上引弧。

⑧预应力筋放张应缓慢，防止冲击。用乙炔或电弧切割时，应采取隔热措施，以防烧伤构件端部混凝土。

⑨电热张拉时做好钢筋的绝缘处理。先试张拉，检查电压、电流、电压降是否符合要求。停电冷却 12h 后，将预应力筋、螺母、垫板、预埋铁板相互焊牢。电热张拉构件两端应设防护设施。操作人员必须穿绝缘鞋、戴绝缘手套，操作时站在构件侧面。电热张拉时发生碰火现象，应立即停电处理，方可继续。电热张拉中经常检查电压、电流、温度、通电时间等，如通电时间较长，混凝土发热、钢筋伸长缓慢或不伸长，应立即停电，待钢筋冷却后再加大电流进行。冷拉钢筋电热张拉的重复张拉次数不应超过 3 次。采用预埋金属管孔道的不得电张。孔道灌浆须在钢筋冷却后进行。

复习思考题

一、选择题

1. 预应力混凝土梁是在构件的(　　)预先施加压应力而成。
   A. 受压区　　　　B. 受拉区　　　　C. 中心线处　　　　D. 中性轴处
2. 先张法适用的构件为(　　)。
   A. 小型构件　　　B. 中型构件　　　C. 中、小型构件　　D. 大型构件
3. 先张法预应力混凝土构件是利用(　　)使混凝土建立预应力的。
   A. 钢筋热胀冷缩　　　　　　　　　B. 张拉钢筋
   C. 端部锚具　　　　　　　　　　　D. 混凝土与预应力的黏结力
4. 预应力混凝土的预压应力是利用钢筋的弹性回缩产生的，一般施加在结构的(　　)。
   A. 受拉区　　　　B. 受压区　　　　C. 受力区
5. 后张法施工较先张法的优点是(　　)。
   A. 不需要台座、不受地点限制　　　B. 工序少
   C. 工艺简单　　　　　　　　　　　D. 锚具可重复利用
6. 当预应力钢筋为热处理钢筋、冷拉Ⅳ级钢筋、钢绞线时，不得用(　　)切割。
   A. 闪光对焊　　　B. 电渣压力焊　　C. 电弧焊　　　　D. 电阻电焊
7. 后张法中，对预埋管成形孔道，曲线预应力筋和长度大于(　　)的直线预应力筋，应

在两端张拉。

   A. 20m　　　　B. 24m　　　　C. 30m　　　　D. 40m

8. 二次升温养护是为了减少（　　）引起的预应力损失。

   A. 混凝土的收缩　　B. 混凝土的徐变　　C. 钢筋的松弛　　D. 温差

9. 有黏结预应力混凝土的施工流程是（　　）。

   A. 孔道灌浆→张拉钢筋→浇筑混凝土　　B. 张拉钢筋→浇筑混凝土→孔道灌浆

   C. 浇筑混凝土→张拉钢筋→孔道灌浆　　D. 浇筑混凝土→孔道灌浆→张拉钢筋

10. 曲线铺设的预应力筋应（　　）。

    A. 一端张拉　　　　　　　　　　B. 两端分别张拉

    C. 一端张拉后另一端补强　　　　D. 两端同时张拉

11. 曲线孔道灌浆施工时，灌满浆的标志是（　　）。

    A. 自高点灌入，低处流出浆　　　　B. 自高点灌入，低处流出浆持续1min

    C. 自最低点灌入，高点流出浆与气泡　　D. 自最低点灌入，高点流出浆

12. 无须留孔和灌浆，适用于曲线配筋的预应力施工方法属于（　　）。

    A. 先张法　　B. 后张法　　C. 电热法　　D. 无黏结预应力

13. 无黏结预应力混凝土构件中，外荷载引起的预应力束的变化全部由（　　）承担。

    A. 锚具　　B. 夹具　　C. 千斤顶　　D. 台座

14. 无黏结预应力筋应（　　）铺设。

    A. 在非预应力筋安装前　　　　B. 在非预应力筋安装完成后

    C. 与非预应力筋安装同时　　　D. 按照标高位置从上向下

15. 无黏结预应力钢筋的张拉程序通常是（　　）。

    A. 0→102%σ_{con}　　　　　　　　B. 0→103%σ_{con}

    C. 0→105%σ_{con}→σ_{con}　　　　D. 0→104%σ_{con}

16. 预应力筋放张应满足以下规定：混凝土应达到设计规定放张强度，设计没有规定时应（　　）。

    A. 不低于75%设计强度　　　　B. 不高于75%设计强度

    C. 不低于50%设计强度　　　　D. 不高于50%设计强度

17. 后张法施工时，预应力钢筋张拉锚固后进行的孔道灌浆目的是（　　）。

    A. 防止预应力钢筋锈蚀　　　　B. 增加预应力钢筋与混凝土的黏结力

    C. 增加预应力构件强度

18. 施工中采用低电压大强电流使预应力钢筋发热伸长到规定值立即锚固，待预应力钢筋冷却收缩达到建立预应力的方法是（　　）。

    A. 先张法　　B. 后张法　　C. 电热法

二、简答题

1. 何谓先张法？何谓后张法？比较它们的异同点。
2. 在张拉预应力筋时为什么要进行超张拉？
3. 简述先张法施工中预应力筋的放张方法和放张顺序。
4. 后张法孔道留设有几种方法？各适用于什么情况？孔道留设有哪些要求？
5. 试述无黏结预应力混凝土方法。

项目 7 结构安装工程施工

【项目情景】

装配建筑试点工程建筑物为 9 层混凝土框架结构,长 63m、宽 18.4m,檐口高度为 30.8m,总建筑面积 10 432.8m²。项目地处抗震设防烈度 7 度,地震加速度 0.15g,框架梁、柱抗震等级为二级。采用全预制混凝土框架及预制外挂墙板装配技术进行施工。预制柱采用一端机械连接、一端灌浆的半灌浆套筒进行钢筋连接,主框梁、次梁、楼板采用预制与现浇层叠合形式,楼梯为全预制形式。

假如你是工地项目经理,请思考:预制构件在施工现场如何组装成一栋完整建筑物?

【学习目标】

>> 知识目标

1. 掌握结构安装常用设备种类及其性能、特点。
2. 掌握结构安装工程施工的常规施工工艺和施工质量验收标准。
3. 掌握编制结构安装工程施工方案的步骤。
4. 掌握编写结构安装工程施工技术交底的步骤。

>> 能力目标

1. 能初步看懂装配式房屋建筑结构的施工图纸。
2. 会根据装配式建筑结构的组成,选择安装机械设备。
3. 会根据装配式建筑结构的特点,编制施工方案。
4. 会根据装配式建筑结构的特点,组织现场施工。

>> 素质目标

1. 培养收集信息和编制工作计划的能力。
2. 培养观察、分析、判断、解决问题的能力和创新能力。
3. 培养组织、协调和沟通能力。
4. 培养认真的工作态度、责任心、团队意识、协作能力。

任务 7-1 编写起重机装卸施工方案

【工作任务】

前往学院建工大楼工地,重点学习常见工具及其工作原理、塔式起重机的特点和选用依据,编写塔式起重机安装拆卸施工方案。

【知识准备】

1. 钢丝绳

钢丝绳是吊装中的主要绳索,它具有强度高、弹性大、韧性好、耐磨、能承受冲击载荷等优点,且磨损后外部产生许多毛刺,容易检查,便于预防事故。结构吊装中常用的钢丝绳是由 6 束绳股和 1 根绳芯(一般为麻芯)捻成。绳股是由许多高强钢丝捻成,如图 7-1 所示。

图 7-1 普通钢丝绳截面

2. 吊装工具

1) 吊钩

起重吊钩常用优质碳素钢锻成(图 7-2)。吊钩表面应光滑,不得有剥裂、刻痕、锐角、裂缝等缺陷存在,并禁止对磨损或有裂缝的吊钩进行补焊修理。

吊钩在钩挂吊索时要将吊索挂至钩底;直接钩在构件吊环中时,不能使吊钩硬别或歪扭,以免吊钩产生变形或使吊索脱钩。

2) 卡环

卡环用于吊索和吊索或吊索和构件吊环之间的连接,由弯环与销子两部分组成。卡环按销子和弯环的连接形式,可分为螺栓式卡环和活络卡环。螺栓式卡环的销子和弯钩采用螺纹连接;活络卡环的销子端头和弯环孔眼无螺纹,可直接抽出(图 7-3)。

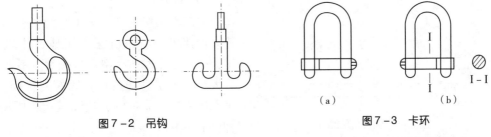

图 7-2 吊钩　　　　　　　图 7-3 卡环

(a)螺栓式卡环;(b)椭圆销活络卡环

3) 吊索(千斤)

吊索有环状吊索和 8 股头吊索两种(图 7-4)。吊索是用钢丝绳做成的,因此,钢丝绳的允许拉力即为吊索的允许拉力。在工作中,吊索拉力不应超过其允许拉力。吊索拉力取决于所吊构件的重量及吊索的水平夹角,水平夹角应不小于 30°,一般用 45°~60°。

4) 横吊梁(铁扁担)

横吊梁常用于柱和屋架等构件的吊装。用横吊梁吊柱容易使柱身保持垂直,便于安装;用横吊梁吊屋架可以降低起吊高度,减少吊索的水平分力对屋架的压力。常用的横吊梁有钢板横吊梁、钢管横吊梁等。

钢板横吊梁一般用于吊装 10t 以下的柱,如图 7-5 所示。

钢管横吊梁一般用于吊屋架,钢管长 6~12m,如图 7-6 所示。钢管横吊梁在起吊构件时承受轴向力 N 和弯矩 M(由钢管自重产生的)。钢管横吊梁中的钢管也可用两个槽钢焊接成箱形截面来代替。

5) 滑车与滑车组

滑车又名葫芦，可以省力，也可以改变用力的方向。滑车按使用方式不同，可分为定滑车和动滑车两种（图 7-7）。定滑车可改变力的方向，但不能省力；动滑车可以省力，但不能改变力的方向。

滑车组由一定数量的定滑车和动滑车及绕过它们的绳索组成。滑车组根据跑头（滑车组的引出绳头）引出的方向不同，可分为以下 3 种（图 7-8）。

① 跑头自动滑车引出　用力的方向与重物移动的方向一致［图 7-8(a)］；

② 跑头自定滑车引出　用力的方向与重物移动的方向相反［图 7-8(b)］；

③ 双联滑车组　有两个跑头，可用两台卷扬机同时牵引。具有速度快一倍、受力较均衡、工作中滑车不会倾斜等优点［图 7-8(c)］。

6) 卷扬机

电动卷扬机按其速度可分为快速、中速、慢速等。卷扬机必须用地锚予以固定，以防工作时产生滑动或倾覆。根据受力大小，固定卷扬机可分为螺栓锚固法、水平锚固法、立桩锚固法和压重锚固法 4 种（图 7-9）。

7) 地锚

地锚按设置形式有桩式地锚和水平地锚两种。桩式地锚适用于固定受力不大的缆风绳。水平地锚是将几根圆木（方木或型钢）用钢丝绳捆绑在一起，横放在地锚坑底，钢丝绳的一端从坑前端的槽中引出，绳与地面的夹角应等于缆风绳与地面的夹角，然后用土石回填夯实，如图 7-10 所示。受力很大的地锚（如重型桅杆式起重机和缆索起重机的缆风地锚）应用钢筋混凝土制作，其尺寸、混凝土强度等级及配筋情况须经专门设计确定。

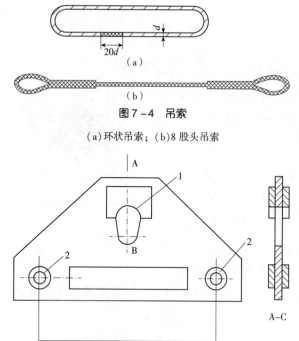

图 7-4　吊索

(a)环状吊索；(b)8 股头吊索

图 7-5　钢板横吊梁

1—挂吊钩孔；2—挂卡环孔

图 7-6　钢管横吊梁

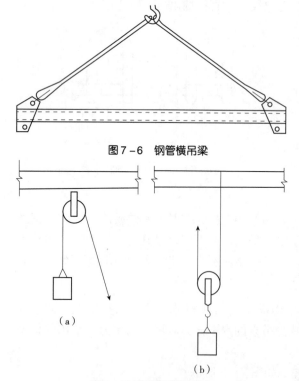

图 7-7　定滑车和动滑车

(a)定滑车；(b)动滑车

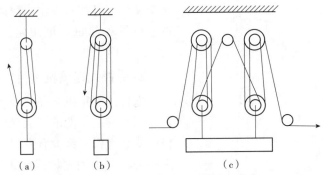

图7-8 滑车组的种类

(a)跑头自动滑车引出：用力的方向与重物移动的方向一致；
(b)跑头自定滑车引出：用力的方向与重物移动的方向相反；
(c)双联滑车组：有两个跑头，可用两台卷扬机同时牵引

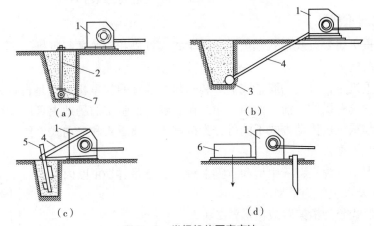

图7-9 卷扬机的固定方法

(a)螺栓锚固法；(b)水平锚固法；(c)立桩锚固法；(d)压重锚固法
1—卷扬机；2—地脚螺栓；3—横木；4—拉索；5—木桩；6—压重；7—压板

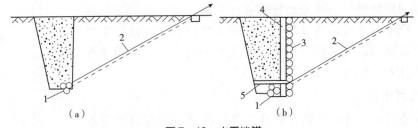

图7-10 水平地锚

(a)普通水平地钳；(b)有压板及木壁的水平地锚
1—横木；2—拉索；3—木壁；4—立柱；5—压板

3. 起重运输机械

1) 人字拔杆

人字拔杆是由两根圆木或钢管、缆风绳、滑车组、导向滑车等组成。在人字拔杆的顶

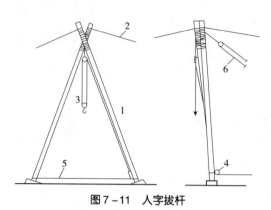

图 7-11 人字拔杆

1—圆木或钢管；2—缆风绳；3—起重滑车组；
4—导向滑车；5—拉索；6—主缆风绳

部交叉处，悬挂滑车组。缆风绳的数量由拔杆的起重量和起重高度决定，一般不少于 5 根（图 7-11）。

2) 桅杆式起重机

桅杆式起重机是在独脚拔杆下端装上一根可以回转和起伏的吊杆而成（图 7-12）。大型桅杆式起重机下部设有专门行走装置，在钢轨上移动，中小型桅杆式起重机在下面设滚筒。移动桅杆，多用卷扬机加滑车组牵动桅杆底脚。移动时，将吊杆收拢，并随时调整缆风绳。移动完毕，必须使底脚完全垫实固定牢靠，才能进行吊装作业。

3) 自行式起重机

自行式起重机主要有履带式起重机、汽车式起重机和轮胎式起重机。

(1) 履带式起重机

履带式起重机是在行走的履带底盘上装有起重装置的起重机械，是自行式、全回转的一种起重机，它具有操作灵活、使用方便、在一般平整坚实的场地上可以载荷行驶和作业的特点；履带起重机按传动方式不同可分为机械式、液压式和电动式 3 种。

(2) 汽车式起重机

按起重量大小分为轻型、中型和重型 3 种。起重量在 20t 以内的为轻型，50t 及以上的为重型。

按起重臂形式分为桁架臂或箱形臂 2 种。

按传动装置形式分为机械传动、电力传动、液压传动 3 种。

(3) 轮胎式起重机

这是一种装在专用轮胎式行走底盘上的起重机，其横向尺寸较大，故横向稳定性好，能全回转作业，并能在允许载荷下负荷行驶。它与汽车起重机的主要差别是行驶速度慢，不宜做长距离行驶，适宜作业地点相对固定而作业量较大的场合。轮胎起重机按传动方式分为机械式、电动式和液压式。

4) 塔式起重机

塔式起重机的起重臂安装在塔身顶部且可做 360°回转的起重机。它具有较高的起重高度、工作幅度和起重能力，各种速度快、生产效率高，且机械运转安全可靠，使用和装拆方便等优点，因此，广泛地用于多层和高层的工业与民用建筑的结构安装。塔式起重机一般分为固定式、附着式、轨道(行走)式、内部爬升式等，如图 7-13 所示。

(1) 塔式起重机的安装、拆除与转移

塔式起重机的安装方法根据起重机的结构形式、质量和现场

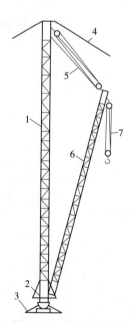

图 7-12 桅杆式起重机

1—桅杆；2—转盘；
3—底座；4—缆风绳；
5—起伏吊杆滑车组；
6—吊杆；7—起重滑车组

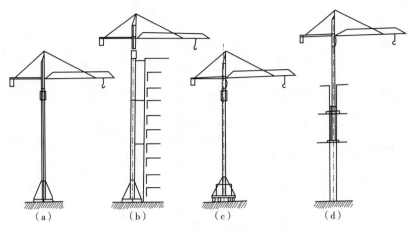

图 7-13 各种类型的塔式起重机

(a)固定式；(b)附着式；(c)轨道(行走)式；(d)内部爬升式

的具体情况确定，一般有整体自立法、旋转起扳法、立装自升法 3 种。

起重机的拆装必须由取得建设行政主管部门颁发的拆装资质证书的专业队进行，并应有技术和安全人员在场监护。

(2)塔式起重机的塔身升降、附着及内爬升

自升式塔式起重机的顶升接高系统由顶升套架、引进轨道及小车、液压顶升机组 3 个部分组成。顶升接高的步骤如图 7-14 所示。

a. 回转起重臂使其朝向与引进轨道一致并加以销定。吊运一个标准节到摆渡小车上，并将过渡节与塔身标准节相连的螺栓松开，准备顶升[图 7-14(a)]。

b. 开动液压千斤顶，将塔机上部结构包括顶升套架约上升到超过一个标准节的高度；然后用定位销将套架固定，于是塔式起重机上部结构的重量就通过定位箱传递到塔身[图 7-14(b)]。

c. 液压千斤顶回缩，形成引进空间，此时将装有标准节的摆渡小车开到引进空间内[图 7-14(c)]。

d. 利用液压千斤顶稍微提起待接高的标准节，退出摆渡小车；然后将待接高的标准节平稳地落在下面的塔身上，并用螺栓连接[图 7-14(d)]。

e. 拔出定位销，下降过渡节，使之与已接高的塔身联成整体[图 7-14(e)]。

塔身降落与顶升方法相似，仅程序相反。

(3)附着式塔式起重机工作原理

附着式塔式起重机的塔身接高到设计规定的独立高度后，须使用锚固装置将塔身与建筑物相联结(附着)，以减少塔身的自由高度，保持塔机的稳定性，减小塔身内力，提高起重能力，如图 7-15 所示。

(4)内爬升式塔式起重机工作原理

内爬升式塔式起重机是一种安装在建筑物内部(电梯井或特设空间)的结构上，依靠爬升机构随建筑物向上建造而向上爬升的起重机。适用于框架结构、剪力墙结构等高层建筑施工，如图 7-16 所示。

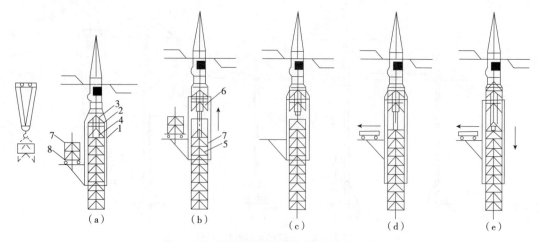

图7-14 自升式塔式起重机的顶升接高过程

(a)准备状态;(b)顶升塔顶;(c)推入塔身标准节;(d)安装塔身标准节;(e)塔顶与塔身连成整体

1—顶升套架;2—液压千斤顶;3—承座;4—顶升横梁;5—定位销;6—过渡节;7—标准节;8—摆渡小车

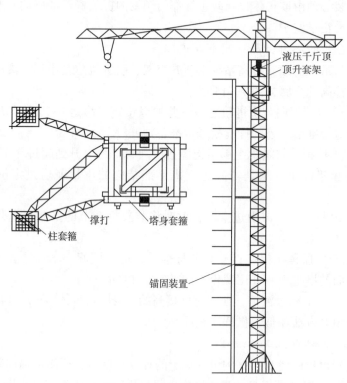

图7-15 附着式塔式起重机

5)施工电梯

施工电梯又称外用施工电梯,是一种安装于建筑物外部,供运送施工人员和建筑器材用的垂直提升机械。采用施工电梯运送施工人员上下楼层,可节省工时,减轻工人体力消耗,提高劳动生产率。因此,施工电梯被认为是高层建筑施工不可缺少的关键设备之一。建筑施工电梯如图7-17所示。

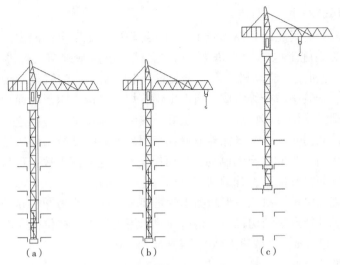

图 7-16 内爬升起重机的爬升过程
(a)准备状态；(b)提升状态；(c)提起升重机

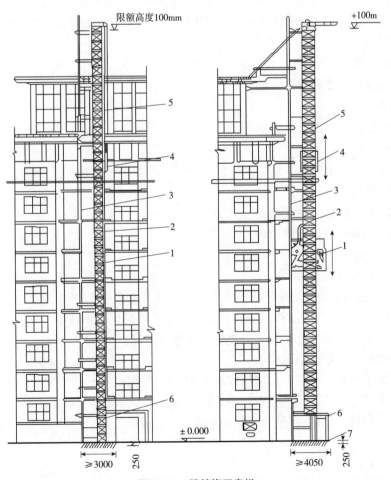

图 7-17 建筑施工电梯

1—吊笼；2—小吊杆；3—安装杆；4—衡箱；5—导轨架；6—底笼；7—混凝土基础

(1) 施工电梯的分类

施工电梯一般分为齿轮齿条驱动施工电梯和绳轮驱动施工电梯两类。

①齿轮齿条驱动施工电梯 由塔架(又称立柱,包括基础节、标准节、塔顶天轮架节)、吊厢、地面停机站、驱动机组、安全装置、电控柜站、门机电联锁盒、电缆、电缆接受筒、平衡重、安装小吊杆等组成。塔架由钢管焊接格构式矩形断面标准节组成,标准节之间采用套柱螺栓连接。其特点是:刚度好,安装迅速;电机、减速机、驱动齿轮、控制柜等均装设在吊厢内,检查维修保养方便;采用高效能的锥鼓式限速装置,当吊厢下降速度超过0.65m/s时,吊厢会自动制动,从而保证不发生坠落事故;可与建筑物拉结,并随建筑物施工进度而自升接高,升运高度可达100~150m。

②绳轮驱动施工电梯 由三角形断面钢管塔架、底座、单吊厢、卷扬机、绳轮系统及安全装置等组成。其特点是结构轻巧,构造简单,用钢量少,造价低,能自升接高。吊厢平面尺寸为2.5m×1.3m,可载货1000kg或乘员8~10人。

(2) 施工电梯的选择

高层建筑外用施工电梯的机型选择,应根据建筑体型、建筑面积、运输总重、工期要求、造价等确定。从节约施工机械费用出发,对20层以下的高层建筑工程,宜使用绳轮驱动施工电梯;25层特别30层以上的高层建筑应选用齿轮齿条驱动施工电梯。

【任务实施】

(1) 准备工作

做好参观准备,查阅相关资料。

(2) 行前教育

包括安全教育、知识点重新复习。

(3) 实地参观

前往学院建工大楼工地,实地参观学习常见工具及其工作原理,了解塔式起重机的工作性能及装拆过程。

(4) 编写塔式起重机安装拆卸施工方案

应包括(但不限于)以下内容:

①安装前准备工作

- 检查塔吊配件是否缺件。
- 检查金属结构部分是否无疲劳损伤,无焊缝开裂及脱焊,无严重锈蚀。应认真检查钢丝绳、滑轮组、电气设备及安全保险机构等,发现问题立即排除。
- 检查塔吊各部位安全限位是否良好,是否全面保养。
- 做好混凝土地基的隐蔽验收。
- 平整施工场地,落实专用电箱等有关安全防护措施。
- 检查安装专用工具及吊具钢丝绳是否符合合格产品技术要求。
- 检查回转臂长范围内是否有高压电线电缆、宿舍及办公用房等不安全因素,及时采取相应措施。

②安装顺序

- 吊基础节和三节加强节,将升架套入并安装套架及走道板。
- 吊上、下支座及回转支承、回转机构,用螺栓联成一体,吊装到塔身和套架上,并用螺栓锁紧。
- 吊装塔帽，吊平衡臂时，检查连接点、开口销是否全部正常。
- 吊装平衡块置于根部，吊装驾驶室。
- 吊装起重臂时，检查连接销子是否全部用开口销，小车用两根麻绳固定结头及位置是否符合要求，防止碰擦，然后吊装平衡块，穿绕有关钢绳系统。
- 检查整机的机构部分的结构、连接部分、电气和液压部件并调试正常后，开始顶升工作。

③顶升作业注意事项
- 检查液压油和液压系统是否清洁，不得有灰尘、粉、金属屑等杂质。
- 顶升前检查套架滚轮和塔身间隙，然后放松电缆，其长度略大于顶升高度。
- 顶升作业必须有专人指挥，非作业人员不得上塔机。
- 顶升时，必须保持平衡状态，严禁回转。
- 顶升结束时，必须降到原位，固定螺栓。
- 风力在4级以上时，不得进行顶升工作。

④塔吊安装作业安全事项
- 风力4级以上和雨天应停止施工。
- 吊装平衡臂和起重臂时，一定要用两根麻绳，防止碰擦。
- 做好安全技术交底，并有交底的书面材料，交底材料一式两份，甲乙双方各执一份。
- 持证上岗，专人指挥，分工明确，工作区域禁止闲人入内，做好安全工作。
- 上、下联系应使用对讲机，要求信号清晰，遵守施工现场六大纪律。
- 塔吊安装必须按经审批的施工方案进行，如有变动，应及时报请部门领导审批，待同意签字后方可执行。

【考核评价】

考核评定方式	评定内容	分值	得分
自评	团队协作	10	
	参观总结报告	10	
互评	团队协作	20	
教师评定	考勤	10	
	团队协作	20	
	参观总结报告	30	
总 分			

【知识拓展】

塔式起重机的选用

塔式起重机的选用要综合考虑建筑物的高度，建筑物的结构类型，构件的尺寸和重量，施工进度、施工流水段的划分和工程量，现场的平面布置和周围环境条件等各种情况。同时要兼顾装、拆塔式起重机的场地和建筑结构满足塔架锚固、爬升的要求。

首先，根据施工对象确定所要求的参数，包括幅度(又称回转半径)、起重量、起重力矩和吊钩高度等；然后根据塔式起重机的技术性能，选定塔式起重机的型号。

其次，根据施工进度、施工流水段的划分及工程量和所需吊次、现场的平面布置，确定塔式起重机的配置台数、安装位置及轨道基础的走向等。

选用塔式起重机时，应注意以下事项：

①在确定塔式起重机形式及高度时，应考虑塔身锚固点与建筑物相对应的位置以及塔式起重机平衡臂是否影响臂架正常回转等问题。

②在多台塔式起重机作业条件下，应处理好相邻塔式起重机塔身高度差，以防止两塔碰撞，应使彼此工作互不干扰。

③在考虑塔式起重机安装的同时，应考虑塔式起重机的顶升、接高、锚固及完工后的落塔、拆运等事项。如起重臂和平衡臂是否落在建筑物上、辅机停车位置及作业条件、场内运输道路有无阻碍等。

④在考虑塔式起重机安装时，应保证顶升套架的安装位置（即塔架引进平台或引进轨道应与臂架同向）及锚固环的安装位置正确无误。

任务7-2　认识混凝土结构单层工业厂房吊装工艺流程

【工作任务】

实地考察工地，学习混凝土结构构件吊装相关工艺流程。

【知识准备】

1. 柱子吊装

1）准备工作

①现场预制的钢筋混凝土柱，应用起重机将柱身翻转90°，使小面朝上，并移到吊装的位置堆放。现场预制位置应尽量在基础杯口附近，使吊装时吊车能直接吊起插入杯口而不必走车。

②检查厂房的轴线和跨距。

③在柱身上弹出中线，可弹三面，两个小面和1个大面。

④基础弹线。在基础杯口的上面、内壁及底面弹出房屋设计轴线（杯底弹线在抹找平层后进行），并在杯口内壁弹出供抹杯底找平层使用的标高线。

⑤抹杯底找平层。根据柱子牛腿面到柱脚的实际长度和标高线，用水泥砂浆或细石混凝土粉抹杯底，调整其标高，使柱安装后各牛腿面的标高基本一致。

⑥将杯口侧壁及柱脚在其安装后将埋入杯口部分的表面凿毛，清除杯底垃圾，并准备吊装索具及测量仪器。

2）绑扎

柱的绑扎位置和绑扎点数，应根据柱的形状、断面、长度、配筋部位和起重机性能等情况确定。中、小型柱可采用一点绑扎；重型或配筋少而细长的柱，则需绑扎两点，甚至3点。有牛腿的柱，一点绑扎的位置，常选在牛腿以下，如上部柱较长，也可绑在牛腿以上。垂直吊法绑扎示例如图7-18所示。吊索从柱的两侧引出，上端通过卡环或滑车挂在横吊梁上。对于断面较大的柱，可用长短吊索各一根绑扎。一般情况下都需将柱翻身。

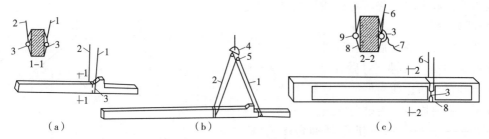

图 7-18 垂直吊法绑扎示例

(a)一点绑扎；(b)两点绑扎；(c)长短吊索绑扎

1—第一支吊索；2—第二支吊索；3—活络卡环；4—横吊梁；
5—滑车；6—长吊索；7—白棕绳；8—短吊索；9—普通卡环

斜吊法绑扎示例如图 7-19 所示，吊索从柱的上面引出，不用横吊梁，柱不必翻身；双机或三机抬吊(垂直吊法)的绑扎示例如图 7-20 所示；双机抬吊(斜吊法)的绑扎示例如图 7-21 所示。

3) 起吊

单机吊装柱有旋转法和滑行法 2 种。

(1) 旋转法

起重机边起钩边回转，使柱子绕柱脚旋转而吊起柱子的方法叫旋转法(图 7-22)。用此法吊柱时，为提高吊装效率，在预制或堆放柱时，应使柱的绑扎点、柱脚中心和基础杯口中心三点共圆弧，该圆弧的圆心为起重机的停点，半径为停点至绑扎点的距离。

(2) 滑行法

起吊柱过程中，起重机只起吊钩，使柱脚滑行而吊起柱子的方法叫滑行法(图 7-23)。用滑行法吊柱时，在预制或堆放柱时，应将起吊绑扎点(两点以上绑扎时为绑扎中点)布置在杯口附近，并使绑扎点和基础杯口中心两点共圆弧，以便将柱吊离地面后稍转动吊杆(或稍起落吊杆)即可就位。同时，为减少柱脚与地面的摩阻力，需在柱脚下设置托板、滚筒，并铺设滑行道。

4) 就位和临时固定

①起重机落钩将柱子放到杯底后应进行对线工作；采用无缆风绳校正时，应使柱身

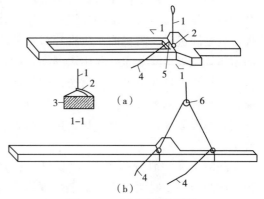

图 7-19 斜吊法绑扎示例

(a)一点绑扎；(b)两点绑扎

1—吊索；2—活络卡环；3—柱；
4—白棕绳；5—铅丝；6—滑车

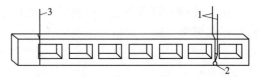

图 7-20 双机或三机抬吊(垂直吊法)绑扎示例

1—主机长吊索；2—主机短吊索；3—副机吊索

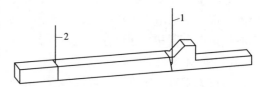

图 7-21 双机抬吊(斜吊法)绑扎示例

1—主机吊索；2—副机吊索

中线对准杯底中线，并在对准线后用坚硬石块将柱脚卡死。

②一般柱子就位后，在基础杯口用8个硬木楔或钢楔(每面两个)做临时固定，楔子应逐步打紧，防止使对好线的柱脚走动；细长柱子的临时固定应增设缆风绳。

③起吊重柱当起重机吊杆仰角 > 75°，在卸钩时应先落吊杆，防止吊钩拉斜柱子和吊杆后仰。

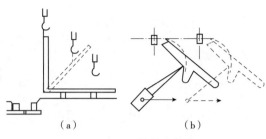

图 7 – 22　用旋转法吊柱

(a)旋转过程；(b)平面布置

5) 最后固定

钢筋混凝土柱是在柱与杯口的空隙内浇灌细石混凝土做最后固定的。灌缝工作应在校正后立即进行。灌缝前，应将杯口空隙内的木屑等垃圾清除干净，并用水湿润柱和杯口壁。对于因柱底不平或柱脚底面倾斜而造成柱脚与杯底间有较大空隙的情况，应先灌一层稀水泥砂浆，填满空隙后，再灌细石混凝土。

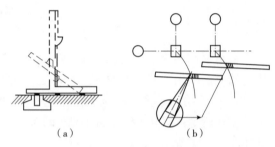

图 7 – 23　用滑行法吊柱

(a)滑行过程；(b)平面布置

灌缝工作一般分两次进行(图 7 – 24)。第一次灌至楔子底面，待混凝土强度达到设计强度的25%后，拔出楔子，全部灌满。浇捣混凝土时，不要碰动楔子。

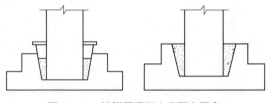

图 7 – 24　柱脚用混凝土分两次固定

2. 吊车梁吊装

1) 绑扎、起吊、就位、临时固定

吊车梁的吊装必须在基础杯口二次灌浆的混凝土强度达到设计强度的70%以上才能进行。吊车梁绑扎时，两根吊索要等长，绑扎点要对称设置，以使吊车梁在起吊后能基本保持水平。就位时应缓慢落钩，争取一次对好纵轴线，避免在纵轴线方向撬动吊车梁而导致柱偏斜。

2) 校正

中小型吊车梁的校正工作宜在屋盖吊装后进行；重型吊车梁如在屋盖吊装后校正难度较大，常采取边吊边校法施工，即在吊装就位的同时进行校正。混凝土吊车梁校正的主要内容包括垂直度和平面位置校正，两者应同时进行。

(1) 垂直度校正

吊车梁垂直度用靠尺、线锤检查。吊车梁垂直度允许偏差为5mm。

(2) 平面位置校正

吊车梁平面位置校正包括直线度(使同一纵轴线上各梁的中线在一条直线上)和跨距两项。常采取边吊边校法校正。

在吊车梁吊装前，在厂房跨度一端距吊车梁中线 40~60cm 的地面上架设经纬仪，使经纬仪的视线与吊车梁的中线平行，然后在一木尺上画两条短线，记号为 A 和 B，此两条短线的距离，必须与经纬仪视线至吊车梁中线的距离相等。吊装时，将木尺的一条线 A 与吊车梁中线重合，用经纬仪看木尺另一条线 B，并用撬杠拨动吊车梁，使短线 B 与经纬仪望远镜上的十字竖线重合(图 7-25)。

3)最后固定

吊车梁的最后固定，是在吊车梁校正完毕后，用连接钢板与柱侧面、吊车梁顶端的预埋铁件相焊接，并在接头处支模，浇灌细石混凝土。

3. 屋架吊装

1)绑扎

屋架的绑扎应在节点上或靠近节点。翻身(扶直)屋架时，吊索与水平线的夹角不宜小于 60°，吊装时不宜小于 45°。绑扎中心(各支吊索内力的合力作用点)必须在屋架重心之上，否则，屋架起吊后会倾翻。具体绑扎方法应根据屋架的跨度、安装高度和起重机的吊杆长度确定。图 7-26 所示为屋架翻身和吊装的几种绑扎方法。

2)扶直

屋架都平卧生产，运输或吊装时必须先扶直。扶直时，先将起重机吊钩基本对准屋架平面的中心，然后起吊杆使屋架脱模，并松开转向刹车，让车身自由回转，接着起钩，同时配合起落吊杆，争取一次将屋架扶直。在屋架接近立直时，应调整吊钩，使其对准屋架下弦中点，以防屋架吊起后摆动太大。

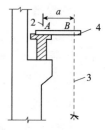
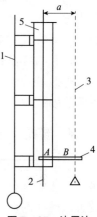

图 7-25 边吊边校法校正吊车梁的平面位置

1—柱轴线；
2—吊车梁中线；
3—经纬仪视线；
4—木尺；
5—吊车梁

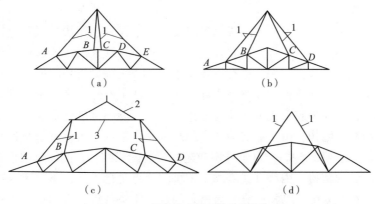

图 7-26 屋架翻身和吊装的绑扎方法

(a)18m 屋架吊装绑扎；(b)24m 屋架翻身和吊装绑扎；
(c)30m 屋架吊装绑扎；(d)吊索绑扎在屋架下弦的情况
1—长吊索对折使用；2—单根吊索；3—横吊梁

3）起吊

屋架起吊前，应在屋架上弦自中央向两边分别弹出天窗架、屋面板的安装位置线和在屋架下弦两端弹出屋架中线。同时，在柱顶上弹出屋架安装中线。屋架起吊有单机吊装和双机抬吊 2 种方法。

4）临时固定、校正、最后固定

第一榀屋架就位后，一般在其两侧各设置两道缆风绳做临时固定，并用缆风绳来校正垂直度。当厂房有挡风柱，且挡风柱柱顶需与屋架上弦连接时，可在校正好屋架垂直度后，立即将其连接件安装固定。

以后的各榀屋架，可用屋架校正器做临时固定和校正。屋架经校正后，就可上紧锚栓或电焊做最后固定。用电焊做最后固定时，应避免同时在屋架两端的同一侧施焊，以免因焊缝收缩使屋架倾斜。施焊后，即可卸钩。

4. 混凝土结构吊装方案

混凝土结构吊装方案的内容主要包括：起重机的选择、单位工程吊装方法和主要构件吊装方法的选择、吊装工程顺序安排、构件吊装的平面布置图绘制等。其中，主要构件吊装方法已在前面详述，在制定吊装方案时可根据具体情况选用，这里不再重复。

1）起重机的选择

起重机的选择包括起重机类型的选择、起重机型号的选择和起重机数量的确定。

（1）起重机类型的选择

起重机类型应综合考虑以下内容：

①结构的跨度、高度、构件重量和吊装工程量等；
②施工现场条件；
③本企业和本地区现有起重设备状况；
④工期要求；
⑤施工成本要求。

一般情况下，吊装工程量较大的普通单层装配式结构宜选用履带式起重机，因履带式起重机对路面要求不太高，变幅、行驶方便，可以负荷行驶。汽车式起重机对路面的破坏性小，开赴吊装地点迅速、方便，适宜吊装位于市区或工程量较小的装配式结构。

位于偏僻地区的吊装工程，或路途遥远，或道路状况不佳，则选用独脚拔杆或人字拔杆、桅杆式起重机等简易起重机械，往往可提早开工，能满足进度要求，且成本低。

对于多层装配式结构，由于上层构件安装高度高，常选用大起重量履带起重机或普通塔式起重机（轨道式或固定式）。对于高层或超高层装配式结构，则需选用附着式塔式起重机或内爬升式塔式起重机。内爬升式塔式起重机的优点是自重轻，不随建筑物高度的增加而接高塔身，机械多安装在结构中央，需吊装的构件距塔身近，因而可选用较小规格的起重机；其缺点是施工荷载（含塔机自重、风荷载、起吊构件重等）由需建造的结构负担，工程结束后，需另设机械设备进行拆除，立塔部位的构件须在塔机爬升或拆除后补装。附着式塔式起重机安装在建筑物外侧，可避免内爬升式塔式起重机的上述缺点，但起吊作业中需安装许多距塔身较远的构件，工作幅度大，要求选用较大规格的起重机，同时占用场地多，需随建筑物的升高安装附着杆，且起重机的塔身接高也较复杂。

(2) 起重机型号的选择

选择起重机的原则是：所选起重机的 3 个工作参数，即起重量 Q、起重高度 H 和工作幅度(回转半径)R 均必须满足结构吊装要求。

2) 单位工程结构吊装方法

按构件的吊装次序可分为分件吊装法、节间吊装法和综合吊装法。

(1) 分件吊装法

分件吊装法是指起重机在单位吊装工程内每开行一次只吊装一种构件的方法。本法的主要优点是：①施工内容单一，准备工作简单，因而构件吊装效率高，且便于管理；②可利用更换起重臂长度的方法满足各类构件的吊装。

主要缺点是：①起重机行走频繁；②不能按节间及早为下道工序创造工作面；③屋面板吊装往往另需辅助起重设备。

(2) 节间吊装法

节间吊装法是指起重机在吊装工程内的一次开行中，分节间吊装完各种类型的全部构件或大部分构件的吊装方法。本法的主要优点是：①起重机行走路线短；②可及早按节间为下道工序创造工作面。

主要缺点是：①要求选用起重量较大的起重机，其起重臂长度要一次满足吊装各种构件的要求，因而不能充分发挥起重机的技术性能；②各类构件均须运至现场堆放，吊装索具更换频繁，管理工作复杂。

(3) 综合吊装法

综合吊装法是指建筑物内一部分构件采用分件吊装法吊装，一部分构件采用节间吊装法吊装的方法。此法吸取了分件吊装法和节间吊装法的优点，是建筑结构中较常用的方法。普遍做法是：采用分件吊装法吊装柱、柱间支撑、吊车梁等构件；采用节间吊装法吊装屋盖的全部构件。

3) 结构吊装顺序

结构吊装顺序是指一个单位吊装工程在平面上的吊装次序。例如，在哪一跨始吊，从何节间始吊；如果划分施工段，其流水作业的顺序如何等。

确定吊装顺序需注意以下几点：

①应考虑土建和设备安装等后续工序的施工顺序，以满足整个单位工程施工进度的要求。如某一跨度内，土建施工复杂或设备安装复杂，需较长的工作天数，则往往要安排该跨度先吊装，以便让后续工序尽早开工。

②尽量与土建施工的流水顺序相一致。

③满足提高吊装效率和安全生产的要求。

④根据吊装工程现场的实际情况(如道路、相邻建筑物、高压线位置等)，确定起重机从何处始吊，从何处退场。

4) 吊装构件的平面布置

进行结构构件的平面布置时，一般应考虑以下 3 项原则：

①满足吊装顺序的要求，简化机械操作　即将构件堆放在适当位置，使起吊安装时，

起重机的跑车、回转和起落吊杆等动作尽量减少，保证起重机的行驶路线畅通和安全回转。

②"重近轻远"　即将重构件堆放在距起重机停点比较近的地方，轻构件堆放在距停点比较远的地方。单机吊装接近满荷载时，应将绑扎中心布置在起重机的安全回转半径内，并应尽量避免起重机荷载行驶。

③便于堆放　重屋架应按上述第 4 点办理，对于轻屋架，如起重机可以负荷行驶，可两榀或三榀靠柱子排放在一起。现场预制构件要便于支模、运输、浇筑混凝土，以及便于抽芯、穿筋、张拉等。

【任务实施】

就近联系工地，通过实地考察，根据以下的参考案例来学习柱、梁、板的吊装方案，并形成参观总结报告，返校后完成相应施工方案编制。

参考案例：某工程由两栋单层厂房组成，均为地上 1 层排架结构，厂房 1 的层高从 14m 到 29m 逐渐变化；厂房 2 的层高为 23m；所有柱子均为钢筋混凝土预制柱，两厂房约 146 根柱子，最高预制柱高度为 29m，最大柱重量约为 65t。设计上柱子支撑采用剪刀撑，剪刀撑位于 2~3 轴、10~11 轴、17~18 轴。试组织该预制柱的吊装工程施工。

注意事项：施工方案中必须包含以下内容：柱的绑扎方法、绑扎位置和绑扎点数、吊起方法、对位和临时固定、校正和最后固定、施工过程中的安全技术要求等。

1. 跨度 12m 厂房解决方案

图 7-27 为使用 W_1-100 型起重机吊装跨度 12m 厂房的柱子、屋面梁现场预制布置情况。柱分两侧斜向布置，屋面梁在跨外纵向布置。起重机吊柱时回转半径为 7m，吊屋面梁时回转半径为 9m。

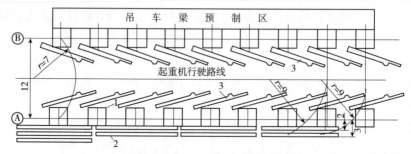

图 7-27　12m 跨厂房的柱、屋面梁现场预制布置（单位：m）

1—基坑；2—屋面梁；3—柱子

2. 跨度 18m 厂房解决方案

图 7-28 为使用 W_1-100 型起重机吊装跨度 18m 厂房的柱子、屋架现场预制布置的实例。柱子分两侧纵向布置，一侧在跨内，一侧在跨外。屋架平卧纵向布置。起重机吊距杯口近的一排柱子时回转半径为 7m；吊距杯口远的一排柱子时回转半径为 8m。用斜吊法吊柱子时，所有柱子的牛腿均应向跨内排放。

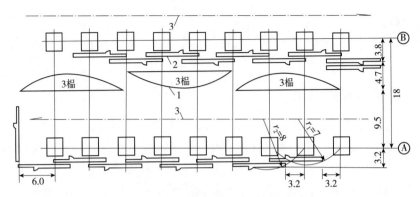

图 7-28 18m 跨厂房的柱、屋架现场预制布置(单位：m)

1—屋架(叠制 3 榀)；2—柱子；3—起重机行驶路线

3. 跨度 30m 厂房解决方案

图 7-29 为跨度 30m 厂房的柱子、屋架现场预制布置。柱子分两侧斜向布置，一侧在跨内，一侧在跨外，屋架平卧靠近Ⓑ轴在跨内斜向布置，每堆 3 榀。屋架扶直后竖立排放于Ⓐ轴一侧。

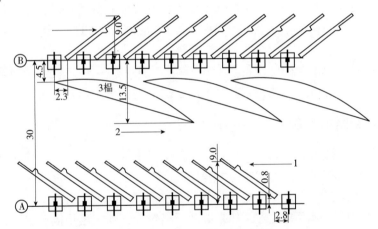

图 7-29 30m 跨厂房的柱子、屋架现场预制布置(单位：m)

1—起重机吊柱子的行驶路线；2—起重机扶直屋架的行驶路线

【考核评价】

考核评定方式	评定内容	分值	得分
自评	团队协作	10	
	参观总结报告	10	
互评	团队协作	20	
教师评定	考勤	10	
	团队协作	20	
	参观总结报告	30	
总 分			

【知识拓展】

结构安装工程具有设备重，吊装工艺复杂等特点，所以结构安装工程的安全技术显得特别重要。

1. 防止起重机倾翻措施

①起重机的行驶道路必须平整坚实。如果土质松软，需铺设道木或路基箱。起重机不得停置在斜坡上工作，也不允许起重机的两个履带一高一低。当起重机通过墙基或地梁时，应在墙基两侧铺垫道木或石子，以免直接碾压在墙基或地梁上。

②应尽量避免超载吊装，但在某些特殊情况下难以避免时，应采取措施，如在起重机起重臂上拉缆绳或在其尾部增加平衡重等。起重机增加平衡重后，在卸载或空载时，起重臂必须落到与水平线夹角为60°以内，在操作时应缓慢进行。

③禁止斜吊。当将捆绑重物的吊索挂上吊钩后，吊钩滑车组要与地面垂直，不能与水平线形成一个夹角。斜吊会造成超负荷及钢丝绳出槽，甚至造成拉断绳索。斜吊还会使重物在离开地面后发生快速摆动，可能碰伤人或其他物体。

④应尽量避免负荷行驶，如果需短距离负荷行驶，只能将构件吊离地面300mm左右，且要慢行，并将构件转至起重机的前方拉好溜绳，控制构件摆动。

⑤当双机抬吊时，要根据起重机的起重能力进行合理的负荷分配，并在操作时要统一指挥，互相密切配合。在整个抬吊过程中，两台起重机的吊钩滑车组均应基本保持垂直状态。

⑥不吊重量不明的重大构件设备。指挥人员应使用统一指挥信号，信号要鲜明准确。起重机驾驶人员应听从指挥。禁止在6级风的情况下进行吊装作业。

2. 防止高空坠落措施

①操作人员在进行高空作业时，必须正确使用安全带。安全带一般应高挂低用，即将安全带绳端的钩环挂于高处，而人在低处操作。

②在高空使用撬杠时，人要立稳，如果附近有脚手架或已安装好构件，应一手扶住，一手操作。撬杠的插进深度要适宜，如果撬动距离较大，则应逐步撬动，不宜急于求成。

③工人如果需在高空作业，应尽可能搭设临时操作台。如果需在悬空的屋架上弦行走，应在其上设置安全栏杆。

④在雨期或冬季，必须采取防滑措施，操作人员不得穿硬底皮鞋上高空作业，在脚手板上通行时，应思想集中，防止踏上探头板。安装有预留孔洞的楼板或屋面板时，应及时用木板盖严。

3. 防止高空落物伤人措施

①地面操作人员必须戴安全帽。

②高空操作人员使用的工具、零配件等，应放在随身佩戴的工具袋内，不可随意向下丢掷。

③在高空用气割或电焊切割时，应采取措施，防止火花落下伤人。

④地面操作人员，应尽量避免在高空作业面的正下方停留或通过，也不得在起重机的

起重臂或正在吊装的构件下停留或通过。

⑤构件安装后，必须检查连接质量，只有连接确实安全可靠，才能松钩或拆除临时固定工具。

⑥吊装现场周围应设临时栏杆，禁止非工作人员入内。

任务7-3　编写吊装工程施工方案及安全技术交底报告

【工作任务】

现场参观钢结构全装配式工业厂房吊装工程，编写工业厂房吊装工程施工方案及安全技术交底文件。

【知识准备】

1. 钢结构基础知识

钢结构是指用钢材(型材、板材)制成一定形式的构件或零部件，再用一定的连接方法连接而成的结构。因其具有重量轻、强度高、韧性和塑性好、加工制作方便等诸多优点而广泛应用在建筑工程、桥梁工程中。

1) 钢结构制作准备工作

钢结构制作是一项复杂的工作，一般由专业厂家或承包单位依据施工图设计和加工制作。在钢结构制作前必须做好准备工作。

(1) 施工详图的设计

钢结构构件的制作、加工必须以施工详图为依据，而施工详图则应根据设计单位提供的设计图进行绘制。一般设计单位提供的设计图不能直接用来加工制作钢构件，而是要考虑加工工艺，如公差配合、加工余量、焊接控制等因素后，在设计单位提供的原设计图的基础上绘制施工详图(又称加工制作图)。施工详图设计一般由加工单位负责进行。

(2) 图纸审查

图纸审查主要是对设计单位编制的设计图及专业厂家或施工单位编制的施工详图进行全面审查。

图纸审查后要做技术交底准备，技术交底内容主要有：根据构件尺寸考虑原材料对接方案和接头在构件中的位置；考虑总体的加工工艺方案及重要的安装方案；对构件的结构不合理处或施工有困难的地方，要与需方或者设计单位做好变更签证的手续；列出图纸中的关键部位或者有特殊要求的地方，加以重点说明。

(3) 备料和核对

为了尽快备齐各种所需材料，一般应在工艺详图设计的同时进行，如此就不会因材料耽误施工。备料时根据施工图纸材料表计算出各种材质、规格、材料净用量，再加一定数量的损耗提出材料预算计划。工程预算一般可按实际用量所需的数值再增加10%进行提料和备料。备料一般分为定尺材料和非定尺材料，定尺材料需要进行排版，而非定尺材料只需进行计算重量。

核对来料的规格、尺寸和重量，并仔细核对材质，如进行材料代用，必须经过设计部门同意。

(4) 工艺准备

一般钢结的构件在制作、安装前，需对所用材质进行检验试验（如基本材料复验、连接材料复验、工艺试验），以确保构件的制作质量。

工艺规程是钢结构制作中主要的、根本性的指导性文件，也是生产制作中最可靠的质量保证。钢结构工程施工前，应按施工图纸及技术文件的要求，编制出科学合理的施工工艺规程，用于指导、控制施工过程。工艺规程必须经过严格审批，一经制定并审核必须严格执行，不得随意更改。

除了上述准备以外，还有单元划分，编制工艺流程表、工艺流程卡，配料与材料拼接，确定焊接收缩量及加工余量，工艺装备、加工工具准备等工作。

(5) 组织技术交底

钢结构构件制作、加工前，上岗操作人员应进行培训和考核，特殊工种应进行资格确认，做到持证上岗，并充分做好各项工序的技术交底工作。技术交底按工程的实施阶段可分为两个层次：开工前的技术交底和投料加工前的技术交底。

(6) 生产场地布置

钢结构是由大量构件组成的，这些构件的制作、加工需要一定的加工场地，并进行合理的布置，以满足生产制作的需要。

2) 钢结构构件加工制作工艺流程

钢结构构件的加工、制作一般由专业厂家或承包单位完成，其加工、制作工艺流程为：放样→切割下料→矫正平直→边缘加工→制孔→拼装等。

(1) 放样

放样是根据钢结构构件施工详图或构件加工图要求的形状和尺寸，按照1:1的比例把产品或零件的实形画在放样盒或平板上，并核对图纸的安装尺寸和孔距，根据实样制作样板和样杆，作为切割和制孔的依据。

(2) 切割下料

切割下料就是将放样好的零件形状从原材料上进行下料分离，钢材的切割可以通过切制来实现。切割前，应将钢材切制区域表面的铁锈、污物等清除干净，以保持切割件的干净和平整；切割后，应清除熔渣和飞溅物。

(3) 矫正平直

为保证钢结构构件的制作及安装质量，必须对不符合标准的材料、构件进行矫正平直。钢结构的矫正平直是指对表面不平整或变形较大的材料、构件通过外力或加热作用，使钢材较短部分的纤维伸长，或使较长的纤维缩短，迫使钢材变形，使材料或构件达到平直及一定几何形状的要求并符合技术标准的工艺方法。钢材矫正平直的内容有钢板的平直度、型钢的挠曲度以及翼缘对腹板的垂直度等。

(4) 边缘加工

钢结构构件加工制作时，对焊接坡口及加劲板、腹板、翼缘板等都需进行边缘加工。边缘加工的方法有刨边、铣边、铲边等。焊缝坡口可采用半自动、自动气割机坡口切割。

(5) 制孔

制孔是指按施工详图要求在构配件或零件上成孔。当钢结构的连接节点采用螺栓连接或螺栓与焊接并用的连接时,钢构件制孔质量的好坏,直接影响到钢结构的安装精度以及安装的顺利与否,尤其对于柱和梁连接部位的孔群。根据成孔工艺的不同,制孔的方法有钻孔和冲孔 2 种。

(6)拼装

拼装是把加工制作完成并经矫正、检查合格的零件按照施工详图的要求拼装成单个构件。单个构件的大小应根据运输道路、现场条件、运输及安装机械设备能力与结构受力的允许条件来确定。

3)钢结构构件的连接

钢结构是通过连接将板材或型钢组合成构件,再由构件组合成整体结构。因此,连接在钢结构中起着重要的作用。钢结构构件连接方法通常有焊接连接、螺栓连接和铆钉连接。

(1)焊接连接

焊接连接是现代钢结构最主要的连接方式,它的优点是任何形状的结构都可用焊接连接,构造简单。焊接连接一般不需要拼接材料,省钢省工,而且能实现自动化操作,生产效率高。但是,焊缝质量易受材料、操作的影响。

钢结构的焊接方法最常用的有电弧焊、气体保护焊、自保护电弧焊、埋弧焊、螺柱焊接等。

(2)螺栓连接

螺栓连接根据螺栓材质、加工精度、安装方法及工作原理的不同,分为普通螺栓连接和高强度螺栓连接。

普通螺栓连接即将普通螺栓、螺母、垫圈和连接构件连接在一起形成的一种连接形式。

高强度螺栓连接根据受力性能的不同,可分为摩擦型连接、承压型连接和承拉型连接 3 种。其中摩擦型连接是目前钢结构广泛采用的连接形式。

(3)各种连接方法的特点及适用范围(表 7-1)

表 7-1 连接特点及适用范围

连接方法		特点	适用范围
焊接连接		①构造简单,加工方便,易于自动化操作; ②不削弱构件截面,可节约钢材; ③对疲劳较敏感	除少数直接承受动力荷载的结构连接外,广泛用于工业及民用建筑钢结构中
普通螺栓连接	A 级、B 级	①栓杆与孔壁间隙小,制造和安装较复杂,费工、费料; ②可承受拉力和剪力	用于有较大剪力的构件连接
	C 级	①栓杆与孔壁间隙较大,结构拆装方便; ②只能承受拉力; ③不易节约材料	用于经常拆卸或承受拉力的构件连接
高强度螺栓连接		①连接紧密; ②受力好,耐疲劳; ③安装施工方便; ④便于养护和加固	①用于直接承受动力荷载的结构连接; ②钢结构现场拼装和高空安装的重要部位; ③不宜焊接而采用铆钉连接的部位

2. 钢结构单层工业厂房安装准备、吊装工艺

钢结构单层工业厂房一般由基础、钢柱、柱间支撑、吊车梁、屋架、上下弦支撑、檩条、屋面板和墙体等构件组成。钢结构吊装是将构件通过水平、垂直移运而组合、装配成整体。吊装前，必须根据建筑物特点、构件形式、施工现场环境和吊装工艺制定切实可靠的吊装方案，并将施工方案向施工人员做详细的技术交底。

1) 钢结构单层工业厂房安装准备

①编写制订施工组织设计，简要描述工程概况，全面统计工程量，正确选择施工机具和施工方法。合理制定安装顺序，详细拟订主要安装技术措施，严格制定安装质量标准和安全标准，认真编制工程进度计划、劳动力使用计划以及材料供应计划等。

②钢结构安装前，按构件明细表核对进场的构件，核查质量证明书、设计变更文件、加工制作图、设计文件、构件进场所提交的技术资料。

③吊装前，对重要的起吊机械、工具、钢丝绳等进行检验，确保具备可靠的性能；对吊装设备和稳定性较差的构件，进行稳定性验算，必要时应进行临时加固。大型构件和细长构件的吊点位置和吊环构造应符合设计或施工组织设计的要求，对于大型或特殊的构件，吊装前应进行试吊，确认无误后方可正式起吊。

④吊装施工前，掌握当天现场的风力、天气、气温等环境条件，以确保安装的顺利及安全。

⑤钢结构安装前，对钢结构设计图、加工制作图、基础图及其他必要的图纸和技术文件进行自审和会审，以明确图纸设计的意图及要求。

⑥在吊装钢构件之前，应检查构件的外形和几何尺寸，如有偏差应在吊装前设法消除，并用墨线标出各构件的相应面的中心线及轴线，以便校正构件的平面位置、垂直度、标高等。对不易辨别上下、左右的构件，应在构件上加以标明，以免吊装时出错。

⑦钢构件吊装前，根据施工组织设计要求的施工顺序，分单元成套供应。运输时，应根据构件的长度、重量选择车辆。钢构件在运输车辆上的支点、两端伸出的长度及绑扎方法均应保证构件不产生变形，不损伤涂层。

⑧钢结构柱基一般采用钢筋混凝土阶梯或独立基础，柱基顶面通常设计为一平面，通过锚栓或地脚螺栓将钢柱与基础连成整体。施工前，需对柱基进行验收。

2) 钢结构单层工业厂房吊装工艺

(1) 钢柱的吊装

①钢柱的吊升　钢结构单层工业厂房的吊装通常采用自行式起重机或塔式起重机，其钢柱的吊装方法与钢筋混凝土排架结构单层工业厂房柱类似，可采用旋转吊装法和滑行吊装法，对重型钢柱可采用双机抬吊的方法进行吊装。

②钢柱的校正　包括平面位置、标高、垂直度的校正。平面位置的校正可用经纬仪从两个方向检查钢柱的安装准线。在吊升前应安放标高控制块以控制钢柱底部标高。垂直度的校正用经纬仪检验，如超过允许偏差，可用千斤顶进行校正。在校正过程中，随时观察柱底部和标高控制块之间是否脱空，以防校正过程中造成水平标高的误差。为防止钢柱校正后的轴线位移，应在柱底板四边用10mm厚钢板定位，柱复校后，紧固地脚螺栓，并将

承重块上下点焊固定，防止走动。

（2）吊车梁的吊装

①吊车梁的吊升　在钢柱吊装完成并经校正固定和柱间支撑安装后，即可进行吊车梁吊装。吊车梁可采用自行式起重机吊装，也可采用塔式起重机、桅杆式起重机等吊装，但以履带式起重机应用最多。对大型吊车梁，可采用双机抬吊。

吊车梁均为简支梁，梁端之间应留有10mm左右的空隙。梁与牛腿之间设钢垫板，并用螺栓连接，梁与制动架之间用高强螺栓连接。

吊车梁吊装前必须密切注意钢柱吊装后的位移和垂直度的偏差，认真做好临时标高垫块工作，实测吊车梁搁置处梁高制作的误差，严格控制定位轴线。

②吊车梁的校正　吊车梁吊装过程中需校正内容为：标高、垂直度、轴线和跨距等。

标高的校正可在屋盖吊装前进行，其他项目的校正宜在屋盖吊装完成后进行，因为屋盖的吊装可能引起钢柱在跨向移位。

吊车梁轴线的检验，以跨距为准，可采用通线法对各吊车梁逐根进行检验。也可用经纬仪在柱侧面放一条与吊车梁轴线平行的校正基线，作为吊车梁轴线校正的依据。

吊车梁跨距的检验，用钢卷尺量测，跨度大时，应用弹簧秤拉测，并调整拉力为100~200N，以防止卷尺下垂。必要时应对下垂度进行校正计算。

吊车梁标高校正，主要是对梁做高低方向上的移动，可采用千斤顶或起重机等；轴线和跨距的校正是对梁做水平方向上的移动，可采用撬棍、钢楔、花篮螺栓、千斤顶等工具。

③屋架的吊装与校正　钢屋架的侧向刚度较差，翻身扶直、吊升时，必要的情况下应进行临时加固。钢屋架吊可采用自行式起重机、塔式起重机或桅杆式起重机等，一般根据屋架的跨度、质量和安装高度，选用不同的起重机和吊装方法。

钢屋架的侧向稳定性较差，在起重机的起重量和起重臂的长度允许时，应先将两跨屋架及其上部的天窗架、檩条、支撑等拼装成整体，再进行吊装。

钢屋架校正的内容主要包括垂直度和弦杆的正直度，垂直度用垂球检验，弦杆的正直度用拉紧的测绳进行检验。

钢屋架校正无误后，用焊接或高强度螺栓固定。

【任务实施】

1. 编制吊装工程施工方案

施工方案必须包含以下内容：①简述工程概况；②统计工程量；③选择施工机具和施工方法；④合理制定安装顺序，拟定主要安装技术措施，制定安装质量标准和安全标准；⑤编制工程进度计划、劳动力使用计划以及材料供应计划等。

2. 编制安全技术交底文件

安全技术交底文件应包含以下内容：

（1）防止起重机事故措施

例如，起重机的行驶道路必须平坦坚实，避免超载吊装，禁止斜吊，避免带载行走，吊索需经过计算，绑扎方法应正确牢靠，工具应定期检查，严禁起吊重物长时间悬挂在空中等。

(2) 防止高处坠落措施

例如，正确使用安全带，雨天和雪天进行高处作业时，必须采取可靠的防滑、防寒和防冻措施，设置防护栏杆、安全网等防坠落措施，搭设牢固可靠的操作台等。

(3) 防止高处落物伤人措施

例如，必须戴安全帽，地面操作人员应尽量避免在高空作业面的正下方停留或通过，也不得在起重机的起重臂或正在吊装的构件下停留或通过，连接安全可靠后才能松钩或拆除临时固定工具，设置吊装禁区，禁止与吊装作业无关的人员入内等。

(4) 防止触电措施

例如，必须有现场电气线路及设备位置平面图，起重机不得靠近架空输电线路作业，防止触电，应有避雷防触电设施，各种用电机械必须有良好的接地或接零，在雨天或潮湿地点作业的人员应穿戴绝缘手套和绝缘鞋，大风雪后应对供电线路进行检查，防止断线造成触电事故等。

【考核评价】

考核评定方式	评定内容	分值	得分
自评	团队协作	10	
	方案及安全交底文件	10	
互评	团队协作	20	
教师评定	考勤	10	
	团队协作	20	
	方案及安全交底文件	30	
总　分			

【知识拓展】

钢结构单层厂房安装工程常见质量问题

(1) 钢柱安装时违反操作规程，像蜡烛一样逐根单插起来，当天又无法形成稳固的框架单元，风大易倒塌。

(2) 无安装工艺，安装构件无顺序。钢柱安装完毕后，应尽快把钢柱底部的垫块垫平焊牢，然后用细石密实。

(3) 锚固螺栓高低不一，柱脚平面事先未测，预埋时移位，形成柱偏位。应先测后埋。

(4) 安装高强度螺栓，可能出现以下问题：露牙不足，甚至低于螺母；螺栓未拧紧，扭剪型的未拧断梅花头，大六角的没有初拧终拧标记；安装时摩擦面的防护纸未撕掉；高强度螺栓作临时固定用，安装后48h内未漆封；未做扭矩与轴力复试，紧固力矩未按规定计算；摩擦系数试验不到位，有的不做，有的只做一组；拉杆螺栓未拧紧，拉杆不直，腰圆孔未用大垫圈，造成螺母与母材接触面太小，极易穿孔。

(5) 现场焊缝普遍不到位。如刚性连接衬垫焊间隙太小，无法焊透，垫板极易脱落；衬垫板规格不符合要求，甚至用钢筋代替；焊缝的成形不好，高低不平，宽窄不一，飞溅、焊瘤未清除、咬肉、气孔较多；弧头、弧尾不加引熄弧板，出现凹陷等。

（6）图纸会审不仔细，造成安装质量缺陷。如设计图纸未注明在吊车梁翼板上钻孔，施工单位也未提出，结果在安装轨道时采用焊接。造成吊车梁下挠，违反了强制性条文中有关吊车梁不允许下挠的规定。

（7）围护彩钢板拼缝不密贴，收边不良，影响对雨水的防渗漏和美观。

复习思考题

一、单项选择题

1. 完成结构吊装任务主导因素是正确选用(   )。
   A. 起重机　　　　B. 塔架　　　　C. 起重机具　　　　D. 起重索具
2. 当柱子平卧、抗弯强度不足时宜采用(   )绑扎法。
   A. 斜吊　　　　B. 直吊　　　　C. 旋转　　　　D. 滑行
3. 单层厂房结构安装施工方案中，吊具不需经常更换、吊装操作程序基本相同、起重机开行路线长的是(   )。
   A. 分件吊装法　　B. 综合吊装法　　C. 一般吊装法　　D. 滑行吊装法
4. 单层厂房结构安装屋架时，吊索与水平线的夹角不宜小于(   )，以免屋架承受过大的横向压力。
   A. 30°　　　　B. 45°　　　　C. 60°　　　　D. 75°
5. 屋架的堆放方式除了有纵向堆放外，还有(   )。
   A. 横向堆放　　B. 斜向堆放　　C. 叠高堆放　　D. 就位堆放
6. 柱绑扎是采用直吊绑扎法还是斜吊绑扎法主要取决于(   )。
   A. 柱的重量　　B. 柱的截面形式　　C. 柱宽面抗弯能力　　D. 柱窄面抗弯能力
7. 柱起吊有旋转法与滑引法，其中旋转法需满足(   )。
   A. 两点共弧　　B. 三点共弧　　C. 降钩升臂　　D. 降钩转臂
8. 单层厂房结构安装施工方案中，分件吊装法是起重机开行一次吊装(   )。
   A. 一种构件　　B. 两种构件　　C. 所有各类构件　　D. 数种构件

二、多项选择题

1. 装配式结构建筑采用分件安装法具有(   )的优点，故采用较多。
   A. 每次只安装同类构件
   B. 不需经常更换索具，重复操作多，效率高
   C. 结构稳定性好
   D. 起重机移动较少
2. 柱子的斜吊法具有(   )的优点。
   A. 绑扎方便，不需要翻动柱身　　B. 要求起重高度小
   C. 柱子在起吊时抗弯能力强　　　D. 要求起重高度大
   E. 绑扎时需要翻动柱身
3. 单层厂房结构安装施工方案中，应着重解决的是(   )问题。
   A. 起重设备的选择　　B. 结构吊装方法

  C. 起重机开行路线   D. 构件平面布置
4. 单层厂房结构安装施工方案中，综合吊装法的主要缺点是(　　)。
  A. 起重机开行路线短   B. 构件校正困难
  C. 停机点位置少   D. 平面布置复杂
  E. 起重机操作复杂

三、简答题

1. 简述单层工业厂房结构工程的准备工作。
2. 简述杯形基础吊装前对杯底抄平和杯口顶面弹线的工艺。
3. 简述柱子的吊装方法及技术要求。
4. 简述屋架的吊装工艺。
5. 结构安装时如何选择起重机的类型和型号？
6. 单层工业厂房结构安装时构件平面布置的要求是什么？
7. 单机吊装柱时常用哪些方法？各有何特点？
8. 简述吊车梁的吊装工艺。

项目 8　砌筑工程施工

【项目情景】

学院建工大楼的楼板为现浇钢筋混凝土楼板，板厚 120mm。墙体填充采用水泥砖和加气混凝土砌块相结合，外墙需搭设脚手架，采用扣件式钢管脚手架。假如您是施工员，该如何保证墙体砌筑施工质量？如何组织脚手架施工？

【学习目标】

≫ 知识目标

1. 了解砌筑工程各种墙体材料的特点和基本性能。
2. 熟悉砌筑工程的安全技术及质量通病防治。
3. 熟悉砌体工程脚手架搭设要求。
4. 熟悉砌筑工程对材料的要求，熟悉常用砌筑用脚手架及垂直运输机械。
5. 掌握各种墙体组砌方式、施工工艺和质量要求。

≫ 能力目标

1. 会编制常用砖砌体施工方案并组织施工。
2. 会进行砌体施工质量控制和安全管理
3. 会结合项目实际情况编制砌筑用脚手架安装方案。
4. 会进行脚手架施工质量控制和安全管理。

≫ 素质目标

1. 培养收集信息和编制工作计划的能力。
2. 培养观察、分析、判断、解决问题的能力和创新能力。
3. 培养组织、协调和沟通能力。
4. 培养认真的工作态度、责任心、团队意识、协作能力。

任务 8-1　组织砖砌体施工

【工作任务】

学院建工大楼，外墙采用 200mm 厚加气混凝土砌块，规格 200mm×200mm×600mm，砌块强度级别 A5.0，体积密度级别 B06。三层以上内墙：200mm 厚，采用 190mm 粉煤灰（陶粒）小型空心砌块；三层以下内墙：120mm 墙厚，采用标准水泥砖，规格 240mm×115mm×53mm，强度级别 MU10。砂浆采用混合砂浆，强度等级 M5。请组织该办公楼的砖砌体工程施工。

【知识准备】

对砖混结构来说，墙既是承重构件，又是围护和分隔构件；砖混结构自重大，整体性、延性较差，抗震能力较弱，容易出现各种墙体裂缝；加设混凝土圈梁、构造柱后整体性、延性和抗裂性都有所提高，但建筑高度仍受到限制。对混凝土框架结构、框架－剪力墙结构来说，墙只是围护和分隔构件，砌体作用从结构承重改变成围护分隔。

1. 砌筑材料

1) 砌筑砂浆

(1) 砌筑砂浆的强度等级

宜采用 M20、M15、M10、M7.5、M5、M2.5。砌筑砂浆的分层度不得大于 30mm。水泥砂浆中水泥用量不应小于 200kg/m³；水泥混合砂浆中水泥和掺加料总量宜为 300～350kg/m³。

(2) 砌筑砂浆的稠度

应按表 8-1 的规定选用。

表 8-1 砌筑砂浆的稠度

砌体种类	砂浆稠度(mm)
烧结普通砖砌体	70~90
轻骨料混凝土小型空心砌块	60~90
砌体烧结多孔砖、空心砖砌体	60~80
烧结普通砖平拱式过梁	50~70
空斗墙、筒拱	50~70
普通混凝土小型空心砌块	50~70
砌体加气混凝土砌块砌体	50~70
石砌体	30~50

(3) 砂浆拌制及使用

砌筑砂浆应采用砂浆搅拌机进行拌制。砂浆应随拌随用。水泥砂浆和水泥混合砂浆必须分别在拌成后 3h 和 4h 内使用完毕；当施工期间最高气温超过 30℃ 时，必须分别在拌成后 2h 和 3h 内使用完毕。对掺用缓凝剂的砂浆，其使用时间可根据具体情况延长。

(4) 砌筑砂浆质量

砌筑砂浆试块强度验收时，其强度合格标准必须符合以下规定：同一验收批砂浆试块抗压强度平均值必须大于或等于设计强度等级所对应的立方体抗压强度；同一验收批砂浆试块抗压强度的最小一组平均值必须大于或等于设计强度所对应的立方体抗压强度的 0.75 倍。

2) 砌筑用砖

(1) 烧结普通砖

烧结普通砖根据主要原料分为黏土砖、页岩砖、煤矸石砖和粉煤灰砖。

烧结普通砖根据抗压强度分为 MU30、MU25、MU20、MU15、MU10 共 5 个强度等级。

烧结普通砖根据尺寸偏差、外观质量、泛霜和石灰爆裂分为优等品、一等品、合格品 3 个质量等级。优等品适用于清水墙，一等品、合格品可用于混水墙。烧结普通砖的外形为直角六面体,其公称尺寸为：长 240mm、宽 115mm、高 53mm。

(2) 蒸压灰砂砖

蒸压灰砂砖根据抗压强度和抗折强度分为 MU10、MU15、MU20、MU25 共 4 个强度等级。

蒸压灰砂空心砖是以石灰、砂为主要原料,经坯料制备、压制成型、蒸压养护而制成的孔洞率大于 15% 的空心砖。

孔洞采用圆形或其他孔形。孔洞应垂直于大面。蒸压灰砂空心砖根据抗压强度分为 MU25、MU20、MU15、MU10、MU7.5 5 个强度等级。蒸压灰砂空心砖根据强度等级、尺寸允许偏差和外观质量分为优等品、一等品和合格品。

(3) 粉煤灰砖

粉煤灰砖根据抗压强度和抗折强度分为 MU7.5、MU10、MU15、MU20 共 4 个强度等级。

(4) 煤渣砖

煤渣砖是以煤渣为主要原料,掺入适量石灰和石膏,经混合、压制成型、蒸养或蒸压而成的实心砖。煤渣砖根据抗压强度和抗折强度分为 MU7.5、MU10、MU15、MU20 共 4 个强度等级。

3) 砌筑砌块

砌块按形状分为实心砌块和空心砌块。

按制作原料分为混凝土砌块、轻骨料混凝土砌块、加气混凝土砌块、粉煤灰砌块等。加气混凝土砌块是以水泥、矿渣、砂、石灰等为主要原料,加入发气剂,经搅拌成形、蒸压养护而成的实心砌块。按其抗压强度分为：A1、A2、A2.5、A3.5、A5、A7.5、A10 7 个强度等级。加气混凝土砌块按尺寸偏差与外观质量、密度和抗压强度分为优等品、一等品和合格品。

按规格分为小型砌块、中型砌块和大型砌块。小型砌块：高度在 115~380mm；中型砌块：高度在 380~980mm；大型砌块：高度大于 980mm。

4) 砌筑用石

砌筑用石包括料石和毛石两类。

毛石是未经加工的,厚度不小于 150mm、体积不小于 $0.01m^3$ 的石料,分为乱毛石和平毛石。料石是经过加工的石料,外观规矩,按其加工面的平整程度可分为细料石、粗料石和毛料石 3 种。

石料强度分为 MU10、MU15、MU20、MU30、MU40、MU50、MU60、MU80、MU100 共 9 个强度等级。

2. 砖砌体施工

1) 砌筑前准备

选砖：用于清水墙、柱表面的砖,应边角整齐,色泽均匀。

砖浇水：砖应提前 1~2d 浇水湿润,烧结普通砖含水率宜为 10%~15%。

选择砌筑方法：宜采用"三一"砌筑法,即一铲灰、一块砖、一揉压的砌筑方法。当采用铺浆法砌筑时,铺浆长度不得超过 750mm,施工期间气温超过 30℃时,铺浆长度不得超过 500mm。

2) 砖墙组砌方式

砖墙根据其厚度不同,可采用全顺、两平一侧、全丁、一顺一丁、梅花丁或三顺一丁的砌筑形式(图 8 – 1)。

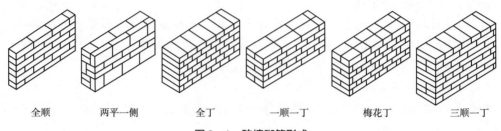

图 8 – 1 砖墙砌筑形式

全顺:各皮砖均顺砌,上下皮垂直灰缝相互错开半砖长(120mm),适合砌半砖厚(115mm)墙。

两平一侧:两皮顺砖与一皮侧砖相间,上下皮垂直灰缝相互错开 1/4 砖长(60mm)以上,适合砌 3/4 砖厚(178mm)墙。

全丁:各皮砖均丁砌,上下皮垂直灰缝相互错开 1/4 砖长,适合砌一砖厚(240mm)墙。

一顺一丁:一皮顺砖与一皮丁砖相间,上下皮垂直灰缝相互错开 1/4 砖长,适合砌一砖及一砖以上厚墙。

梅花丁:同皮中顺砖与丁砖相间,丁砖的上下均为顺砖,并位于顺砖中间,上下皮垂直灰缝相互错开 1/4 砖长,适合砌一砖厚墙。

三顺一丁:三皮顺砖与一皮丁砖相间,顺砖与顺砖上下皮垂直灰缝相互错开 1/2 砖长;顺砖与丁砖上下皮垂直灰缝相互错开 1/4 砖长。适合砌一砖及一砖以上厚墙。

砖墙的转角处、交接处,为错缝需要加砌配砖。图 8 – 2 所示是一砖厚墙一顺一丁转角处分皮砌法,配砖为 3/4 砖,位于墙外角。

图 8 – 3 所示是一砖厚墙一顺一丁交接处分皮砌法,配砖为 3/4 砖,位于墙交接处外面,仅在丁砌层设置。

砖墙的水平灰缝厚度和垂直灰缝宽度宜为 10mm,但不应小于 8mm、大于 12mm。

砖墙的水平灰缝砂浆饱满度不得小于 80%;垂直灰缝宜采用挤浆或加浆方法,不得出现透明缝、瞎缝和假缝。

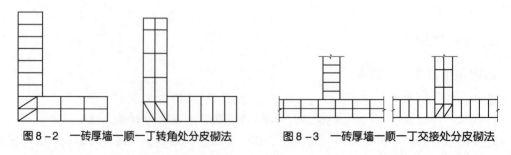

图 8 – 2 一砖厚墙一顺一丁转角处分皮砌法   图 8 – 3 一砖厚墙一顺一丁交接处分皮砌法

在墙上留置临时施工洞口,其侧边离交接处墙面不应小于500mm,洞口净宽度不应超过1m。临时施工洞口应做好补砌。

砖墙每日砌筑高度不得超过1.8m。砖墙工作段的分段位置,宜设在变形缝、构造柱或门窗洞口处;相邻工作段的砌筑高度不得超过一个楼层高度,也不宜大于4m。

3) 施工工艺

砖砌体施工工艺流程:抄平→放线→摆砖→立皮数杆→挂线→砌砖→勾缝和清理等。

(1) 抄平

砌墙前应在基础防潮层或楼面上定出各层标高,并用M7.5水泥砂浆或C15细石混凝土找平,使各段砖墙底部标高符合设计要求。

(2) 放线

确定各段墙体砌筑的位置。根据轴线桩或龙门板上给定的轴线及图纸上标注的墙体尺寸,在基础顶面上用墨线弹出墙的轴线和宽度线,并定出门洞口位置线。二层以上墙的轴线可以用经纬仪或锤球引上。

(3) 摆砖

摆砖是指在放线的基面上按选定的组砌方式用干砖试摆。摆砖的目的是核对所放的墨线在门窗洞口、附墙垛等处是否符合砖的模数,以尽可能减少砍砖,并使砌体灰缝均匀、整齐,同时可提高砌筑的效率。

(4) 立皮数杆

皮数杆是指在其上画有每皮砖和砖缝厚度以及门窗洞口、过梁、楼板、梁底、预埋件等标高位置的一种木制标杆,如图8-4所示。其作用是砌筑时控制砌体竖向尺寸的准确度,同时保证砌体的垂直度。

皮数杆一般立于房屋的四大角、内外墙交接处、楼梯间以及洞口多之处。砌体较长时,可每隔10~15m增设一根。皮数杆固定时,应用水准仪抄平,并用钢尺量出楼层高度,定出本楼层楼面标高,使皮数杆上所画室内地面标高与设计要求标高一致。

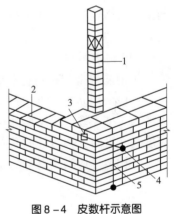

图8-4 皮数杆示意图

1—皮数杆;2—准线;3—竹片;
4—圆铁钉;5—挂线

(5) 挂线

为保证砌体垂直平整,砌筑时必须挂通线,一般二四墙可单面挂线,三七墙及三七墙以上的墙则应双面挂线。

(6) 砌砖

砌砖的操作方法很多,常用的是"三一"砌砖法、挤浆法和满口灰法等。

"三一"砌砖法:即一块砖、一铲灰、一揉压并随手将挤出的砂浆刮去的砌筑方法。这种砌法的优点是:灰缝容易饱满,黏结性好,墙面整洁。故实心砖砌体宜采用"三一"砌砖法。

挤浆法:即用灰勺、大铲或铺灰器在墙顶上铺一段砂浆,然后双手拿砖或单手拿砖,用砖挤入砂浆中一定厚度后把砖放平,达到下齐边、上齐线、横平竖直的要求。这种砌法的优点是：可以连续挤砌几块砖，减少烦琐的动作；平推平挤可使灰缝饱满；效率高。操作时铺浆长度不得超过750mm；气温超过30℃时，铺浆长度不得超过500mm。

(7) 勾缝、清理

清水墙砌完后，要进行墙面修正及勾缝。墙面勾缝应横平竖直，深浅一致，搭接平整，不得有丢缝、开裂和黏结不牢等现象。砖墙勾缝宜采用凹缝或平缝，凹缝深度一般为4~5mm。勾缝完毕，应进行落地灰的清理。

4) 砖墙接槎

砖砌体的转角处和交接处应同时砌筑，严禁在无可靠措施的内外墙分砌施工。对不能同时砌筑而又必须留置的临时间断处应砌成斜槎，斜槎水平投影长度不应小于高度的2/3 (图8-5)。

非抗震设防及抗震设防烈度为6度、7度地区的临时间断处，当不能留斜槎时，除转角处外，可留直槎，但直槎必须做成凸槎。留直槎处应加设拉结钢筋，拉结钢筋的数量为每120mm墙厚放置1φ6拉结钢筋（120mm厚墙放置2φ6拉结钢筋），间距沿墙高不应超过500mm；埋入长度从留槎处算起每边均不应小于500mm，对抗震设防烈度6度、7度的地区，不应小于1000mm；末端应有90°弯钩（图8-6）。

5) 钢筋混凝土构造柱的施工

钢筋混凝土构造柱是从构造角度考虑设置的。结合建筑物的防震等级，在建筑物的四角、内外墙交接处、较长的墙体及楼梯口、电梯间的四个角等位置设置构造柱。构造柱应与圈梁紧密连接，使建筑物形成一个空间骨架，从而提高结构的整体稳定性，增强建筑物的抗震能力。

(1) 构造措施

①钢筋混凝土构造柱截面不应小于240mm×180mm，纵向钢筋一般采用4φ12，箍筋直径一般采用φ6，其间距一般不宜大于250mm，且在柱上下端宜适当加密。当抗震设防裂度为7度、多层房屋超过6层，抗震设防裂度为8度、多层房屋超过5层，或抗震设防裂度为9度时，构造柱的纵向钢筋宜采用4φ14，箍筋间距不应大于200mm。

②构造柱应沿墙高每隔500mm设置2φ6的水平拉结钢筋，拉结钢筋两边伸入墙内不

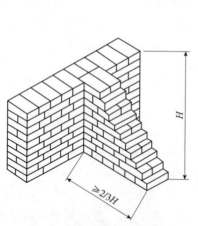

图8-5 烧结普通砖砌体斜槎

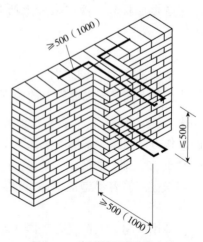

图8-6 烧结普通砖砌体直槎

宜小于1m。当墙上门窗洞边的长度小于1m时，拉结钢筋伸到洞口为止。如果墙体为一砖半墙，则水平拉结钢筋应为3根，如图8-7所示。

③砖墙与构造柱交接处，砖墙应砌成马牙槎。从每个楼层开始，马牙槎应先退槎后进槎，进退槎应大于60mm，每个马牙槎沿高度方向的尺寸不宜超过300mm（或5皮砖高度）。

④构造柱与圈梁连接处，构造柱纵筋应穿过圈梁，以保证纵筋上下贯通，且应适当加密构造柱的箍筋，加密范围从圈梁上下边算起均不应小于层高的1/6或450mm，箍筋间距不宜大于100mm。

⑤构造柱的纵向钢筋应做成弯钩，接头可以采用绑扎方法，其搭接长度宜为35倍钢筋直径，在搭接接头长度范围内箍筋间距不应大于100mm。箍筋弯钩应为135°，平直长度应为10倍钢筋直径。

（2）施工要点

①构造柱的施工程序应为先砌墙后浇混凝土构造柱。施工工艺流程：绑扎钢筋→砌砖墙→支模板→浇混凝土→拆模。

②构造柱的模板可用木模板或组合钢模板。在每层砖墙及其马牙槎砌好后，应立即支设模板，模板必须与所在墙的两侧严密贴紧，支撑牢靠，防止模板缝漏浆。构造柱的底部（圈梁面上）应留出2皮砖高的孔洞，以便清除模板内的杂物，清除后封闭。

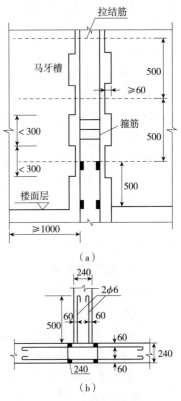

图8-7 构造柱马牙槎及拉结钢筋布置

（a）平面图；（b）立面图

③构造柱浇灌混凝土前，必须将马牙槎部位和模板浇水湿润，将模板内的落地灰、砖渣等杂物清理干净，并在结合面处注入适量与构造柱混凝土强度等级相同的水泥砂浆。

④构造柱的混凝土浇灌可以分段进行，每段高度不宜大于2.0m。在满足施工条件并能确保混凝土浇灌密实时，也可每层浇灌一次。

⑤捣实构造柱混凝土时，宜用插入式混凝土振动器。应分层振捣，振动棒随振随拔，每次振捣的厚度不应超过振动棒长度的1.25倍。振动棒应避免直接碰触砖墙，严禁通过砖墙传振。钢筋混凝土保护层厚度宜为20~30mm。构造柱与砖墙连接的马牙槎内的混凝土必须密实饱满。

⑥构造柱从基础到顶层必须垂直，对准轴线。在逐层安装模板前，必须根据构造柱轴线随时校正竖向钢筋的位置和垂直度。

3. 砌块砌体施工

砌块按形状分为实心砌块和空心砌块2种；按制作原料分为混凝土、加气混凝土、粉煤灰硅酸盐、煤矸石、人工陶粒、矿渣废料等砌块；按规格分为小型砌块、中型砌块和大型砌块。由于砌块规格、型号的多少与砌块幅面尺寸的大小有关，即砌块幅面尺寸大，规格、型号就多；砌块幅面尺寸小，规格、型号就少。因此，合理制定砌块的规格，有助于促进砌块生产的发展，加速施工进度，保证工程质量。本书主要介绍小型空心砌块的施工。

1) 小型空心砌块施工工艺

施工工艺流程：弹出墙体皮线→校正芯柱钢筋位置、砌块预排→砂浆拌制→砌筑→清除坠灰→勾缝→墙体验收→芯柱施工。

①弹出墙体皮线　根据轴线的位置弹出墙体的两条皮线和门窗洞口的位置线。

②校正芯柱钢筋位置、砌块预排　先校正芯柱钢筋位置，按照砌块排列图摆设第一皮砌块，在第一皮砌块全部摆放到位并检查无误后，再开始正式砌筑。

③砌筑、勾缝　同砖墙。

④墙体验收　对墙体的标高、轴线尺寸、平整度、垂直度、灰缝的满饱度，芯柱孔洞内清理等进行检查验收。

2) 施工注意事项

①施工时所用的混凝土小型空心砌块的产品龄期不应小于28d。

②在天气炎热的情况下，可提前洒水湿润小砌块；当小砌块表面有浮水时，不得施工。

③承重墙严禁使用断裂的小砌块。

④小砌块应从转角或定位处开始，内外墙同时砌筑，纵横墙交错搭接。

⑤小砌块墙体应对孔错缝搭砌，搭接长度不应小于90mm。

【任务实施】

1. 施工准备

(1) 技术准备

6~8人一组，共同协作进行砖墙砌筑施工，施工前熟悉设计图纸的要求及注意事项，熟悉砌体工程施工工艺、技术要求和质量验收标准。

(2) 材料准备

施工前根据设计图纸的要求采购砌筑用砖，事先对使用的砌筑用砖、水泥、砂等原材料委托第三方检测机构进行性能检测，各项指标符合要求后才能使用。

(3) 工具准备

准备大铲、瓦刀、灰桶、砖夹、筛子、勾缝条等；激光水平仪、水准仪、经纬仪、钢卷尺、百格网、皮数杆、线坠等工具。

2. 砌筑施工

按图纸要求抄平、弹好墙身轴线、墙边线、门窗洞口和柱子等位置线，接着立皮数杆，然后确定组砌方式(常用的组砌方式有一顺一丁、梅花丁、三顺一丁砌法)。现场排砖，调整灰缝(提前1~2d对砌筑用砖浇水)；根据设计要求拌制砌筑用砂浆；按确定的组砌方式进行砌筑作业；勾缝、清理。

3. 验收

（1）主控项目验收

①砖和砂浆的强度等级必须符合设计要求。

②砌体水平灰缝的砂浆饱满度不得小于80%。

③砖砌体的转角处和交接处应同时砌筑，严禁无可靠措施内外墙分砌施工。对不能同时砌筑而又必须留槎的临时间断处应砌成斜槎，斜槎水平投影长度不应小于高度的2/3。

④外墙转角处严禁留直槎，其他临时间断处留槎做法必须符合施工质量验收规范的规定。要求留槎正确，拉结钢筋设槎数量、直径正确，竖向间距偏差不超过100mm，留槎长度符合设计要求。

（2）一般项目验收

①砖砌体组砌方法应正确，上、下错缝，内外搭砌，墙中长度大于或等于300mm的通缝每间不超过3处，且不得位于同一面墙体上。

②砖砌体的灰缝应横平竖直，厚薄均匀。水平灰缝厚度宜为10mm，但不应小于8mm，也不应大于12mm。

【考核评价】

考核评定方式	评定内容	分值	得分
自评	施工工艺	10	
	团队协作	10	
	成果质量	10	
互评	成果质量	20	
教师评定	考勤	10	
	施工工艺	10	
	团队协作	10	
	成果质量	20	
总　分			

【知识拓展】

1. 框架填充墙的施工

建筑物框架填充墙的砌筑常采用的砌块有空心砖、蒸汽加压混凝土砌块、轻骨料混凝土小型砌块等，严禁使用实心黏土砖。当使用蒸汽加压混凝土砌块、轻骨料混凝土小型砌块时，其产品龄期应超过28d。

施工要点如下：

①填充墙采用烧结多孔砖、烧结空心砖进行砌筑时，材料应提前2d进行浇水湿润。当采用蒸汽加压混凝土砌块砌筑时，应向砌筑面适当浇水。

②多孔砖应采用一顺一丁或梅花丁的组砌形式。多孔砖的孔洞应垂直面受压，砌筑前应先进行干砖试摆。混凝土砌块一般采用一顺一丁的组砌形式。

③墙体的灰缝要求横平竖直,厚薄均匀,并应填满砂浆。

④框架柱和梁施工完成后,应按设计要求砌筑内外墙体,墙体应与框架柱进行锚固,锚固拉结筋的规格、数量、间距、长度应符合设计要求。填充墙拉结筋的设置方法主要有以下几种:

- 在框架柱施工时预埋锚筋,锚筋的设置为沿柱高每500mm配置2ϕ6钢筋,伸入墙内长度,一、二级框架宜沿墙全长布置,三、四级框架不应小于墙长的1/5,且不应小于700mm,锚筋的位置必须准确。砌体施工时,将锚筋凿出并拉直砌在砌体的水平砌缝中,确保墙体与框架柱的连接。

- 框架柱施工时,在规定留设锚筋位置处预留铁块或沿柱高设置2ϕ6预埋钢筋,当进行墙体砌筑施工时,按设计要求的锚筋间距将其凿出与锚筋焊接。

- 先进行框架柱的施工,当进行墙体砌筑时,按设计规定的要求在需要留设锚筋的位置进行拉结锚筋的植筋。当填充墙长度大于5m时,墙顶部与梁应有拉结措施;墙高度超过4m时,应在墙高中部设置与柱连接的通长的钢筋混凝土水平墙梁。

⑤当采用蒸汽加压混凝土砌块、轻骨料混凝土小型砌块施工时,应在墙底部先砌筑烧结普通砖或多孔砖,或现浇混凝土坎台等,其高度不宜小于200mm。

⑥卫生间、浴室等潮湿房间在砌体的底部应现浇宽度不少于120mm、高度不小于100mm的混凝土导墙,待达到一定强度后再在上面砌筑砌体。

⑦门窗洞口的侧壁也应用烧结普通砖镶框砌筑,并与砌块相互咬合。填充墙砌至接近梁底、板底时,应留一定的空隙,待填充墙砌筑完毕并应至少间隔7d后采用烧结普通砖侧砌,并用砂浆填塞密实,以提高砌体与框架间的拉结。

2. 石砌体

砌筑用石有毛石和料石两类。毛石分为乱毛石和平毛石。乱毛石是指形状不规则的石块;平毛石是指形状不规则,但有两个平面大致平行的石块。毛石应呈块状,其中部厚度不宜小于150mm。

1)毛石砌体砌筑要点

毛石砌体应采用铺浆法砌筑。砂浆必须饱满,叠砌面的粘灰面积(即砂浆饱满度)应大于80%。

砌筑毛石基础的第一皮石块坐浆,并将石块的大面向下。毛石基础的转角处、交接处应用较大的平毛石砌筑。

毛石砌基础的扩大部分,如做成阶梯形,上级阶梯的石块应至少压砌下级阶梯石块的1/2,相邻阶梯的毛石应相互错缝搭砌。

毛石基础必须设置拉结石。拉结石应均匀分布。毛石基础同皮内每隔2m左右设置一块。拉结石长度:如基础宽度小于或等于400mm,应与基础宽度相等;如基础宽度大于400mm,可用两块拉结石内外搭接,搭接长度不应小于150mm,且其中一块拉结石长度不应小于基础宽度的2/3。

2)石挡土墙砌筑要点

石挡土墙可采用毛石或料石砌筑。

砌筑毛石挡土墙应符合下列规定：
①每砌3~4皮毛石为一个分层高度，每个分层高度应找平一次。
②外露面的灰缝厚度不得大于40mm，两个分层高度间分层处的错缝不得小于80mm。料石挡土墙宜采用丁顺组砌的砌筑形式。当中间部分用毛石填砌时，丁砌料石伸入毛石部分的长度不应小于200mm。

当设计无规定时，石挡土墙的泄水孔施工应符合下列规定：
①泄水孔应均匀设置，在每米高度上间隔2m左右设置一个泄水孔。
②泄水孔与土体间铺设长300mm、宽300mm、厚200mm的卵石或碎石做疏水层。

挡土墙内侧回填土必须分层夯填，分层松土厚度应为300mm。墙顶土面应有适当坡度使流水流向挡土墙外侧面。

任务8-2　脚手架搭设

【工作任务】
学院建工大楼的首层外墙双排扣件式钢管脚手架，步距1.8m，纵距1.5m，内外立杆横距1m，内力杆距离墙0.3m，连墙件采用3跨2步布置(竖向3.6m或一个楼层高度，水平间距3.6m)，请以小组为单位组织并实施该脚手架的搭设。

【知识准备】
在建筑工程施工中，脚手架和垂直运输设备占有特别重要的地位。这些机械设备选择与使用的合适与否，不仅直接影响施工作业的顺利和安全运行，也关系到工程质量、施工进度等方面，因此在建筑工程施工中，必须结合项目实际情况，选择合适的脚手架和垂直运输设备，确保工程项目保质、保量并顺利实施完成。

1. 脚手架的基本要求与分类

脚手架是指在施工现场为安全防护、工人操作和解决楼层水平运输而搭设的支架，是施工临时设施，也是施工作业中必不可少的工具和手段。脚手架工程对施工人员的操作安全、工程质量、工程成本、施工进度以及邻近建筑物和场地影响都很大。

1) 脚手架的基本要求

①要有足够的宽度(一般为1.5~2.0m)、步架高度(砌筑脚手架为1.2~1.4m，装饰脚手架为1.6~1.8m)，且能够满足工人操作、材料堆置及运输方便的要求。
②应具有稳定的结构和足够的承载力，能确保在各种荷载和气候条件下，不超过允许变形、不倾倒、不摇晃，并有可靠的防护设施，以确保在架设、使用和拆除过程中的安全性。
③应与楼层作业面高度一致，并与垂直运输设施(如施工电梯、井字架等)相适应，以满足材料由垂直运输转入楼层水平运输的需要。
④搭拆简单，易于搬运，能够多次周转使用。

2) 脚手架的分类

脚手架可根据与施工对象的位置关系、支撑特点、结构形式及使用的材料等划分为多种类型。按照与建筑物的位置关系,可划分为外脚手架、里脚手架;按照支固方式,可划分为落地式脚手架、悬挑式脚手架、附墙悬挂脚手架、悬吊脚手架、附着升降脚手架(简称爬架)和水平移动脚手架;按其架构方式,有杆件组合式脚手架、框架组合式脚手架、格构组合式脚手架和台架等,按其设置形式,可分为单排脚手架、双排脚手架、多排脚手架、满堂脚手架等。

2. 多立杆式脚手架

多立杆式脚手架主要由立杆(又称立柱)、纵向水平杆(即大横杆)、横向水平杆(即小横杆)、底座、支撑及脚手板构成受力骨架和作业层,再加上安全防护设施而组成。常用的有扣件式钢管脚手架(扣件式节点)和碗扣式钢管脚手架(碗扣式节点)两种,目前国家大力推广承插型盘扣式脚手架。

1)扣件式钢管脚手架

扣件式钢管脚手架的组成如图8-8所示,它具有承载能力大、装拆方便、搭设高度高、周转次数多、摊销费用低等优点,是目前使用最普遍的周转材料之一。

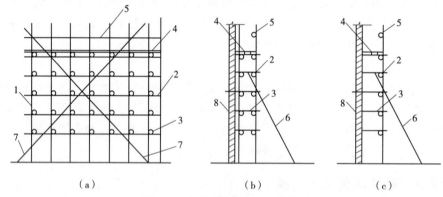

图8-8 扣件式钢管脚手架的组成
(a)立面;(b)侧面(双排);(c)侧面(单排)
1—立杆;2—大横杆;3—小横杆;4—脚手板;5—栏杆;6—抛撑;7—斜撑(剪刀撑);8—墙体

(1)扣件式钢管脚手架主要组成部件及其作用

①钢管 脚手架钢管质量应符合现行国家标准《碳素结构钢》中Q235-A级钢的规定,其尺寸应按表8-2采用。钢管宜采用 $\phi48mm \times 3.5mm$ 的钢管,每根质量不应大于25kg。

表8-2 脚手架钢管尺寸　　　　　　　　　　　　　　　mm

截面尺寸		最大长度	
外径 ϕ	壁厚 t	横向水平杆	其他杆
48	3.5	2200	4000~6500
51	3.0		

根据钢管在脚手架中的位置不同,钢管可分为立杆、大横杆、小横杆、连墙杆、剪刀撑、水平斜拉杆等。

②扣件 扣件是钢管与钢管之间的连接件,其基本形式有3种,如图8-9所示。

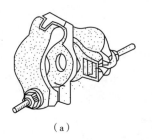 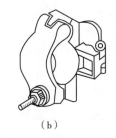 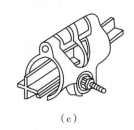

(a) (b) (c)

图 8-9 扣件形式

(a)旋转扣件；(b)直角扣件；(c)对接扣件

旋转扣件(回转扣)：用于两根呈任意角度交叉钢管的连接。

直角扣件(十字扣)：用于两根呈垂直交叉钢管的连接。

对接扣件(一字扣)：用于两根钢管的对接连接。

③脚手板　脚手板是提供施工作业条件并承受和传递荷载给水平杆的板件，可用竹、木等材料制成。脚手板若设于非操作层，起安全防护作用。

④底座　设在立杆下端，承受并传递立杆荷载给地基。

⑤安全网　保证施工安全和减少灰尘、噪声、光污染，包括立网和平网两部分。

(2)扣件式钢管脚手架的构造

扣件式钢管脚手架的基本构造形式有单排架和双排架两种构架形式(图 8-10)。

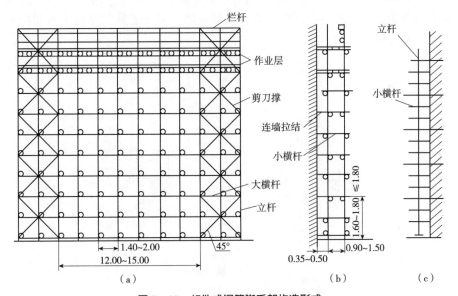

图 8-10 扣件式钢管脚手架构造形式

(a)正立面图；(b)侧立面图(双排)；(c)侧立面图(单排)

(3)扣件式钢管脚手架的搭设与拆除

①扣件式钢管脚手架的搭设　在进行地面硬化后，地面承载力满足要求的情况下，进行脚手架搭设，具体流程为：设通长垫板及底座→内立杆→外立杆(开始搭设时，每间隔 6m 设置一根抛撑，直至连墙件安装稳定后，方可根据情况拆除)→小横杆→大横杆→纵横

向扫地杆→脚手板→连墙件→防护栏杆、踢脚板→安全网。

大横杆步距和小横杆间距如下：

砌筑用——立杆横向间距1.2~1.5m，立杆纵向间距2m；大横杆步距1.2~1.4m。

装饰用——立杆横向间距1.2~1.5m，立杆纵向间距2.2m；大横杆步距1.6~1.8m。

最下一层步距可放大到1.8m，便于底层施工人员的通行和运输。

扫地杆：距离底座上皮不大于200mm，设纵横向扫地杆。

扣件：螺栓拧紧扭力矩不应小于40N·m，且不应大于65N·m。

②扣件式钢管脚手架的拆除　拆除应按由上而下、后搭先拆、先搭后拆的顺序进行。逐根向下传递，不要乱扔，严禁上下同时作业。连墙件必须随脚手架逐层拆除，禁止先将连墙件整层或数层拆除后再拆脚手架；拆除高差大于两步时，应增设连墙件加固。严禁抛扔，卸下的材料应集中堆放。严禁行人进入施工现场，应统一指挥，上下呼应，保证安全。钢管应每年刷一次漆，防止生锈。

2）碗扣式钢管脚手架

碗扣式钢管脚手架或称多功能碗扣脚手架，是多立杆式外脚手架的一种，其杆件节点处采用碗扣连接，由于碗扣是固定在钢管上的，构件全部轴向连接，力学性能好，其接头构造合理，工作安全可靠，组成的脚手架整体性好，不存在扣件丢失问题。

（1）碗扣式钢管脚手架基本构造

碗扣式钢管脚手架的主要构配件有钢管立杆、顶杆、横杆、斜杆、底座和碗扣接头等。其基本构造和搭设要求与扣件式钢管脚手架类似，不同之处主要在于碗扣接头。碗扣接头如图8-11所示。

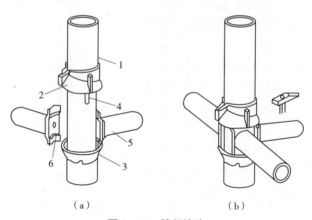

图8-11　碗扣接头

（a）连接前；（b）连接后

1—立杆；2—上碗扣；3—下碗扣；4—限位销；5—横杆；6—横杆接头

碗扣接头是该脚手架系统的核心部件，它由上碗扣、下碗扣、横杆接头和上碗扣的限位销等组成。上碗扣、下碗扣和限位销按600mm间距设置在钢管立杆之上，其中下碗扣和限位销直接焊在立杆上。组装时，将上碗扣的缺口对准限位销后，把横杆接头插入下碗扣内，压紧和旋转上碗扣，利用限位销固定上碗扣。碗扣接头可同时连接4根横杆，可以互相垂直或偏转一定角度。

(2)碗扣式钢管脚手架搭设与拆除

施工工艺流程：底座→立杆→横杆→斜杆→接头锁紧→脚手板→上层立杆→立杆连接→横杆。

①碗扣式钢管脚手架立柱横距为1.2m，纵距根据脚手架荷载可为1.2m、1.5m、1.8m、2.4m，步距为1.8m、2.4m。搭设时立杆的接长缝应错开，第一层立杆应用长1.8m和3.0m的立杆错开布置，往上均用3.0m长杆，至顶层再用1.8m和3.0m两种长度找平。高30m以下脚手架垂直度偏差应在1/200以内，高30m以上脚手架垂直度偏差应控制在1/600~1/400，总高垂直度偏差应不大于100mm。

②斜杆应尽量布置在框架节点上，对于高度在30m以下的脚手架，设置斜杆的面积为整架立面面积的1/5~1/2；对于高度超过30m的高层脚手架，设置斜杆的面积不小于整架面积的1/2。在拐角边缘及端部必须设置斜杆，中间可均匀间隔设置。

③剪刀撑的设置，对于高度在30m以下的脚手架，可每隔4~5跨设置一组沿全高连续搭设的剪刀撑，每道跨越5~7根立杆；对于高度超过30m的高层脚手架，应沿脚手架外侧的全高方向连续设置。

④连墙撑的设置应尽量采用梅花方式布置。对于高度在30m以下的脚手架，可4跨3步设置一个；50m以下的脚手架，至少3跨3步设置一个；50m以上的脚手架，至少3跨2步设置一个。

⑤脚手架在拆除时，应先对脚手架作一次全面检查，清除所有多余物件，并设立拆除区，严禁人员进入。在拆前先拆连墙撑，连墙撑只在拆到该层时才允许拆除。拆除顺序应自上向下逐层进行，严禁上、下两层同时拆除。

3. 承插型盘扣脚手架

为防范化解房屋建筑和市政基础设施工程重大事故隐患，降低施工安全风险，推动住房和城乡建设行业淘汰落后工艺、设备和材料，提升房屋建筑和市政基础设施工程安全生产水平，根据《建设工程安全生产管理条例》等有关法规，住建部组织制定《房屋建筑和市政基础设施工程危及生产安全施工工艺、设备和材料淘汰目录(第一批)》，其中竹(木)材料搭设的脚手架禁止使用，采用承插型盘扣脚手架、扣件式非悬挑钢管脚手架等代替；门式钢管支撑架不得用于搭设满堂承重支撑架体系，采用承插型盘扣式钢管支撑架、钢管柱梁式支架、移动模架等代替。现对承插型盘扣脚手架进行重点介绍。

1)承插型盘扣脚手架的构成

承插型盘扣脚手架由可调顶撑、可调底座、立杆、横杆、斜拉杆组成(图8-12)。

①盘扣节点由焊接于立杆上的连接盘、水平杆杆端扣接头和斜杆杆端扣接头组成(图8-13)。

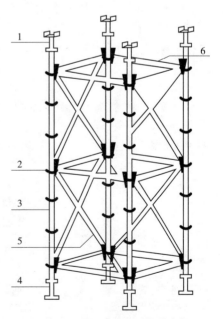

图8-12 承插型盘扣式钢管支架

1—可调顶撑；2—盘扣节点；3—立杆；
4—可调底座；5—斜拉杆；6—水平杆

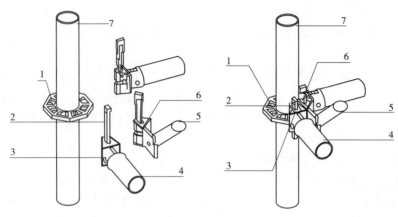

图 8-13 盘扣结点

1—连接盘；2—插销；3—水平杆杆端扣接头；4—水平杆；5—斜杆；6—斜杆杆端扣接头；7—立杆

②插销外表面应与水平杆和斜杆杆端扣接头内表面吻合，插销连接应保证锤击自锁后不拔脱，抗拔力不得小于 3kN。

③插销应具有可靠防拔脱构造措施，且应设置便于目视检查楔入深度的刻痕或颜色标记。

④立杆盘扣节点间距宜按 0.5m 模数设置；横杆长度宜按 0.3m 模数设置。

2) 施工流程

工艺流程：施工准备→定位设置通长垫板、底座→立杆安装→纵、横向横杆安装→内、外斜拉杆安装→人行通道、平台安装→外布安全网。

承插型盘扣式架体的连接方法：采用横杆和斜杆端头的铸钢接头上的自锁式楔形销，插入立杆上按 0.5m 模数分布的花盘上的孔，用榔头由上至下垂直击打销子，销子的自锁部位与花盘上的孔型配合而锁死，拆除时，只有用榔头由下向上击打销子方可解锁，具体如图 8-14 所示。

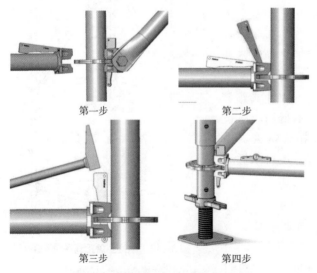

图 8-14 承插型盘扣脚手架连接步骤

3) 承插型盘扣脚手架的搭设要求

①脚手架搭设前应在现场对杆件、配件再次进行检查，禁止使用不合格的杆件、配件进行安装。

②脚手架安装前必须进行技术、安全交底方可施工。统一指挥，并严格按照脚手架的搭设程序进行安装。

③在架体搭设前必须对搭设基础进行检查，基础周围可根据要求铺设木板或木方，对基础不符合安全施工的部位坚决不准许施工。待基础处理合格后方可施工。

④先放线定位，然后按放线位置

准确地确立摆放可调底座的位置,将扫地杆、第一步横杆和斜杆锁定在立杆上,保持其稳定;再用水平尺或水准仪调整整个基础部分的水平和垂直,挂线调整纵、横排立杆使其在一条直线上,用钢卷尺检查每个方格是否方正;检验合格后再进行上部标准层架体的搭设。在施工中随着架体的升高随时检查和校正架体的垂直度(控制在0.3%内)。插销一定要打紧。

⑤搭设是由一个角开始,搭设范围根据设计图纸或甲方指定。随着脚手架的搭设随时进行校正。

⑥在搭设过程中不得随意改变原设计,减少材料使用量、配件使用量或卸载。节点搭设方式不得混乱、颠倒。现场确实需要改变搭设方式时,必须经项目负责人或脚手架设计人员签字同意后方可改变搭设。

【任务实施】

1. 施工准备

(1)技术准备

施工前熟悉该工程设计图纸,编制脚手架搭设方案,熟悉脚手架搭设施工工艺、技术要求和质量验收标准。

(2)材料、工具准备

准备 $\phi 48.3mm \times 3.6mm$ 钢管、直角扣件、回转扣件、对接扣件、可调托撑、底座、垫板、扳手、卷尺、防护手套、安全绳、安全帽等。

2. 搭设施工

在进行地面硬化后,地面承载力满足要求的情况下,进行脚手架搭设,具体流程为:设通长垫板及底座→内立杆→外立杆(开始搭设时,每间隔6m设置一根抛撑,直至连墙件安装稳定,方可根据情况拆除)→小横杆→大横杆→纵横向扫地杆→脚手板→连墙件。

3. 检查验收

(1)扣件安装

应符合下列规定:

①扣件规格必须与钢管外径相同;

②螺栓拧紧扭力矩不应小于40N·m,且不应大于65N·m;

③在主节点处固定横向水平杆、纵向水平杆、剪刀撑、横向斜撑等用的直角扣件、旋转扣件的中心点的相互距离不应大于150mm;

④对接扣件开口应朝上或朝内;

⑤各杆件端头伸出扣件盖板边缘长度不应小于100mm。

(2)验收

应根据专项施工方案、变更文件、技术交底文件等进行脚手架检查、验收。

【考核评价】

考核评定方式	评定内容	分值	得分
自评	施工工艺	10	
	团队协作	10	
	成果质量	10	
小组互评	成果质量	20	
教师评定	考勤	10	
	施工工艺	10	
	团队协作	10	
	成果质量	20	
总 分			

【知识拓展】

型钢悬挑式脚手架

型钢悬挑式脚手架是利用建筑结构外边缘向外伸出的悬挑结构来支承外脚手架,将脚手架的荷载全部或部分传递给建筑结构。悬挑脚手架的关键是悬挑支承结构,它必须有足够的强度、刚度和稳定性,并能将脚手架的荷载传递给建筑结构。

1)悬挑式脚手架搭设要求

①悬挑式脚手架高度不宜超过20m。型钢悬挑梁宜采用双轴对称截面的型钢。悬挑钢梁型号及锚固件应按设计确定,钢梁截面高度不应小于160mm。悬挑梁尾端应在两处及以上固定于钢筋混凝土梁板结构上。锚固型钢悬挑梁的U形钢筋拉环或锚固螺栓直径不宜小于16mm。

②每个型钢悬挑梁外端宜用钢丝绳或钢拉杆设置与上一层建筑结构的斜拉结。钢丝绳、钢拉杆不参与悬挑钢梁受力计算;钢丝绳与建筑结构拉结的吊环应使用HPB235级钢筋,其直径不宜小于20mm,吊环预埋锚固长度应符合现行国家标准《混凝土结构设计规范》中钢筋锚固的规定。

③悬挑梁悬挑长度按设计确定。固定段长度不应小于悬挑段长度的1.25倍。型钢悬挑梁固定端应采用2个(对)及以上U形钢筋拉环或锚固螺栓与建筑结构梁板固定,U形钢筋拉环或锚固螺栓应预埋至混凝土梁、板底层钢筋位置,并应与混凝土梁、板底层钢筋焊接或绑扎牢固,其锚固长度应符合现行国家标准《混凝土结构设计规范》中钢筋锚固的规定。

④当型钢悬挑梁与建筑结构采用螺栓钢压板连接固定时,钢压板尺寸不应小于100mm×10mm(宽×厚);当采用螺栓角钢压板连接时,角钢规格不应小于63mm×63mm×6mm。型钢悬挑梁悬挑端应设置能使脚手架立杆与钢梁可靠固定的定位点,定位点离悬挑梁端部不应小于100mm。

⑤锚固位置设置在楼板上时,楼板的厚度不宜小于120mm。如果楼板的厚度小于120mm应采取加固措施。锚固型钢的主体结构混凝土强度等级不得低于C20。

⑥悬挑梁间距应按悬挑架架体立杆纵距设置，每一纵距设置一根。悬挑架的外立面剪刀撑应自下而上连续设置。剪刀撑设置应符合本规范规定，横向斜撑设置也应符合规范规定。

2) 悬挑式脚手架适用范围

在高层建筑施工中，遇到以下3种情况时，可采用悬挑式脚手架：

① ±0.000 以下结构工程回填土不能及时回填，而主体结构工程必须立即进行，否则将影响工期。

② 高层建筑主体结构四周为裙房，脚手架不能直接支承在地面上。

③ 超高层建筑施工，脚手架搭设高度超过了架子的容许搭设高度，因此将整个脚手架按容许搭设高度分成若干段，每段脚手架支承在由建筑结构向外悬挑的结构上。

复习思考题

一、选择题

1. 砌筑砂浆的分层度不得大于(　　)。
   A. 5mm　　　　B. 10mm　　　　C. 20mm　　　　D. 30mm

2. 砌筑砂浆应随拌随用。水泥砂浆和水泥混合砂浆施工中，当施工期间最高气温超过30℃时，必须分别在拌成后(　　)和(　　)内使用完毕。
   A. 1h，2h　　　B. 2h，3h　　　C. 2h，4h　　　D. 3h，4h

3. 当采用铺浆法砌筑时，铺浆长度不得超过750mm，施工期间气温超过30℃时，铺浆长度不得超过(　　)。
   A. 300mm　　　B. 400mm　　　C. 500mm　　　D. 600mm

4. 砖墙的水平灰缝厚度和垂直灰缝宽度宜为(　　)，但不应小于8mm，也不应大于12mm。
   A. 8mm　　　　B. 9mm　　　　C. 10mm　　　　D. 12mm

5. 砖墙每日砌筑高度不得超过(　　)。
   A. 1.5m　　　　B. 1.8m　　　　C. 2m　　　　　D. 2.5m

6. 构造柱应沿墙高每隔500mm设置2φ6的水平拉结钢筋，拉结钢筋两边伸入墙内不宜小于(　　)。
   A. 0.5m　　　　B. 1m　　　　　C. 1.2m　　　　D. 1.5m

7. 构造柱的混凝土浇灌可以分段进行，每段高度不宜大于(　　)。在施工条件并能确保混凝土浇灌密实时，也可每层一次浇灌。
   A. 1m　　　　　B. 1.5m　　　　C. 2.0m　　　　D. 2.5m

8. 砖平拱砌筑时，应在其底部支设模板，模板中央应有(　　)的起拱。
   A. 1%　　　　　B. 1.5%　　　　C. 2.0%　　　　D. 2.5%

9. 钢筋砖过梁砌筑前，应先支设模板，模板中央应略有起拱。钢筋砖过梁的跨度不应超过(　　)。
   A. 1m　　　　　B. 1.2m　　　　C. 1.5m　　　　D. 2.0m

10. 填充墙砌至接近梁底、板底时，应留一定的空隙，待填充墙砌筑完毕并应至少间隔

（　　）后采用烧结普通砖侧砌，并用砂浆填塞密实，以提高砌体与框架间的拉结，避免出现裂缝。

A. 7d　　　　　　　B. 10d　　　　　　　C. 14d　　　　　　　D. 21d

11. 当设计无规定时，石挡土墙的泄水孔应均匀设置，在高度上每间隔（　　）左右设置一个泄水孔。

A. 1m　　　　　　　B. 1.5m　　　　　　C. 1.8m　　　　　　D. 2m

12. 扣件式钢管脚手架，由标准底座底面向上（　　）处，必须设置纵、横向扫地杆，用直角扣件与立杆连接固定。

A. 100mm　　　　　B. 200mm　　　　　C. 300mm　　　　　D. 400mm

13. 扣件式钢管脚手架钢管搭接长度不应小于（　　），用不少于两个旋转扣件固定。

A. 1m　　　　　　　B. 2m　　　　　　　C. 3m　　　　　　　D. 4m

二、简答题

1. 简述砖砌体施工工艺流程。
2. 简述构造柱的施工程序及施工工艺流程。
3. 简述小型空心砌块施工工艺流程。
4. 扣件是钢管与钢管之间的连接件，其基本形式有哪3种？各自适用范围是什么？
5. 什么是连墙件？连墙件的作用有哪些？
6. 扣件式脚手架的拆除要求有哪些？
7. 简述碗扣式钢管脚手架施工工艺流程。
8. 简述承插型盘扣式脚手架施工工艺流程。
9. 悬挑式外脚手架适用范围是什么？
10. 什么是"三一砌筑法"和"挤浆法"？各有哪些优点？

项目 9　防水工程施工

【项目情景】
　　学院建工大楼的屋面板为现浇钢筋混凝土板，板厚100mm，屋面防水等级为二级；地下工程防水等级也为二级，地下室绝大部分处于地下水影响范围中，同时由于雨季的影响，雨水和地表水通过土层渗入而存于弱透水性土层中易形成上层滞水，也可能引起地下水渗漏。本项目中假如你是工地项目经理，该如何控制屋面和地下防水工程施工质量？

【学习目标】
≫知识目标
1. 了解屋面防水工程和地下防水规程防水等级及防水方案选择。
2. 了解防水工程施工验收规范和规程等。
3. 掌握防水工程质量检查、质量通病与防治。
4. 掌握屋面和地下防水工程不同类型防水施工工艺和施工方法。

≫能力目标
1. 会编制涂抹防水规程施工方案并组织施工。
2. 会编制卷材防水施工方案并组织施工。
3. 会编制复合防水施工方案并组织施工。
4. 会进行防水工程施工质量控制和安全管理。

≫素质目标
1. 培养收集信息和编制工作计划的能力。
2. 培养观察、分析、判断、解决问题的能力和创新能力。
3. 培养组织、协调和沟通能力。
4. 培养认真的工作态度、责任心、团队意识、协作能力。

任务 9-1　屋面防水施工

【工作任务】
　　学院建工大楼的屋面防水构造层由上至下：①20mm 厚 1:2.5 水泥砂浆找坡；②2mm 厚高聚物改性沥青防水涂膜；③20mm 厚 1:3 水泥砂浆找平层；④100mm 厚钢筋混凝土楼板。本任务要求以小组为单位进行学院建工大楼的屋面涂抹防水施工。

【知识准备】
　　屋面是建筑物最上层的外围护构件，用于抵抗自然界的雨、雪、风、霜、太阳辐射、气温变化等不利因素的影响，保证建筑内部有一个良好的使用环境。屋面应满足坚固耐久、防水、保温、隔热、防火和抵御各种不良影响的功能要求。屋面应遵循"合理设防、放排结合、因地制宜、综合治理"的原则,做好防水和排水,以维护室内正常环境,使其免遭雨雪侵蚀。

屋面工程包括屋面结构层以上的屋面找平层、隔气层、防水层、保温隔热层、保护层和使用面层,是房屋建筑的一项重要的分部工程。其施工质量的优劣,不仅关系到建筑物的使用寿命,而且直接影响到生产活动和人民生活的正常进行,也关系到整个城市的市容。

《屋面工程质量验收规范》(GB 50207—2012)规定将屋面防水划分为4个等级,并规定了不同等级的设防要求,见表9-1所列。

表9-1 屋面防水等级和设防要求

项目	屋面防水等级			
	Ⅰ	Ⅱ	Ⅲ	Ⅳ
建筑物类别	特别重要或对防水有特殊要求的建筑	重要的建筑和高层建筑	一般的建筑	非永久性的建筑
防水层合理使用年限	25年	15年	10年	5年
防水层选用材料	宜选用合成高分子防水卷材、高聚物改性沥青防水卷材、金属板材、合成高分子防水涂料、细石混凝土等材料	宜选用高聚物改性沥青防水卷材、合成高分子防水卷材、金属板材、合成高分子防水涂料、高聚物改性沥青防水涂料、细石混凝土、平瓦、油毡瓦等材料	宜选用三毡四油沥青防水卷材、高聚物改性沥青防水卷材、合成高分子防水卷材、金属板材、高聚物改性沥青防水涂料、合成高分子防水涂料、细石混凝土、平瓦、油毡瓦等材料	可选用二毡三油沥青防水卷材、高聚物改性沥青防水涂料等材料
设防要求	三道或三道以上防水设防	二道防水设防	一道防水设防	一道防水设防

屋面按形式划分,可分为平屋面和斜坡屋面;按保温隔热功能划分,可分为保温隔热屋面和非保温隔热屋面;按防水层位置划分,可分为正置式屋面和倒置式屋面;按屋面使用功能划分,可分为非上人屋面、上人屋面、绿化种植屋面、蓄水屋面、停车停机屋面、运动场所屋面等;按采用的防水材料划分,可分为卷材防水屋面、涂膜防水屋面、瓦屋面、金属板材屋面、刚性混凝土防水屋面等。

1. 卷材防水屋面

卷材防水屋面是指采用不同种类的胶结材料黏结卷材或采用带底面黏结胶的卷材进行热熔或冷粘贴于屋面基层而防水的屋面,其典型构造层次如图9-1所示,具体构造层次根据设计要求而定。

卷材防水屋面施工方法,有采用胶黏剂进行卷材与基层及卷材与卷材搭接黏结的方法;有利用卷材底面热熔胶热熔粘贴的方法;也有利用卷材底面自黏胶黏结的方法;还有采用冷胶粘贴或机械固定将卷材固定于基层、卷材间,搭接采用焊接的方法等。

1)卷材防水材料

(1)基层处理剂

基层处理剂是为了增强防水材料与基层之间的黏结力,在防水层施工前,预先涂刷在

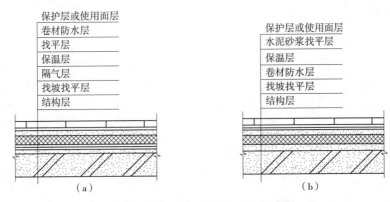

图 9-1 卷材防水屋面构造层次示意图
(a)正置式屋面；(b)倒置式屋面

基层上的稀质涂料。常用的基层处理剂有冷底子油及高聚物改性沥青卷材和合成高分子卷材配套的底胶，它应与卷材的材性相容，以免与卷材发生腐蚀或黏结不良。

(2) 胶黏剂

配制石油沥青胶结材料，一般采用两种或三种牌号的沥青按一定配合比熔合，经熬制脱水，掺入适当品种和数量的填充料，配制成沥青胶结材料(玛蹄脂)。

(3) 高聚物改性沥青卷材

以合成高分子聚合物(如 SBS、APP、APAO、丁苯胶、再生胶等)改性沥青为涂盖层，纤维织物或纤维毡为胎体，粉状、粒状、片状或薄膜材料为覆面材料制成的可卷曲片状防水材料称为高聚物改性沥青防水卷材。

高聚物改性沥青卷材克服了沥青卷材温度敏感性大、延伸率小的缺点。具有高温不流淌、低温不脆裂、抗拉强度高、延伸率大的特点，而且材料来源广，可按要求厚度一次成型。底面敷以热熔胶，可以热熔施工，大大简化了施工工艺，提高了施工安全性。它适用于屋面防水、地下室平面防水。

国内目前使用的高聚物改性沥青卷材主要品种有：SBS 改性沥青热熔卷材、APP 改性沥青热熔卷材。

(4) 合成高分子卷材

以合成橡胶、合成树脂或两者共混体为基料，加入适量的化学助剂和填充料，经不同工序加工而成的卷曲片状防水材料；或将上述材料与合成纤维等复合形成两层或两层以上可卷曲的片状防水材料称为合成高分子防水卷材。

合成高分子卷材具有拉伸强度高、断裂伸长率大、抗撕裂强度高、耐热性能好、低温柔性好、耐腐蚀、耐老化以及可以冷施工等优越性能，经工厂机械化加工，厚度和质量的保证率高，可采用冷粘铺贴、焊接、机械固定等工艺施工。

合成高分子卷材适用于各种屋面防水、地下室防水，不适用于屋面有复杂设施、平面标高多变和小面积防水工程应用。

目前使用的合成高分子卷材主要有三元乙丙、氯化聚乙烯、聚氯乙烯、氯磺化聚乙烯防水卷材等。

2)找平层施工

(1)找平层的种类和做法

找平层是防水层依附的一个层次,为了保证防水层受基层变形影响小,基层应有足够的刚度和强度,使它变形小、坚固,当然还要有足够的排水坡度,使雨水迅速排走。目前作为防水层基层的找平层有水泥砂浆、细石混凝土和沥青砂浆几种做法。其技术要求见表9-2所列。

表9-2 找平层厚度和技术要求

类别	基层种类	厚度(mm)	技术要求
水泥砂浆找平层	整体混凝土	15~20	1:(2.5~3)(水泥:砂)体积比,水泥强度等级不低于32.5级
	整体或板状材料保温层	20~25	
	装配式混凝土板、松散材料保温层	20~30	
细石混凝土找平层	松散材料保温层	30~35	混凝土强度等级不低于C20
沥青砂浆找平层	整体混凝土	15~20	1:8(沥青:砂)重量比
	装配式混凝土板、整体或板状材料保温层	20~25	

从表9-2中可以看出,由于细石混凝土刚性好、强度高,适用于基层较松软的保温层上或结构层刚度差的装配式结构上做找平层。而在多雨或低温时混凝土和砂浆无法施工和养护,才采用沥青砂浆,因为它造价高、工艺复杂,采用较少。

为了避免或减少找平层开裂,找平层宜留设分格缝,缝宽5~20mm,缝中宜嵌密封材料。分格缝兼作排汽道时,可适当加宽,并应与保温层连通。分格缝宜留在板端缝处,其纵横缝的最大间距为:找平层采用水泥砂浆或细石混凝土时,不宜大于6m;找平层采用沥青砂浆时,不宜大于4m。分格缝施工可预先埋入木条、聚苯乙烯泡沫条或事后用切割机锯出。

(2)找平层质量要求

找平层是防水层的依附层,其质量好坏将直接影响防水层的质量,所以找平层必须做到:坡度要准确,使排水通畅;混凝土和砂浆的配合比要准确;表面要二次压光、充分养护,使找平层表面平整、坚固,不起砂、不起皮、不酥松、不开裂,并做到表面干净、干燥。

(3)水泥砂浆找平层施工

①检查屋面板等基层是否安装牢固,不得有松动现象。铺砂浆前,基层表面应清扫干净并洒水湿润(有保温层时,不得洒水)。

②屋面结构为装配式钢筋混凝土屋面板时,应用细石混凝土嵌缝,嵌缝的细石混凝土宜掺微膨胀剂,强度等级不应小于C20。当板缝宽度大于40mm或上窄下宽时,板缝内应设置构造钢筋,灌缝高度应与板平齐,板端应用密封材料嵌缝。

③留在屋架或承重墙上的分格缝,应与板缝对齐,板端方向的分格缝也应与板端对齐,用小木条或聚苯泡沫条嵌缝留设,或在砂浆硬化后用切割机锯缝。缝高同找平层厚度,缝宽5~20mm。

④砂浆配合比要称量准确,搅拌均匀,底层为塑料薄膜隔离层、防水层或不吸水保温

层,宜在砂浆中加减水剂并严格控制稠度。砂浆铺设应按由远到近、由高到低的程序进行,最好在每一分格内一次连续抹成,严格掌握坡度,可用 2m 左右的直尺找平。天沟一般先用轻质混凝土找坡。

⑤待砂浆稍收水后,用抹子抹平压实压光;终凝前,轻轻取出嵌缝木条,完工后表面少踩踏。砂浆表面不允许撒干水泥或水泥浆压光。

⑥注意气候变化,如气温在 0℃ 以下,或终凝前可能下雨时,不宜施工。如必须施工,应有技术措施,保证找平层质量。

⑦铺设找平层 12h 后,需洒水养护或喷冷底子油养护。

⑧找平层硬化后,应用密封材料嵌填分格缝。

3) 卷材防水层施工

卷材防水层的施工,其关键是:基层必须有足够的排水坡度,并且干净、干燥;搭接缝必须耐久、可靠,在合理使用年限内不得脱开,这是卷材防水的关键所在;施工铺贴时松紧适度,高分子卷材后期收缩大,铺时必须松而不皱,改性沥青卷材由于温感性强,必须拉紧铺贴;卷材端头(包括与涂膜结合处)的固定和密封必须牢固严密;立面和大坡度应有防止下坠下滑的措施。

(1) 施工前准备工作

①准备好防水材料、涂刷胶黏剂、嵌填密封材料、铺贴卷材、清扫基层等施工操作中各种必需的工具、用具、机械以及安全设施、灭火器材。

②检查找平层的施工质量是否符合要求,包括出现局部凹凸不平、起砂起皮、裂缝以及预埋件不稳等缺陷。

③检查找平层含水率是否满足铺贴卷材的要求:将 $1m^2$ 塑料膜(或卷材)在太阳(白天)下铺放于找平层上,3~4h 后,掀起塑料膜(卷材)检查无水印,即可进行防水卷材的施工。

(2) 基层处理剂的涂刷

涂刷或喷涂基层处理剂前要检查找平层的质量和干燥程度并加以清扫,符合要求后才可进行,在大面积涂布前,应用毛刷对屋面节点、周边、拐角等部位先行处理。

冷底子油作为基层处理剂主要用于热粘贴铺设沥青卷材(油毡)。涂刷要薄而均匀,不得有空白、麻点、气泡,也可用机械喷涂。如果基层表面过于粗糙,宜先刷一遍慢挥发性冷底子油,待其表干后,再刷一遍快挥发性冷底子油。涂刷时间宜在铺贴油毡前 1~2h 进行,使油层干燥而又不沾染灰尘。

(3) 卷材铺贴一般方法及要求

卷材防水层施工的一般工艺流程是:基层表面清理、修补→喷、涂基层处理剂→节点附加增强处理→定位、弹线、试铺→铺贴卷材→收头处理、节点密封→清理、检查、修整→保护层施工。

①铺贴方向 卷材的铺贴方向应根据屋面坡度和屋面是否有振动来确定。当屋面坡度小于 3% 时,卷材宜平行于屋脊铺贴;屋面坡度在 3%~15% 时,卷材可平行或垂直屋脊铺贴;屋面坡度大于 15% 或受振动时,沥青卷材、高聚物改性沥青卷材应垂直于屋脊铺贴;合成高分子卷材可根据屋面坡度、屋面有否受振动、防水层的黏结方式、黏结强度、是否机械固定等因素综合考虑采用平行或垂直屋脊铺贴。上下层卷材不得相互垂直铺贴。

屋面坡度大于25%时，卷材宜垂直屋脊方向铺贴，并应采取固定措施，固定点还应密封。

②施工顺序　防水层施工时，应先做好节点、附加层和屋面排水比较集中部位（如屋面与水落口连接处、檐口、天沟、檐沟、屋面转角处、板端缝等）的处理，然后由屋面最低标高处向上施工。铺贴天沟、檐沟卷材时，宜顺天沟、檐口方向，减少搭接。铺贴多跨和有高低跨的屋面时，应按先高后低、先远后近的顺序进行。

③搭接方法及宽度要求　铺贴卷材应采用搭接法，上下层及相邻两幅卷材的搭接缝应错开。平行于屋脊的搭接缝应顺流水方向搭接；垂直于屋脊的搭接缝应顺年最大频率风向（主导风向）搭接。叠层铺设的各层卷材，在天沟与屋面的连接处应采用叉接法搭接，搭接缝应错开；接缝宜留在屋面或天沟侧面，不宜留在沟底。坡度超过25%的拱形屋面和天窗下的坡面上，应尽量避免短边搭接，如必须短边搭接，在搭接处应采取防止卷材下滑的措施。如预留凹槽，卷材嵌入凹槽并用压条固定密封。

高聚物改性沥青卷材和合成高分子卷材的搭接缝宜用与它材性相容的密封材料封严。各种卷材的搭接宽度应符合表9-3的要求。

表9-3　卷材搭接宽度

卷材种类		短边搭接宽度(mm)		长边搭接宽度(mm)	
		满粘法	空铺、点粘、条粘法	满粘法	空铺、点粘、条粘法
沥青防水卷材		100	150	70	100
高聚物改性沥青防水卷材		80	100	80	100
合成高分子防水卷材	胶黏剂	80	100	80	100
	胶黏带	50	60	50	60
	单焊缝	60，有效焊接宽度不小于25			
	双焊缝	80，有效焊接宽度10×2+空腔宽			

④卷材与基层的粘贴方法　卷材与基层的粘贴方法可分为满粘法、条粘法、点粘法和空铺法等形式。通常都采用满粘法，而条粘、点粘和空铺法更适用于防水层上有重物覆盖或基层变形较大的场合，是一种能有效克服基层变形拉裂卷材防水层的有效措施，设计中应明确规定，选择适用的工艺方法。

空铺法：铺贴卷材防水层时，卷材与基层仅在四周一定宽度内粘贴，其余部分采取不粘贴的施工方法。

条粘法：铺贴卷材时，卷材与基层粘贴面不少于两条，每条宽度不小于150mm。

点粘法：铺贴卷材时，卷材或打孔卷材与基层采用点状粘贴的施工方法。每平方米粘贴不少于5点，每点面积为100mm×100mm。

无论采用空铺、条粘还是点粘法，施工时都必须注意：距屋面周边800mm内的防水层应满粘，保证防水层四周与基层粘贴牢固；卷材与卷材之间应满粘，保证搭接严密。

(4)合成高分子卷材冷粘贴施工

①涂刷胶黏剂　涂刷基层胶黏剂的重点和难点与基层处理剂相同，即阴阳角、平立面转角处、卷材收头处、排水口、伸出屋面管道根部等节点部位。这些部位有附加增强层时应用接缝胶黏剂或配套涂料处理，涂刷工具宜用油漆刷。涂刷时，切忌在一处来回涂滚，

以免将底胶"咬起",形成凝胶而影响质量。

②卷材的铺贴 一般要求基层及卷材上涂刷的胶黏剂达到表干程度,其间隔时间与胶黏剂性能及气温、湿度、风力等因素有关,通常为10~30min,施工时可凭经验确定,用指触不粘手时即可开始粘贴卷材。间隔时间的控制是冷粘贴施工的难点,这对黏结力和黏结的可靠性影响很大。

卷材铺贴时应对准已弹好的粉线,并且在铺贴好的卷材上弹出搭接宽度线,以便第二幅卷材铺贴时,能以此为准进行铺贴。每铺完一幅卷材,应立即用干净而松软的长柄压辊从卷材一端顺卷材横向顺序滚压一遍,彻底排除卷材黏结层间的空气。排除空气后,平面部位卷材可用外包橡胶的大压辊滚压(一般重30~40kg),使其粘贴牢固。滚压应从中间向两侧边移动,做到排汽彻底。

③搭接缝的粘贴 卷材铺好与基层压粘后,应将搭接部位的结合面清除干净,可用棉纱蘸少量汽油擦洗。然后采用油漆刷均匀涂刷接缝胶黏剂,不得出现露底、堆积现象。涂胶量可按产品说明书控制,待胶黏剂表面干燥后(指触不粘)即可进行黏合。黏合时应从一端开始,边压合边驱除空气,不许有气泡和皱褶现象,然后用手持压辊顺边认真仔细辊压一遍,使其黏结牢固。3层重叠处最不易压严,要用密封材料预先加以填封,否则将会成为渗水通道。搭接缝用密封胶黏结时,应对搭接部位的结合面清除干净,掀开隔离纸,先将一端粘住,平顺地边掀隔离纸边粘胶带于一个搭接面上,然后用手持压辊顺边认真仔细滚压一遍,使其黏结牢固。

4) 卷材保护层施工

卷材铺设完毕,经检查合格,应立即进行保护层的施工,及时保护防水层免受损伤。保护层的施工质量对延长防水层使用年限有很大影响,必须认真施工。

(1) 水泥砂浆保护层

保护层施工前,应根据结构情况每隔4~6m用木板条或泡沫条设置纵横分格缝。铺设水泥砂浆时,应随铺随拍实,并用刮尺找平,随即用直径为8~10mm的钢筋或麻绳压出表面分格缝,间距不大于1m。终凝前用铁抹子压光保护层。

保护层表面应平整,不能出现抹子抹压的痕迹和凹凸不平的现象,排水坡度应符合设计要求。

(2) 细石混凝土保护层

细石混凝土整浇保护层施工前,也应在防水层上铺设一层隔离层,并按设计要求支设好分格缝木板条或泡沫条,设计无要求时,每格面积不大于36m^2,分格缝宽度为10~20mm。一个分格内的混凝土应尽可能连续浇筑,不留施工缝。振捣宜采用铁辊滚压或人工拍实,不宜采用机械振捣,以免破坏防水层。振实后随即用刮尺按排水坡度刮平,并在初凝前用木抹子提浆抹平,初凝后及时取出分格缝木模(泡沫条不用取出),终凝前用铁抹子压光。抹平压光时不宜在表面掺加水泥砂浆或干灰,否则表层砂浆易产生裂缝与剥落现象。

若采用配筋细石混凝土保护层时,钢筋网片的位置设置在保护层中间偏上部位,在铺设钢筋网片时用砂浆垫块支垫。细石混凝土保护层浇筑完后应及时进行养护,养护时间不应少于7d。养护完后,将分格缝清理干净(泡沫条割去上部10mm即可),嵌填密封材料。

2. 涂膜防水屋面

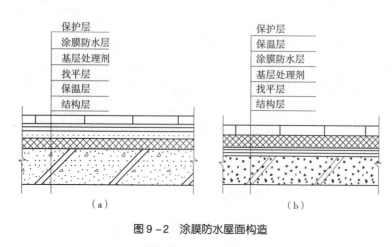

图9-2 涂膜防水屋面构造

(a)正置式涂膜屋面；(b)倒置式涂膜屋面

涂膜防水屋面是在屋面基层上涂刷防水涂料，固化后形成一层有一定厚度和弹性的整体涂膜，从而达到防水目的的一种防水屋面形式。涂膜防水屋面的典型构造层次如图9-2所示。具体施工有哪些层次，根据设计要求确定。

1) 材料

防水涂料按成膜物质的主要成分，可分成沥青基防水涂料、高聚物改性沥青防水涂料和合成高分子防水涂料3种。施工时根据涂料品种和屋面构造形式的需要，可在涂膜防水层中增设胎体增强材料。

(1) 沥青基防水涂料

沥青基防水涂料是以沥青为基料配制而成的水乳型或溶剂型防水涂料。常见的有石灰乳化沥青涂料、膨润土乳化沥青涂料和石棉乳化沥青涂料。

(2) 高聚物改性沥青防水涂料

高聚物改性沥青防水涂料是以沥青为基料，用合成高分子聚合物进行改性配制而成的水乳型、溶剂型或热熔型防水涂料。常用的品种有氯丁橡胶改性沥青涂料、丁基橡胶改性沥青涂料、丁苯橡胶改性沥青涂料、SBS改性沥青涂料和APP改性沥青涂料等。

与沥青基防水涂料相比，高聚物改性沥青防水涂料在柔韧性、抗裂性、强度、耐高低温性能、使用寿命等方面都有了较大的改善。

(3) 合成高分子防水涂料

合成高分子防水涂料是以合成橡胶或合成树脂为主要成膜物质配制而成的水乳型或溶剂型防水涂料。根据成膜机理分为反应固化型、挥发固化型和聚合物水泥防水涂料3类。常用的品种有丙烯酸防水涂料、聚氨酯防水涂料、硅橡胶防水涂料、聚合物水泥防水涂料等。

由于合成高分子材料本身的优异性能，以此为原料制成的合成高分子防水涂料有较高的强度和延伸率，优良的柔韧性、耐高低温性能、耐久性和防水能力。

(4) 胎体增强材料

胎体增强材料是指在涂膜防水层中增强用的聚酯无纺布、化纤无纺布、玻纤网格布等材料。

2) 找平层施工

(1) 找平层种类和质量要求

找平层施工做法同卷材防水找平层做法。

(2) 分格缝及节点处理

分格缝应在浇筑找平层时预留,分格应符合设计要求,与板端缝或板的搁置部位对齐,均匀顺直,嵌填密封材料前清扫干净。分格缝处应铺设带胎体增强材料的空铺附加层,其宽度为 200～300mm。

天沟、檐沟、檐口等部位,均应加铺有胎体增强材料的附加层,宽度不小于 200mm。水落口周边应作密封处理,管口周围 500mm 范围内应加铺有胎体增强材料的附加增强层,涂膜伸入水落口的深度不得小于 50mm。泛水处应加铺有胎体增强材料的附加层,此处的涂膜附加层宜直接涂刷至女儿墙压顶下,压顶应采用铺贴卷材或涂刷涂料等做防水处理。涂膜防水层的收头应用防水涂料多遍涂刷或用密封材料封固严密。

3) 涂膜防水层施工

(1) 施工前准备工作

涂膜防水层施工前,应检查基层的质量是否符合设计要求,并清扫干净。如出现缺陷应及时加以修补。

(2) 涂膜防水层施工一般要求

①涂膜防水层的施工应按"先高后低,先远后近"的顺序进行。遇高低跨屋面时,一般先涂布高跨屋面,后涂布低跨屋面;相同高度屋面,要合理安排施工段,先涂布距上料点远的部位,后涂布近处;同一屋面上,先涂布排水较集中的水落口、天沟、檐沟、檐口等节点部位,再进行大面积涂布。

②涂膜防水层施工前,应先对水落口、天沟、檐沟、泛水、伸出屋面管道根部等节点部位进行增强处理,一般涂刷加铺胎体增强材料的涂料进行增强处理。

③需铺设胎体增强材料时,如坡度小于 15% 可平行屋脊铺设;坡度大于 15% 应垂直屋脊铺设,并由屋面最低标高处开始向上铺设。胎体增强材料长边搭接宽度不得小于 50mm,短边搭接宽度不得小于 70mm。采用二层胎体增强材料时,上下层不得互相垂直铺设,搭接缝应错开,其间距不应小于幅宽的 1/3。

(3) 涂料冷涂刷施工

①涂布前的准备工作　基层的检查、清理、修整应符合要求。基层的干燥程度根据涂料的特性决定,对溶剂型涂料,基层必须干燥。检查找平层含水率,可将 $1m^2$ 塑料膜(或卷材)在太阳(白天)下铺放于找平层上,3～4h 后,掀起塑料膜(卷材)无水印,即可进行防水涂料的施工。部分水乳型涂料允许在潮湿基层上施工,但基层必须无明水,基层的具体干燥程度要求,可根据材料生产厂家的要求而定。

②涂层厚度控制试验　涂膜防水层施工前,必须根据设计要求的每平方米涂料用量、涂膜厚度及涂料材性事先试验确定每道涂料涂刷的厚度以及每个涂层需要涂刷的遍数。如一布二涂,即先涂底层,再加胎体增强材料,再涂面层,施工时按试验的要求,每涂层涂刷几遍,而且面层至少应涂刷 2 遍以上。合成高分子涂料还要求底涂层有 1mm 厚才可铺设胎体增强材料,这样才能较准确地控制涂层厚度,并使每遍涂刷的涂料都能实干,从而保证施工质量。

③涂刷间隔时间试验　涂刷前应根据气候条件经试验确定每遍涂刷的涂料用量和间隔时间。

薄质涂料每遍涂层表干时实际上已基本达到实干。因此可用表干时间来控制涂刷间隔时间。涂膜的干燥快慢与气候有较大关系，气温高，干燥就快，空气干燥、湿度小，且有风时干燥也快。一般在北方常温下2~4h即可干燥，而在南方湿度较大的季节，两三天也不一定干燥。因此涂刷的间隔时间应根据气候条件来确定。

④涂布防水涂料　刮涂施工时，一般先将涂料直接分散倒在屋面基层上，用刮板来回刮涂，使其厚薄均匀，不露底、无气泡、表面平整，然后待其干燥。流平性差的涂料待表面收水尚未结膜时，用铁抹子压实抹光。抹压时间应适当，过早抹压，起不到作用；过晚抹压，会使涂料粘住抹子，出现月牙形抹痕。

涂料涂布应分条或按顺序进行，分条进行时，每条宽度应与胎体增强材料宽度一致，以避免操作人员踩踏刚涂好的涂层。流平性差的涂料，为便于抹压，加快施工进度，可以采用分条间隔施工的方法，待阴影处涂层干燥后，再抹空白处。

立面部位涂层应在平面涂布前进行，涂布次数应根据涂料的流平性好坏确定，流平性好的涂料应薄而多次进行，以不产生流坠现象为度，以免涂层因流坠使上部涂层变薄，下部涂层变厚，影响防水性能。

涂料涂布时，涂刷致密是保证质量的关键。刷基层处理剂时要用力薄涂，涂刷后续涂料则应按规定的涂层厚度(控制涂料的单方用量)均匀、仔细地涂刷。各道涂层之间的涂刷方向应相互垂直，以提高防水层的整体性和均匀性。涂层间的接槎，在每遍涂刷时应退槎50~100mm，接槎时应超过50~100mm，避免在搭接处发生渗漏。

⑤收头处理　为了防止收头部位出现翘边现象，所有收头均应用密封材料压边，压边宽度不得小于10mm。收头处的胎体增强材料应裁剪整齐，如有凹槽应压入凹槽内，不得出现翘边、皱褶、露白等现象，否则应进行处理后再涂封密封材料。

4)涂膜保护层施工

涂膜防水层的保护层材料应根据设计图纸要求选用。保护层施工前，应将防水层上的杂物清理干净，并对防水层质量进行严格检查，有条件的应做蓄水试验，合格后才能铺设保护层。如采用刚性保护层，保护层与女儿墙之间预留30mm以上空隙并嵌填密封材料，防水层和刚性保护层之间还应做隔离层。

【任务实施】

1. 施工准备

(1)技术准备

3~5人一组，共同进行该工程防水涂膜进行涂抹防水施工。施工前根据设计图纸的防水要求和所选材料的产品使用说明书，熟悉涂抹防水施工工艺、技术要求和质量验收标准。

(2)材料准备

事先对使用的合成高分子防水涂膜、胎体增强材料、密封材料等材料委托第三检测机构进行性能检测，确保所使用的材料的品种、规格、性能等技术指标符合现行国家产品标准和设计要求。

2. 涂抹施工

（1）基层检查验收

首先小组人员检查基层质量是否符合规定和设计要求，并进行清理。若存在凹凸不平、起砂、起皮、裂缝、预埋件固定不牢等缺陷，应及时进行修补。检查现场基层干燥度是否符合所用防水涂料的要求。以上合格后方可进行入涂抹施工工序。

（2）基层处理

根据规定配制基层处理剂，按比例对溶剂型防水涂料进行溶剂稀释后使用，以利于渗透。先对屋面节点、周边、拐角等部位进行涂布，然后再大面积涂布。注意均匀涂布、厚薄一致，不得漏涂，以增强涂层与找平层间的黏结力。

（3）特殊部位附加增强处理

所有节点均应填充密封材料。分格缝处空铺胎体增强材料附加层，铺设宽度为200～300mm。特殊部位附加增强处理可在涂布基层处理剂后进行，也可在涂布第一遍防水涂层以后进行。

（4）配制防水涂料

根据材料使用说明，若采用双组分防水涂料，在配制前应将甲组分、乙组分按规定比例倒入搅拌桶，并用手提式电动搅拌器（或高速分散机）强力搅拌均匀后即可使用。每次配制数量要根据每次涂布面积计算确定，随用随配；混合时，将甲组分、乙组分倒入容器内。若使用的是单组分防水涂料，使用前只需搅拌均匀即可使用。

（5）涂布防水涂料

作业人员根据事先确定的涂布方案并结合试验确定的要求进行涂布涂料，应先涂立面、节点，后涂平面。每遍涂布方向应相互垂直。涂布后，涂层上严禁上人踩踏走动。

（6）检查、清理

涂膜防水层施工后，应进行全面检查，必须确认不存在任何缺陷，确保防水层施工质量。对抽样检查涂膜厚度的部位，及时补刷检查点，修补恢复局部防水层。检查排水系统是否畅通，节点密封效果和附加防水层的施工不得有渗漏。

【考核评价】

考核评定方式	评定内容	分值	得分
自评	施工工艺	10	
	团队协作	10	
	成果质量	10	
互评	成果质量	20	
教师评定	考勤	10	
	施工工艺	10	
	团队协作	10	
	成果质量	20	
总　分			

【知识拓展】

刚性防水屋面

刚性防水屋面是指利用刚性防水材料做防水层的屋面。主要有普通细石混凝土防水屋面、补偿收缩混凝土防水屋面、纤维混凝土防水屋面、预应力混凝土防水屋面等。尤以前两者应用最为广泛。

与前述的卷材及涂膜防水屋面相比，刚性防水屋面所用材料易得，价格便宜，耐久性好，维修方便，但刚性防水层材料的表观密度大，抗拉强度低，极限拉应变小，易受混凝土或砂浆的干湿变形、温度变形和结构变形的影响而产生裂缝。因此刚性防水屋面主要适用于防水等级为Ⅲ级的屋面防水，也可用作Ⅰ、Ⅱ级屋面多道防水设防中的一道防水层；不适用于设有松散保温层的屋面、大跨度和轻型屋盖的屋面，以及受振动或冲击的建筑屋面。而且刚性防水层的节点部位应与柔性材料复合使用，才能保证防水的可靠性。

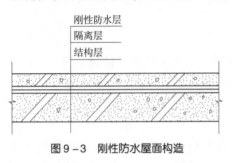

图9-3 刚性防水屋面构造

刚性防水屋面的一般构造形式，如图9-3所示。

1）配筋

配置直径为4~6mm、间距为100~200mm的双向钢筋网片，可采用乙级冷拔低碳钢丝，性能符合标准要求。钢筋网片应在分格缝处断开，其保护层厚度不小于10mm。

2）细石混凝土防水层施工

(1) 施工准备工作

①基层处理　屋面结构层为装配式钢筋混凝土屋面板时，应用细石混凝土嵌缝，其强度等级应不小于C20；灌缝的细石混凝土宜掺膨胀剂。当屋面板缝宽度大于40mm或上窄下宽时，板缝内应设置构造钢筋。灌缝高度与板面平齐。板端应用密封材料嵌缝密封处理。

②节点加强处理　由室内伸出屋面的水管、通风管等须在防水层施工前安装，并在周围留凹槽以便嵌填密封材料。

③确定配合比　刚性防水层的混凝土、砂浆配合比应按设计要求，由试验室通过试验确定。尤其是掺有各种外加剂的刚性防水层，其外加剂的掺量要通过严格试验，获得最佳掺量范围。

按工程量的需要，宜一次备足水泥、砂、石等需要量，保证混凝土连续一次浇捣完成。原材料进场应按规定要求对材料进行抽样复验，合格后才能使用。

(2) 施工环境条件

刚性防水层严禁在雨天施工，因为雨水进入刚性防水材料中，会增加水灰比，同时使刚性防水层表面的水泥浆被雨水冲走，造成防水层疏松、麻面、起砂等现象，丧失防水能力。

施工环境温度宜在5~35℃，不得在零下温度和烈日暴晒下施工，也不宜在雪天或大风天气施工,以避免混凝土、砂浆受冻或失水。

(3)隔离层施工

刚性防水层和结构层之间应脱离,即在结构层与刚性防水层之间增加一层低强度等级砂浆、卷材、塑料薄膜等材料,起隔离作用,使结构层和刚性防水层变形互不受约束,以减少因结构变形使防水混凝土产生的拉应力,减少刚性防水层的开裂。

①石灰砂浆隔离层施工 施工方法同上。砂浆配合比为石灰膏:砂 = 1:4。

②水泥砂浆找平层铺卷材隔离层施工 用1:3水泥砂浆将结构层找平,并压实抹光养护,再在干燥的找平层上铺一层3~8mm干细砂滑动层,在其上铺一层卷材,搭接缝用热沥青玛蹄脂盖缝。也可以在找平层上直接铺一层塑料薄膜。

因为隔离层材料强度低,在隔离层继续施工时,要注意对隔离层加强保护,混凝土运输不能直接在隔离层表面进行,应采取垫板等措施,绑扎钢筋时不得扎破表面,浇捣混凝土时更不能振酥隔离层。

(4)分格缝留置

分格缝留置是为了减少因温差、混凝土干缩、徐变、荷载和振动、地基沉陷等变形造成刚性防水层开裂,分格缝部位应按设计要求设置。如设计无明确规定,可按下述原则设置分格缝。

①分格缝应设置在结构层屋面板的支承端、屋面转折处(如屋脊)、防水层与突出屋面结构的交接处,并应与板缝对齐。

②纵横分格缝间距一般不大于6m,分隔缝的宽度宜为5~20mm。

③现浇板与预制板交接处,按结构要求留有伸缩缝、变形缝的部位。

④分格缝可采用木板,在混凝土浇筑前支设,混凝土浇筑完毕,收水初凝后取出分格缝模板。或采用聚苯乙烯泡沫板支设,待混凝土养护完成,嵌填密封材料前按设计要求的高度用电烙铁熔去表面的泡沫板。

(5)钢筋网片施工

钢筋网配置应按设计要求,一般设置直径为4~6mm、间距为100~200mm双向钢筋网片。网片采用绑扎和焊接均可,其位置以居中偏上为宜,保护层不小于10mm。

分格缝处钢筋网片要断开。为保证钢筋网片位置留置准确,可采用先在隔离层上满铺钢丝绑扎成形后,再按分格缝位置剪断的方法施工。

(6)细石混凝土防水层施工

①基层清理检查 浇捣混凝土前,应将隔离层表面浮渣、杂物清除干净;检查隔离层质量及平整度、排水坡度和完整性;支好分格缝模板,标出混凝土浇捣厚度,厚度不宜小于40mm。

②细石混凝土浇筑注意事项

a. 混凝土的浇捣按"先远后近、先高后低"的顺序进行。

b. 一个分格缝范围内的混凝土必须一次浇捣完成,不得留施工缝。

c. 混凝土宜采用小型机械振捣,直至密实和表面泛浆,泛浆后用铁抹子压实抹平,并要确保防水层的设计厚度和排水坡度。

d. 铺设、振动、滚压混凝土时必须严格保证钢筋间距及位置的准确。

e. 混凝土收水初凝后,及时取出分格缝隔板,用铁抹子第二次压实抹光,并及时修补分格缝的缺损部分，做到平直整齐；待混凝土终凝前进行第三次压实抹光，要求做到表面平光，不起砂、起皮、无抹板压痕为止，抹压时，不得洒干水泥或干水泥砂浆。

f. 待混凝土终凝后，必须立即进行养护，应优先采用表面喷洒养护剂养护，也可用蓄水养护法或稻草、麦草、锯末、草袋等覆盖后浇水养护，养护时间不少于14d，养护期间保证覆盖材料的湿润，并禁止闲人上屋面踩踏或在上继续施工。

任务9-2 地下室防水施工

【工作任务】

学院建工大楼的地下1层地下室底板防水做法（由上至下）如下：①防水混凝土底板；②50mm厚细石混凝土保护层；③4mm厚SBS防水卷材；④C20混凝土垫层；⑤持力层。地下室外墙防水做法（从外到内）如下：①120mm厚M5砂浆砌砖保护墙或50mm厚挤塑板；②4mm厚卷材防水层；③20mm厚1:2.5水泥砂浆找平压光；④防水混凝土墙体。请以小组为单位进行学院建工大楼工程地下室卷材防水施工。

【知识准备】

"防、排、截、堵相结合，刚柔相济，因地制宜，综合治理"的原则是我国建筑防水技术发展至今的实践经验总结。地下防水工程的设计和施工应遵循这一原则，并根据建筑功能及使用要求，按现行规范正确划定防水等级，合理确定防水方案。

1. 混凝土结构自防水

以混凝土自身的密实性而具有一定防水能力的混凝土或钢筋混凝土结构形式称为混凝土结构自防水。它兼具承重、围护功能，且可满足一定的耐冻融和耐侵蚀要求。随着混凝土工业化、商品化生产和与其配套的先进运输及浇捣设备的发展，它已成为地下防水工程首选的一种主要结构形式，广泛适用于一般工业与民用建筑地下工程的建（构）筑物，如地下室、地下停车场、水池、水塔、地下转运站、桥墩、码头、水坝等。混凝土结构自防水不适用于以下情况：允许裂缝开展宽度大于0.2mm的结构、遭受剧烈振动或冲击的结构、环境温度高于80℃的结构，以及可致耐蚀系数小于0.8的侵蚀性介质中使用的结构。

1）外加剂防水混凝土

不同的外加剂，其性能、作用各异，应根据工程结构和施工工艺等对防水混凝土的具体要求，适宜地选用相应的外加剂。

（1）引气剂防水混凝土

引气剂防水混凝土是在混凝土拌和物中掺入适量的引气剂配制而成的混凝土。

在混凝土拌和物中加入引气剂后，会产生大量微小、密闭、稳定而均匀的气泡，而使混凝土黏滞性增大，不易松散和离析，可以显著地改善混凝土的和易性；还可以使毛细管的形状及分布发生改变，切断渗水通路，从而提高了混凝土的密实性和抗渗性；同时，因弥补了混凝土内部结构的缺陷，抑制其胀缩变形，故可减少因干湿及冻融交替作用而产生的体积变化，有效地提高混凝土的抗冻性，通常可较普通混凝土提高3~4倍。引气剂防水混凝土适用于对抗渗性和抗冻性要求较高的工程结构，特别适合寒冷地区使用。

施工注意事项：采用机械搅拌。投料时，先将砂子、水泥、石子倒入搅拌机，再将引气剂与拌和水搅匀后投入搅拌机。不得单独将引气剂直接投入搅拌机，以免气泡分布不匀，影响混凝土质量。及时按规定检测混凝土拌和物的坍落度及含气量，使之严格控制在规定范围内。浇筑后采用高频振捣器振捣，排除大气泡，保证混凝土质量。

(2) 减水剂防水混凝土

减水剂防水混凝土是在混凝土拌和物中掺入适量的减水剂配制而成的混凝土。减水剂是一种表面活性剂，它以分子定向吸附作用将凝聚在一起的水泥颗粒絮凝状结构高度分散解体，并释放出其中包裹的拌和水，使在坍落度不变的条件下，减少了拌和用水量；此外，由于高度分散的水泥颗粒更能充分水化，使水泥石结构更加密实，从而提高了混凝土的密实性和抗渗性。

减水剂防水混凝土适用于一般工业与民用建筑的防水工程，也适用于大型设备基础等大体积混凝土，以及不同季节施工的防水工程。

2) 防水混凝土施工

施工质量的好坏直接关系着混凝土结构自防水质量的优劣。为了保证施工质量，施工人员必须以高度的责任心，遵守国家标准及规范，从施工准备到每道工序，都要高标准、严要求地精心施工。

(1) 模板安装

防水混凝土的所有模板，除满足一般要求外，应特别注意模板拼缝严密不漏浆，并应有足够的刚度、强度，吸水性要小，以钢模、木模、木(竹)胶合板模为宜。

结构内的钢筋或绑扎钢丝不得接触模板。当固定模板用的螺栓必须穿过混凝土结构时，可采用工具式螺栓、螺栓加堵头、螺栓上加焊方形止水环等做法。止水环尺寸及环数应符合设计规定。如果设计无规定，则止水环应为 10cm×10cm 的方形止水环，且至少有一环。

(2) 钢筋绑扎

做好钢筋绑扎前的除污、除锈工作。在绑扎钢筋时，应按设计规定留足保护层，且迎水面钢筋的保护层厚度不应小于50mm。应以相同配合比的细石混凝土或水泥砂浆制成垫块，将钢筋垫起，以保证保护层厚度，严禁以垫铁或钢筋头垫钢筋，或将钢筋用铁钉及钢丝直接固定在模板上。钢筋应绑扎牢固，避免因碰撞、振动使绑扣松散、钢筋移位，造成露筋。钢筋及绑扎钢丝均不得接触模板。采用铁马凳架设钢筋时，在不便取掉铁马凳的情况下，应在铁马凳上加焊止水环。在钢筋密集的情况下，更应注意绑扎或焊接质量，并用自密实高性能混凝土浇筑。

(3) 混凝土的浇筑和振捣

浇筑前，应清除模板内的积水、木屑、钢丝等杂物，并以水湿润模板。使用钢模应保持其表面清洁无浮浆。

混凝土浇筑应分层，每层厚度不宜超过 30~40cm，相邻两层的浇筑时间间隔不应超过2h，夏季可适当缩短。混凝土在浇筑地点须检查坍落度，每工作班至少检查两次。普通防水混凝土的坍落度不宜大于50mm。

防水混凝土必须采用高频机械振捣，振捣时间宜为 10~30s，以混凝土泛浆和不冒气泡为准。要依次振捣密实，应避免漏振、欠振和超振。在掺加引气剂或引气型减水剂时，应采用高频插入式振捣器振捣密实。

(4) 混凝土的养护

防水混凝土的养护对其抗渗性能的影响极大，特别是早期湿润养护更为重要。一般在混凝土进入终凝时(浇筑后4~6h)即应覆盖，浇水湿润养护不少于14d。防水混凝土不宜用电热法养护和蒸汽养护。

(5) 模板拆除

由于防水混凝土要求较严。因此不宜过早拆模。拆模时混凝土的强度必须超过设计强度等级的70%，混凝土表面温度与环境温度之差，不得超过15℃，以防止混凝土表面产生裂缝。拆模时应注意勿使模板和防水混凝土结构受损。

(6) 防水混凝土结构的保护

地下工程的结构部分拆模后，经检查合格，应及时回填，这样可避免因干缩和温差引起开裂，并有利于混凝土后期强度的增长和抗渗性的提高，同时也可减轻涌水对工程的危害，起一道阻水线的作用。回填前应将基坑清理干净，保证无杂物且无积水。回填土应分层夯实。地下工程周围800mm以内宜用灰土、黏土或粉质黏土回填；回填土中不得含有石块、碎砖、灰渣、有机杂物以及冻土。回填施工应均匀对称进行。回填后地面建筑周围应做不小于800mm宽的散水，其坡度宜为5%，以防地面水侵入地下。

2. 卷材防水

新型防水卷材具有重量轻、抗拉强度高、延伸率大、耐候性好、使用温度幅度大、寿命长、施工简便、污染小等优点，在防水工程中应用十分广泛。目前，新型防水卷材不仅品种多、质量好，而且其配套材料的质量及施工做法也更趋完善。

1) 卷材的设置与做法

地下防水工程一般把卷材防水层设置在建筑结构的外侧，称为外防水。它与卷材防水层设在结构内侧的内防水相比较，具有以下优点：外防水的防水层在迎水面，受压力水的作用紧压在结构上，防水效果良好；而内防水的卷材防水层在背水面，受压力水的作用容易局部脱开。外防水造成渗漏的概率比内防水小，因此，一般采用外防水。

外防水有两种设置方法，即外防外贴法和外防内贴法。

(1) 外防外贴法

外防外贴法是将立面卷材防水层直接铺设在需防水结构的外墙外表面，施工程序如下。

①先浇筑需防水结构的底面混凝土垫层。在垫层上砌筑永久性保护墙，墙下铺一层干油毡。墙的高度不小于需防水结构底板厚度再加100mm。在永久性保护墙上用石灰砂浆接砌临时保护墙，墙高为300mm。在永久性保护墙上抹1:3水泥砂浆找平层，在临时保护墙上抹石灰砂浆找平层，并刷石灰浆。

②在大面积铺贴卷材之前，应先在转角处粘贴一层卷材附加层，然后进行大面积铺贴，先铺平面、后铺立面。在垫层和永久性保护墙上应将卷材防水层空铺，而在临时保护墙(或模板)上应将卷材防水层临时贴附，并分层临时固定在其顶端。

③浇筑需防水结构的混凝土底板和墙体,在需防水结构外墙外表面抹找平层。

④待卷材防水层施工完毕,并检查验收合格后,即应及时做好卷材防水层的保护结构。保护结构有以下几种做法:砌筑永久保护墙;抹水泥砂浆;贴塑料板。

(2) 外防内贴法

外防内贴法是浇筑混凝土垫层后,在垫层上将永久保护墙全部砌好,将卷材防水层铺贴在垫层和永久保护墙上,如图9-4所示,施工程序如下。

①在已施工完毕的混凝土垫层上砌筑永久保护墙,保护墙全部砌好后,用1:3 水泥砂浆在垫层和永久保护墙上抹找平层。保护墙与垫层之间须干铺一层油毡。

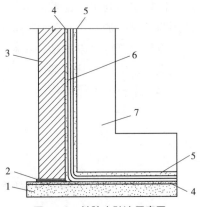

图9-4 外防内贴法示意图

1—混凝土垫层;2—干铺油毡;
3—永久性保护墙;4—找平层;
5—保护层;6—卷材防水层;
7—需防水的结构

②找平层干燥后即涂刷冷底子油或基层处理剂,干燥后方可铺贴卷材防水层,铺贴时应先铺立面、后铺平面,先铺转角、后铺大面。在全部转角处应铺贴卷材附加层,附加层可为两层同类油毡或一层抗拉强度较高的卷材,并应仔细粘贴紧密。

③卷材防水层铺完经验收合格即应做好保护层。立面可抹水泥砂浆、贴塑料板,或用氯丁系胶黏剂粘铺石油沥青纸胎油毡;平面可抹水泥砂浆,或浇筑不小于50mm厚的细石混凝土。

④结构顶板卷材防水层上的细石混凝土保护层厚度不应小于70mm,防水层如为单层卷材,则其与保护层之间应设置隔离层。

⑤结构完工后,方可回填土。

2) 卷材防水层的施工方法

地下工程的卷材防水层应采用高聚物改性沥青防水卷材,或合成高分子防水卷材,并应选用与它们材性相容的基层处理剂、胶黏剂、密封材料等配套材料。

地下工程防水卷材厚度见表9-4所列。

表9-4 地下工程防水卷材厚度选用表

防水等级	设防道数	合成高分子防水卷材厚度	高聚物改性沥青防水卷材厚度
1 级	三道或三道以上设防	单层:不应小于1.5mm	单层:不应小于4mm
2 级	二道设防	双层:每层不应小于1.2mm	双层:每层不应小于3mm
3 级	一道设防	不应小于1.5mm	不应小于4mm
	复合设防	不应小于1.2mm	不应小于3mm

铺设卷材防水层时,两幅卷材短边或长边的搭接宽度均不应小于100mm。铺设多层卷材时,上下两层和相邻两幅卷材的接缝应错开1/3 幅宽;上下两层卷材不得相互垂直铺贴;阴阳角应做成圆弧或45°(135°)折角,并增铺1~2层相同品种的卷材,宽度不宜小于500mm。

(1) 冷粘法

冷粘法是采用与卷材配套的专用冷胶黏剂粘铺卷材而无须加热的施工方法。

冷粘法主要用于铺贴合成高分子防水卷材。下面以三元乙丙橡胶防水卷材为例，介绍使用与其配套的专用冷胶黏剂进行冷粘法施工的操作要点。

冷粘法施工可以满粘、条粘、点粘、空铺，通常底板垫层、混凝土平面部位的卷材宜采用点粘或空铺，其他部位应采用满粘法。

单层卷材防水层的构造如图9-5所示。

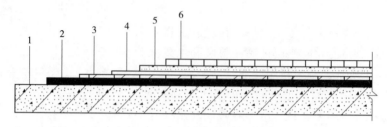

图9-5 单层卷材防水层构造

1—基层：混凝土或水泥砂浆层；2—基层处理剂：聚氨酯底胶；
3—基层胶黏剂：CX—404胶；4—防水主体：三元乙丙橡胶防水卷材；
5—刚性结合层：108胶水泥砂浆；6—刚性保护层：水泥方砖或缸砖

主要步骤为：涂布基层处理剂→复杂部位增强处理→涂布基层胶黏剂及铺设卷材→卷材搭接缝及收头处理→施工保护层。

（2）自粘法

自粘法是采用自粘型防水卷材，不须涂刷胶黏剂，将卷材表面的隔离纸撕去即可粘贴卷材的方法。

自粘法施工简便，容易操作，污染小、效率高、更安全，且不因胶黏剂涂刷不均匀而影响铺贴质量。由于自粘型防水卷材在工厂生产过程中就已在底面涂布了与卷材同性的高效黏结层，较厚的黏结层有一定的蠕变能力，不仅增加了卷材适应基层变形的能力，而且与卷材同步老化，延长了防水层的使用寿命。

自粘法施工可以满粘或条粘，其施工操作要点如下。

①滚铺法 适用于平面、立面大面积铺贴。特点是剥开隔离纸与滚铺卷材同时进行。用一根φ30mm×1500mm的钢管穿过整卷卷材中心的纸芯筒，由两个人各持钢管一端将整卷卷材抬到待铺处起始端，并对准在基层上弹好的粉线。

将卷材沿铺贴前进方向滚展50cm左右，将展开的50cm卷材掀起并剥开隔离纸折成条状从整卷卷材下面拉出来卷到用过的纸芯筒上，同时对准粉线将起始端50cm卷材粘铺牢固，如图9-6所示。

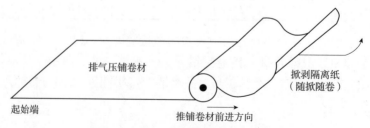

图9-6 自粘型卷材滚铺法施工示意图

起始端卷材铺牢后,一人站在卷材前面对着卷材掀剥隔离纸,边掀剥边往纸芯筒上卷;两个人分别站在卷材两侧手持穿过卷材筒芯的钢管对准弹好的粉线向前滚铺卷材;一人在卷材后面用压辊将滚铺的卷材予以排气、压实、贴牢。

②搭接缝粘贴　大面卷材排气压实后开始搭接缝粘贴。搭接缝粘贴前,先用手持汽油喷灯沿搭接粉线将下层卷材上表面的防粘层(聚乙烯薄膜等)熔掉,准备与上层卷材底面的自黏胶黏合。掀开搭接部位卷材,由一人手持扁头热风枪加热上层卷材底面的胶黏剂,边加热熔化胶黏剂边向前移动,后随一人将接缝处予以排气压平,最后一人用手持压辊滚压搭接卷材,使其平实粘牢,此时搭接边端部有熔融的胶黏剂被挤外溢。要注意,搭接边端如无胶黏剂溢出或溢流过多,都会影响搭接缝的粘贴质量,造成黏结不实不牢。

(3)热熔法

热熔法是以专用的加热机具将热熔型卷材底面的热熔胶加热熔化而使卷材与基层或卷材与卷材之间进行黏结的施工方法。热熔法施工可以满粘、条粘。特别需要注意的是热熔法不得用于地下密闭空间、通风不畅空间、易燃材料附近的防水工程。现以SBS改性沥青防水卷材为例,将热熔法施工要点介绍如下。

涂刷基层处理剂:在已经处理好的基层上涂刷基层处理剂,用长柄滚刷将基层处理剂涂刷在基层表面,要涂刷均匀,不得漏刷或露底。基层处理剂涂刷完毕,必须经过8h以上达到干燥程度方可施行热熔法施工,以避免失火。

热熔铺贴卷材:大面积满粘以滚铺法为佳,先铺贴大面、后黏结搭接缝,这种方法可以保证卷材铺贴质量,用于卷材与基层及卷材搭接缝一次熔铺。

①熔粘端部卷材　将整卷卷材(勿打开)置于铺贴起始端,对准基层上已弹好的粉线,滚展卷材约1m,由一人站在卷材正面将这1m卷材拉起,另一人站在卷材底面(有热熔胶)手持液化气火焰喷枪,慢旋开关、点燃火焰,调至蓝色,使火焰对准卷材与基面交接处同时加热卷材底面与基层面[图9-7(a)],待卷材底面胶呈熔融状即进行粘铺,再由一人以手持压辊对铺贴的卷材进行排气压实,这样铺到卷材端头剩下约30cm时,将卷材端头翻放在隔热板上[图9-7(b)],再行熔烤,最后将端部卷材铺牢压实。

②滚粘大面卷材　起始端卷材粘牢后,持火焰喷枪的人应站在滚铺前方,对着待铺的整卷卷材点燃喷枪,喷枪距卷材及基层加热处0.3~0.5m,施行往复移动烘烤(不得将火焰停留在一处,以免火焰烧烤时间过长,否则易产生胎基外露或胎体与改性沥青基料瞬间

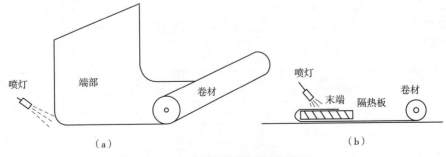

图9-7　热熔卷材端部铺贴示意图

(a)卷材端部加热;(b)卷材末端加热

分离），至卷材底面胶层呈黑色光泽并伴有微泡（不得出现大量大泡），即及时推滚卷材进行粘铺，后随一人施行排气压实工序。

③卷材搭接缝施工　卷材搭接缝以及卷材收头的铺粘是影响铺贴质量的关键之一，不随大面一次粘铺，而做专门处理是为保证地下工程热熔型卷材防水层的铺贴质量。

搭接缝及收头的卷材必须烘烤，粘铺时必须有熔融沥青从边端挤出，用刮刀将挤出的热熔胶刮平，沿边端封严。

④做保护层接缝收头处理后，检查防水层铺设是否合格，应做保护层保护已铺好的卷材防水层。

【任务实施】

1. 施工准备

（1）技术准备

施工前，3~5人一组，分组进行图纸学习，编制防水施工专项方案，找出其中的疑难点，掌握防水做法、施工顺序及细部节点防水处理等，确保防水施工时的进度和质量。

（2）材料准备

改性沥青防水卷材及其配套的基层处理剂、胶黏剂、密封胶带等材料，均有出厂质量证明文件和进场后对防水材料应进行复检，且材料复检合格。

（3）现场准备

铺贴防水卷材的找平层已施工完毕，且强度、标高、表面平整度均已达到规范要求，基层卫生已清扫完毕。

2. 防水卷材铺贴施工

（1）涂刷基层处理剂

作业时应将已配制好的或分桶包装的各组分按配合比搅拌均匀然后涂刷。

要涂布均匀，不得过厚或过薄，更不得漏涂露底。

（2）卷材的铺贴作业

按照事先确定的卷材铺贴方案，分工进行铺贴作业。

3. 质量检验

按照项目设计图纸和地下防水卷材施工质量验收标准进行检查验收。

【考核评价】

考核评定方式	评定内容	分值	得分
自评	施工工艺	10	
	团队协作	10	
	成果质量	10	
互评	成果质量	20	

考核评定方式	评定内容	分值	得分
教师评定	考勤	10	
	施工工艺	10	
	团队协作	10	
	成果质量	20	
总　分			

【知识拓展】

地下工程渗漏水常见的有孔渗漏、缝渗漏及面渗漏；渗水情况有慢渗（湿渍）、快渗、漏水、涌水。应视具体情况，确定治理方案，进行堵漏。通常漏水量大的部位，可以直接找到。而渗水较慢或一般湿渍不易观察到出水点，可用以下方法进行检查：将漏水部位擦干，立即在漏水处薄薄地撒上一层干水泥，表面出现的湿点或湿线处就是漏水的孔或缝。如上述方法不能查出渗水处，则可用水泥胶浆（水泥：水玻璃＝1∶1）在渗水面均匀涂一薄层，并立即撒上干水泥粉一薄层，干水泥层表面的湿点或湿线即为渗水的孔隙或裂缝。目前较常用的堵漏法有抹面堵漏、注浆堵漏，本文主要介绍注浆堵漏。

注浆堵漏法是根据工程渗漏水的情况（水的流量、流速）及渗漏部位，布置注浆孔，并选择适宜的注浆设备和注浆材料，将浆液压入裂缝及孔隙的深部至注满并固化，而达到治理渗漏的目的。

1. 注浆孔的设置

布置注浆孔：注浆孔的位置、数量及其埋深，与被注结构的漏水缝隙的分布、特点及其强度、注浆压力、浆液扩散范围等均有密切关系，合理地布孔是获得良好堵水效果的重要因素，其主要原则如下：

注浆孔位置的选择应使注浆孔的底部与漏水缝隙相交，选在漏水量最大的部位。一般情况下，水平裂缝宜沿缝下向上造斜孔，垂直裂缝宜正对缝隙造直孔。注浆孔的深度不应穿透结构物，留10～20cm长度作为安全距离。双层结构以穿透内壁为宜。注浆孔的孔距应视漏水压力、缝隙大小、漏水量多少及浆液的扩散半径而定，一般为50～100cm。

2. 埋设注浆嘴

一般情况下，埋设的注浆嘴应不少于两个，即设一嘴为排水（气）嘴，另一嘴为注浆嘴。如单孔漏水，也可顶水造一孔，埋一个注浆嘴。

埋入式注浆嘴的埋设处，应事先用钻子剔成孔洞，孔洞直径要比注浆嘴的直径大3～4cm。将孔洞内清洗干净，用快凝胶浆把注浆嘴稳固于孔洞内，其埋深应不小于5cm。

3. 封闭漏水部位

注浆嘴埋设后，除注浆嘴内漏水外，其他凡有漏水现象或有可能漏水的部位（在一定范围内）都要采取封闭措施，以免出现漏浆、跑浆现象。

4. 试注与检查

试注应在封闭漏水处和埋设注浆嘴后,并具有一定的强度时进行。试注时采用颜色水代替浆液,以计算注浆量、注浆时间,为确定浆液配合比、注浆压力等提供参考。同时观察封堵情况和各孔连通情况,以保证注浆正常进行。

5. 注浆

选其中一孔注浆(一般选择在较低处及漏水量较大的注浆嘴),待多孔见浆后,立即关闭各孔,仍持续压浆,注浆压力应大于渗漏水压力,使浆液沿着漏水通道逆向推进。注到不再进浆时,停止压浆,立即关闭注浆嘴(为防止浆液回流,堵塞注浆管道,应先关闭注浆嘴的阀门,再停止压浆)。注浆结束后,应将注浆孔及检查孔封填密实。

6. 效果观察

待浆液凝固后,剔除注浆嘴,观察注浆堵漏效果,必要时可重复注浆。

复习思考题

一、选择题

1. 屋面防水工程一级防水,防水层合理使用年限为( )年。
   A. 5	B. 10	C. 15	D. 25
2. 屋面防水工程非永久性的建筑设防要求为( )。
   A. 三道或三道以上防水设防	B. 二道防水设防
   C. 一道防水设防	D. 不设防
3. 屋面防水工程在整体混凝土基层上采用水泥砂浆作为找平层时其厚度为( )。
   A. 10~15mm	B. 15~20mm	C. 20~25mm	D. 25~30mm
4. 屋面防水为了避免或减少找平层开裂,找平层宜留设分格缝,缝宽( ),缝中宜嵌密封材料。
   A. 0~5mm	B. 5~10mm	C. 5~15mm	D. 5~20mm
5. 屋面防水卷材防水层施工中,卷材的铺贴方向应根据屋面坡度和屋面是否有振动来确定。屋面坡度在( )时,卷材可平行或垂直于屋脊铺贴。
   A. 1%~3%	B. 3%~5%	C. 3%~10%	D. 3%~15%
6. 屋面坡度大于( )时,卷材宜垂直屋脊方向铺贴,并应采取固定措施,固定点还应密封。
   A. 10%	B. 15%	C. 20%	D. 25%
7. 细石混凝土保护层浇筑后应及时进行养护,养护时间不应少于( )。
   A. 7d	B. 14d	C. 21d	D. 28d
8. 在涂膜防水屋面上,如涂料和卷材同时使用,卷材和涂膜的接缝应顺水流方向,搭接宽度不得小于( )。
   A. 50mm	B. 100mm	C. 150mm	D. 200mm

9. 高聚物改性沥青防水涂膜不得小于3mm，在Ⅲ级防水屋面上复合使用时，不宜小于(　　)。

　　A. 1mm　　　　　　B. 1.5mm　　　　　　C. 2mm　　　　　　D. 2.5mm

10. 刚性防水屋面主要适用于防水等级为(　　)级的屋面防水，也可用作Ⅰ、Ⅱ级屋面多道防水设防中的一道防水层。

　　A. Ⅰ　　　　　　B. Ⅱ　　　　　　C. Ⅲ　　　　　　D. Ⅳ

11. 地下防水混凝土施工中，在绑扎钢筋时，应按设计规定留足保护层，且迎水面钢筋的保护层厚度不应小于(　　)。

　　A. 20mm　　　　　　B. 30mm　　　　　　C. 40mm　　　　　　D. 50mm

12. 地下防水混凝土施工中，混凝土浇筑应分层，每层厚度不宜超过30～40cm，相邻两层的浇筑时间间隔不应超过(　　)。

　　A. 0.5h　　　　　　B. 1h　　　　　　C. 2h　　　　　　D. 2.5h

13. 地下防水混凝土施工中，后浇带的留设位置和后浇带的混凝土强度等级及性能根据设计确定，当设计无具体要求时，后浇带混凝土强度等级宜比两侧混凝土提高(　　)级，并宜采用减少收缩的技术措施。

　　A. 一　　　　　　B. 二　　　　　　C. 三　　　　　　D. 四

二、简答题

1. 什么是卷材防水屋面？
2. 屋面防水工程找平层质量要求是什么？
3. 屋面防水工程卷材防水层施工时，如何检查找平层含水率是否满足铺贴卷材要求？
4. 简述屋面防水工程卷材防水层施工的一般工艺流程。
5. 什么是涂膜防水屋面？
6. 涂膜防水层的施工工艺是什么？
7. 地下卷材防水施工中，什么是外防外贴，外防外贴的优缺点是什么？
8. 合成高分子卷材的优点及适用范围是什么？
9. 屋面防水工程为了避免或减少找平层开裂，找平层应如何处理？
10. 屋面防水工程防水卷材与基层的粘贴方法及具体要求是什么？
11. 屋面防水工程采用细石混凝土作为保护层时，其施工要求是什么？

项目 10　装饰工程施工

【项目情景】

学院建工大楼投入使用 1 年后，出现了以下问题：①五楼外墙靠窗附近内抹灰墙面局部出现抹灰层发霉、空鼓、脱落，表现为面层与基层或基层与底层不同程度地空鼓、脱落，影响美观和正常使用；②该建工大楼首层地面主入口处，局部地砖出现松动和起拱问题，影响人员正常通行及通行安全。

假如你是工地项目经理，请思考：①如何保证墙面装饰工程施工工艺及质量？②如何保证地面工程施工工艺及质量？③如何保证顶棚施工工艺及质量？

【学习目标】

>> 知识目标

1. 熟悉抹灰工程分类和组成。
2. 掌握抹灰工程施工工艺。
3. 掌握石板材的铺贴、安装方法、施工工艺及质量标准。
4. 掌握建筑涂料的施工方法。

>> 能力目标

1. 会编制抹灰工程施工方案并组织施工。
2. 会编制石板材施工方案并组织施工。
3. 会编制涂料施工方案并组织施工。
4. 会进行装饰工程施工质量控制和安全管理。

>> 素质目标

1. 培养收集信息和编制工作计划的能力。
2. 培养观察、分析、判断、解决问题和创新能力。
3. 培养组织、协调和沟通能力。
4. 培养动手操作能力。
5. 培养认真的工作态度、责任心、团队意识、协作能力。

任务 10-1　墙面装饰施工

【工作任务】

(1) 学院建工大楼的内墙面(包括走廊和楼梯间 1.5m 高度以上墙面)无机涂料构造由外至内为：①无机涂料二道饰面(每道间隔 2h)；②封底漆一道(干燥后再做面涂)；③刮腻子两遍；④5mm 厚 1:0.5:2.5 水泥石灰膏砂浆找平；⑤8mm 厚 1:1:1 水泥石灰膏砂浆打底扫毛或划出纹道；⑥3mm 厚外加剂专用砂浆抹基面刮糙或界面剂一道(抹前将墙面用

水润湿）；⑦聚合物水泥砂浆修补墙面。要求编制内墙面无机涂料施工方案和技术交底文件。

(2) 学院建工大楼的室内走廊及楼梯两侧墙体地面向上1.5m高度采用墙面砖，其具体构造由外至内为：①白水泥擦缝（或1:1彩色水泥细砂砂浆勾缝）；②300mm×300mm的5mm厚墙面砖（贴前墙砖充分浸湿）；③9mm厚1:2建筑胶水泥砂浆黏结层；④刷素水泥浆一道甩毛；⑤聚合物水泥砂浆修补墙基面。要求进行墙面砖铺贴施工。

【知识准备】

墙面装饰的作用包括：保护墙体——使其不受风、雨、霜、雪、日照的侵蚀，有害介质的腐蚀，机械作用的伤害，增强墙体的坚固性、耐久性，从而延长墙体的使用年限；改善墙体的使用功能——装饰面层与墙体共同提高墙体的保温、隔热和隔声能力；美化建筑物及周边环境——建筑装饰对于美化建筑室内外空间环境具有显著作用，不同饰面材料及颜色搭配，可以大大提高建筑的艺术效果，美化建筑物及周边环境。

墙面装饰的分类：按装饰部位分，有室外装饰和室内装饰2类。室外装饰要求采用强度高、抗冻性强、耐水性好及具有抗腐蚀性的材料；室内装饰材料则因使用功能不同，要求有一定的强度、耐水及耐火性。按饰面材料分，常见的有抹灰类、贴面类、石板材类、镶板（材）类、涂刷类、裱糊类、玻璃（或金属）幕墙等。

1. 抹灰类墙面施工

抹灰类墙面施工通常分为一般抹灰和装饰抹灰两类。

1) 一般抹灰施工

一般抹灰是指采用石灰砂浆、混合砂浆、水泥砂浆等进行建筑物的面层抹灰并压实赶光的做法。外墙抹灰厚度一般为20~25mm，内墙抹灰厚度为15~20mm，顶棚抹灰厚度为12~15mm，在构造上和施工时须分层操作。

一般抹灰常用的材料有水泥、石灰、砂、纸筋、麻刀等。

(1) 抹灰层组成及作用

墙面抹灰一般由底层抹灰、中层抹灰和面层抹灰三部分组成，各层的作用和要求不同。抹灰的构造组成如图10-1所示。

底层抹灰主要起到与基层墙体黏结和初步找平的作用。

中层抹灰在于进一步找平以减少打底砂浆层干缩后可能出现的裂纹。

面层抹灰主要起装饰作用，因此要求面层表面平整、无裂痕、颜色均匀。

(2) 抹灰分类

一般抹灰墙体为砖墙、石墙、混凝土墙等。墙体抹灰按照其位置的不同，分为内墙抹灰和外墙抹灰。按照建筑标准的不同，一般抹灰可分为普通抹灰、中级抹灰、高级抹灰3种标准。

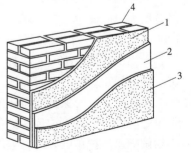

图10-1 抹灰的构造组成

1—基层；2—底层；3—中层；4—面层

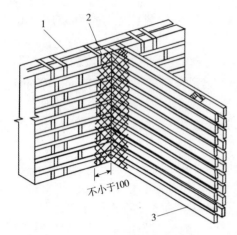

图 10-2 不同基体接缝处理
1—砖墙；2—钢丝网；3—板条墙

(3) 内墙抹灰施工

内墙抹灰的主要施工工艺流程为：施工准备→基层处理→设置标筋→做护角→抹底层、中层灰→抹面层灰→清理。

①施工准备 屋面防水或上层楼面面层已完工，没有渗漏；主体工程已通过验收；门窗框已安装就位；各种管道安装完毕；工作环境不低于 5℃；各种材料和机具已备齐。

②基层处理 抹灰前应对基体表面的灰尘、污垢、油渍、跌落砂浆等进行清除。对墙面上的孔洞、剔槽等用水泥砂浆进行填嵌。门窗框与墙体交接处缝隙应用水泥砂浆或混合砂浆分层嵌堵。不同材质的基体相接处（如砖石墙体与混凝土梁柱相接处），应先铺设金属网并绷紧牢固，金属网与各基体间的搭接宽度每侧不应小于 100mm，不同基体接缝处理如图 10-2 所示。

为了确保抹灰砂浆与基体表面黏结牢固，防止干燥的抹灰基层吸水过快而造成抹灰砂浆脱水形成急干，影响底层砂浆与墙面基体的黏结力，致使抹灰层产生空鼓、裂缝、脱落等现象，应在抹灰前一天洒水润湿墙面。此外，各种基层浇水程度，还与施工季节、气候和室内操作环境有关，因此要根据施工环境条件适当调整。

③设置标筋 为有效控制抹灰厚度，特别是保证墙面垂直度和平整度，在抹底、中层灰前应设置标筋作为抹灰的依据。设置标筋分为做灰饼和做冲筋两个步骤。

做灰饼：先用托线板和靠尺检查整个墙面的平整度和垂直度，根据检查结果确定灰饼的厚度，一般最薄处不应小于 7mm。在距离顶棚 200mm 处，用抹灰砂浆做一个 50mm × 50mm 的矩形灰饼（上灰饼），以此上灰饼为基础，吊线做下灰饼，下灰饼的位置一般在踢脚线上方 200~250mm，灰饼的厚度即为抹灰层的厚度。上、下灰饼做好之后，在灰饼附近砖墙缝内钉上钉子，栓线挂水平通线（注意小线要离开灰饼 1mm），然后按间距 1200~1500mm 加做若干灰饼，窗口、垛角处必须做灰饼。灰饼和冲筋做法如图 10-3 所示。

做冲筋：冲筋又称标筋、出柱头，就是在上下两块灰饼之间抹出一条长条梯形灰埂，其宽度为 100mm 左右，厚度与灰饼相平，作为墙面抹灰填平的标准，相邻冲筋的间距为 1200~1500mm。冲筋的做法为：在上下两个灰饼中间先抹一层，再抹第二遍凸出成八字形，要比灰饼凸出 10mm 左右，然后用木杆紧贴灰饼左上右下搓平，直到把标筋搓得与灰饼一样平为止。同时要将标筋的两边用刮尺修成斜面，使其与抹灰层接槎顺平。

④做护角 为保护墙面转角处不被碰撞损坏，在室内墙角、柱面的阳角和门窗洞口的阳角处应做水泥砂浆护角。护角要求线条顺直、清晰，并防止碰坏无论对设计有无规定都必须做护角。护角做好后，也能起到标筋的作用。

抹护角时，以墙面灰饼厚度为依据，首先将阳角用方尺找方。靠门框一边，以门框离墙面的空隙为准，另一边以灰饼厚度为依据。护角应采用 1:2 水泥砂浆，高度一般不低于 2m，护角每侧宽度不小于 50mm，如图 10-4 所示。

门窗洞口一般不要求做护角，但同样也要方正一致，平整光滑，操作方法与做护角

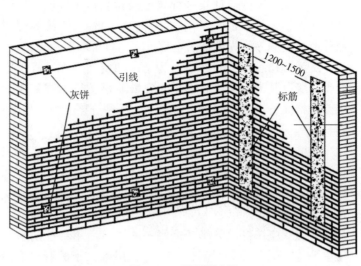

图10-3 灰饼和冲筋

相同。

⑤抹底层、中层灰 待标筋有一定强度后,即可在两标筋间用力抹上底层灰,用木抹子压实搓毛。待底层灰收水稍干后,即可抹中层灰,抹灰厚度应略高于标筋。中层抹灰后,随即用木杠沿标筋刮平,不平处补抹砂浆,然后再刮,直至墙面平直为止。

墙的阴角,先用方尺上下核对方正,然后用阴角器上下抽动扯平,直至四角方正为止。

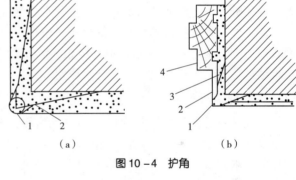

图10-4 护角

(a)墙、柱阳角护角;(b)门洞阳角护角
1—水泥砂浆护角;2—墙面砂浆;3—嵌缝砂浆;4—门框

⑥抹面层灰 面层抹灰俗称"罩面"。面层抹灰应在中层灰稍干后进行,中层灰太湿会影响面层灰的平整度,还可能"咬色";中层灰太干,则容易使面层灰脱水太快而影响黏结,造成面层的空鼓。一般情况下待中层灰六七成干时,即可抹面层灰。操作一般从阴角或阳角处开始,自左向右进行。一人在前抹面灰,另一人在其后找平整,并用铁抹子压实赶光。阴、阳角处用阴、阳角抹子捋光,并用毛刷蘸水将门窗阴、阳角等处刷干净。高级抹灰的阳角必须用方尺找方。

(4) 外墙抹灰施工

外墙抹灰主要施工工艺流程为:施工准备→基层处理→浇水润墙→找规矩、设标筋→抹底层、中层灰→弹分格线、嵌分格条→抹面层灰→起分格条→养护。

外墙抹灰与内墙抹灰的方法基本相同,仅有以下工序不同:

①找规矩、设标筋 外墙抹灰找规矩要在四个大角先挂好自上而下的垂直通线(多层及高层楼房应用钢丝线垂下),垂直吊好通线,然后确定抹灰厚度,每步架大角两侧最好弹上控制线,再拉水平通线,根据控制线和水平线做灰饼,竖向每步架都做一个灰饼,然后再做冲筋。

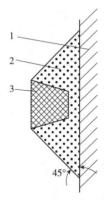

图 10-5 分格条
1—墙体；
2—素水泥浆；
3—分隔条

外墙抹灰同内墙抹灰一样要挂线做灰饼和冲筋，但因外墙面由檐口到地面，整体抹灰面大，门窗、阳台、明柱、腰线等都要横平竖直，因而外墙抹灰顺序为先上部后下部，先檐口再墙面。

②弹分格线、粘分格条　为了增加墙面美观，避免罩面砂浆收缩后产生裂缝以及大面积热胀冷缩而空鼓脱落，待中层灰六七成干后，按要求弹分格线，设置分格缝，分格缝处粘贴分格条。分格条可以采用木条、塑料条等，规格有20mm、25mm、30mm等几种。

分格条为梯形截面，浸水湿润后两侧用黏稠的素水泥浆与墙面抹成45°角黏结。嵌分格条时，应注意横平竖直，接头平直。如当天不抹面层灰，即采用"隔夜条"罩面层，分格条两边的素水泥浆应与墙面抹成60°角，如图10-5所示。

面层灰应抹得比分格条略高一些，然后用刮杠刮平，紧接着用木抹子搓平，待稍干后再用刮杠刮一遍，用木抹子搓磨出平整、粗糙、均匀的表面。

③起分格条　当外墙的面层灰抹完后，即可起出分格条，然后随即用水泥浆勾好分格缝，分格缝不得有错缝和缺棱掉角，其缝宽和深度应均匀一致。

④其他　外墙抹灰时，在外窗台板、窗楣、雨篷、阳台、压顶及突出腰线等部位的上面必须做出流水坡度，下面应做滴水线或滴水槽，滴水槽的宽度和深度均不得小于10mm，要求棱角整齐，光滑平整，起到挡水作用。

2) 装饰抹灰施工

装饰抹灰是指利用材料特点，在进行墙面抹灰时采取不同的施工工艺做成有特定质感、纹理及色泽效果的饰面层。比一般抹灰更具装饰性，其档次和造价也更高。装饰抹灰常见的有水刷石、干粘石、斩假石、假面砖等。本书主要介绍斩假石、假面砖施工工艺。

(1) 斩假石

斩假石又称剁斧石，其做法是先抹水泥石子浆，待其硬化后用专用工具斩剁，使其具有仿天然石纹的纹路。

斩假石主要施工工艺流程为：中层抹灰验收→弹线、粘分格条→抹面层水泥石子浆→养护→斩剁石纹→清理。

①弹线、粘分格条　待中层灰六七成干时，按设计要求弹线，粘分格条，做法同干粘石。

②抹水泥石子浆　配制水泥石子浆时，石粒常用粒径为2mm的白色粒石，内掺30%粒径为0.3mm的白云石。面层水泥石子浆一般两遍成活，厚度控制在10mm左右。先薄薄抹一层，待稍收水后再抹一遍砂浆与分格条平齐，并用刮杆赶平。待第二层收水后，再用木抹子拍实，上下顺势溜直，不得有砂眼、空隙。同一分格内的水泥石子浆应一次抹完。抹完后，用软毛刷蘸水顺纹清扫，刷去表面浮浆直至露石均匀。面层完成后应加强养护，避免暴晒和冰冻，24h后洒水养护。

③斩剁面层　常温条件下，面层养护2~3d后即可试剁，试剁以面层石粒不掉、容易剁出痕迹、声音清脆为准。斩剁前，应计划好哪些部位剁直纹，哪些部位剁横纹。在墙角、柱角等边棱处宜剁横纹或留出窄小边条不剁。斩剁时，用剁斧轻斩面层，一般要剁两

遍，第一遍轻斩，第二遍稍重些，斩纹深浅要一致，深度以不超过石子粒径的 1/3 为宜。斩剁顺序是：先上后下，先左后右，先边角后中间。斩剁后，用水冲刷面层，清除石屑末，并修补好分格缝处的掉边缺角。

(2) 假面砖

假面砖又称仿釉面砖，是采用掺氧化铁和颜料的水泥砂浆，用手工操作，模拟面砖装饰效果的一种饰面做法，一般适用于外墙装饰。

假面砖抹灰应做两层，第一层为砂浆垫层(13 mm 厚)，第二层为面层(34mm 厚)。因所用砂浆不同，有两种做法：第一种做法，第一层砂浆垫层用 1:0.3:3 水泥石灰混合砂浆，第二层用饰面砂浆或饰面色浆；第二种做法，第一层砂浆垫层用 1:1 水泥砂浆，第二层用饰面砂浆。

假面砖施工时应注意：按比例配制好砂浆或色浆，拌和均匀；在第一层具有一定强度和第二层完成后，沿靠尺由上而下用铁梳子划纹；根据假面砖的宽度用铁钩子沿靠尺横向划沟，露出第一层即可。

2. 贴面类墙面施工

贴面类饰面是将大小不同的块状材料采用粘贴的方式固定到墙面上的做法。这种饰面坚固耐用、色泽稳定、易清洗、耐腐蚀、防水、装饰效果好，内外墙面均可采用。

贴面类饰面由找平层、结合层、面层组成。找平层为底层砂浆，结合层为黏结砂浆，面层为块状材料，贴面类构造如图 10-6 所示。

用于直接粘贴的材料有陶瓷制品（釉面砖、陶瓷锦砖等）、小块天然或人造大理石、玻璃锦砖等。

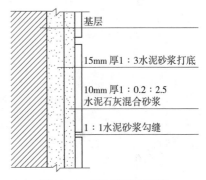

图 10-6 贴面类饰面构造

1) 内墙釉面砖施工

内墙釉面砖又称瓷砖。釉面砖表面光洁，耐酸碱腐蚀，方便擦拭清洗，颜色、图案丰富，装饰效果好，用于内墙十分理想，尤其适合盥洗室、厨房、卫生间等室内环境装饰。用于铺贴室内墙面的陶瓷釉面砖，因其吸水率较大，坯体较为疏松，因此内墙面砖不能用于外墙。

内墙釉面砖铺贴的工艺流程为：选砖→基层处理、抹底层灰→弹线、排砖→浸砖→粘贴面砖→擦缝。

(1) 选砖

釉面砖和外墙面砖镶贴前应按其颜色的深浅（色差）和几何尺寸进行挑选分类。在铺贴前应开箱验收，即根据设计要求选择规格一致、外形平整方正、不缺棱掉角、无开裂和脱釉以及色泽均匀的砖块，并用自制套模对面砖的几何尺寸进行分选，以保证镶贴质量。

(2) 基层处理、抹底层灰

基层为砖墙：将基层表面的灰尘清理干净，浇水润湿。用 1:3 水泥砂浆打底，分批抹层厚度约 10mm，要分层分遍进行操作；最后用抹子搓平呈毛面，隔日洒水养护。

基层为混凝土：基层浇水润湿后，将1:1水泥细砂浆（可掺适量胶黏剂）喷或甩到基体表面做毛化处理，待其凝固后，分层分遍用1:3水泥砂浆打底，分批抹层厚度约10mm，最后用抹子搓平呈毛面，隔日洒水养护。

基层为加气混凝土：用水湿润其表面，在缺棱掉角部位刷聚合物水泥砂浆一道，用1:3:9水泥石灰膏混合砂浆分层补平，干燥后再钉一层金属网并绷紧。在金属网上分层分批抹1:1:6混合砂浆打底，砂浆与金属网连接要牢固，最后用抹子搓平呈毛面，隔日洒水养护。

(3) 弹线、排砖

砖应按照设计要求、选砖结果及铺贴面砖部位的实测尺寸，从上到下按皮数排列。铺贴釉面砖一般从阳角开始，非整砖应排在阴角或次要部位。顶天棚铺砖，可在下部调整，非整砖留在最下层。在卫生间、盥洗室等有洗面器、玻璃镜子的墙面铺贴时，应将洗面器下水管中心安排在釉面砖的中心或缝隙处，注意釉面砖镶贴要对称和美观。

(4) 浸砖

镶贴面砖以前，砖墙面要提前一天润湿，混凝土墙可以提前3~4h润湿。釉面砖在粘贴前应在清水中充分浸泡，以保证粘贴后不致因吸走灰浆中的水分而粘贴不牢，浸水时间一般为3~5h，然后取出晾至手按砖背无水迹方可贴砖。

(5) 粘贴面砖

镶贴时可用1:2水泥砂浆做结合层，在釉面砖背面均匀地抹满水泥砂浆，以墙上弹线为标准，位置准确地贴于润湿的找平层上，用小灰铲木把轻轻敲实，使灰挤满。贴好几块后，要随时检查平整度和调整缝隙，发现不平砖要用小铲将其敲平，亏灰的砖，应及时添灰重贴，对所铺贴的砖面层，严格进行自检，杜绝空鼓、不平、不直的问题。釉面砖粘贴顺序为：由下往上，由左往右，逐层粘贴。

(6) 擦缝

待面砖贴好24h后，用白水泥涂满缝隙，再用棉砂蘸浆将缝隙擦平实，待稍有强度，勾缝后浇水养护。

2) 外墙面砖施工

外墙砖大体可分为炻器质(半瓷半陶)和瓷质两大类，分有釉和无釉两种。这类产品随着吸水率的降低，耐候性提高，抗冻性好。在寒冷地区使用的外墙砖，吸水率以不超过4%为宜，而瓷化程度越好的产品，其造价也越高。

外墙面砖铺贴的工艺流程与内墙基本相同，外墙釉面砖铺贴的工艺流程为：选砖→基层处理→抹找平层→弹线、排砖→浸砖→贴标准点→粘贴面砖→勾缝、清理表面。

选砖、基层处理、抹找平层的做法同内墙釉面砖施工。

(1) 弹线、排砖

按照设计要求和施工样板进行排砖，确定接缝宽度及分格，同时弹出控制线，做出标记。由于外墙砖不允许出现非整砖，为了达到这个要求，可以通过调整砖缝宽度和抹灰厚度等方法予以控制。根据外墙长宽尺寸先初选砖缝的宽度，使砖的宽度加半个砖缝（称为模数）的倍数正好是外墙的长或宽，如果还有微小差距，通过增加或减少中层抹灰厚度来调整，使抹灰后外墙的尺寸刚好是模数的整倍数，这样外墙就不会出现非整砖。对于必须用非整砖的部位，非整砖的宽度不宜小于整砖宽度的 1/3。

常用矩形面砖的排列方式有矩形长边水平排列和竖直排列两种；按照砖缝的宽度，可分为密封排列（缝宽 1~3 mm）和疏缝排列（缝宽 4~20mm），也可以采用密封与疏缝结合进行排列。

外墙面砖的排砖应按照如下原则：阳角部位都应该是整砖，且阳角处立面整砖应盖住侧立面整砖。对大面积墙面砖的镶贴，除不规则部位之外，其他部位不允许裁砖。

(2) 贴标准点

在镶贴前，应先贴若干块废面砖作为标志块，上下用托线板吊直，作为黏结厚度依据。横向每隔 1.5~2.0m 做一个标志块，用拉线或靠尺校正平整度。靠阳角的侧面也要挂直，称为双面挂直。

(3) 粘贴面砖

外墙面砖宜自上而下顺序镶贴，并先贴柱面后贴墙面，再贴窗间墙。

对于有设缝要求的饰面，可按设计规定的砖缝宽度自制小十字架，临时卡在每 4 块砖相邻的十字缝间，以保证缝隙精确。单元式的横缝或竖缝，则可用分隔条，一般情况下只需挂线贴砖。

(4) 勾缝、清理表面

勾缝前应检查面砖黏结质量，逐块敲试，发现空鼓黏结不牢的必须返工重做，经自检合格后方可进行勾缝。勾缝用 1:1 水泥砂浆，先勾横缝，后勾竖缝，勾缝应连续、平直、光滑、无裂纹、无空鼓。

3) 陶瓷锦砖施工

陶瓷锦砖（俗称陶瓷马赛克，也称纸皮砖）是以优质瓷土烧制成片状小瓷砖再拼成图案反贴在底纸上的饰面材料。其质地坚硬，经久耐用，耐酸碱、耐磨，不渗水，吸水率小（不大于0.2%），是优良的室内外面墙（或地面）饰面材料。陶瓷锦砖成联供应，每联的尺寸一般为 305.5mm×305.5mm（图10-7），施工时，以整联镶贴。

其主要施工工艺流程为：基层处理、抹找平层→排砖、分格、弹线→镶贴→揭纸→拨缝→擦缝。

(1) 基层处理、抹找平层

与内墙釉面砖的基层处理相同。

(2) 排砖、分格、弹线

根据设计施工图、建筑物的总高度、横竖线条装饰布置、门窗洞口和陶瓷锦砖（马赛

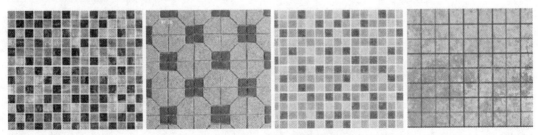

图10-7 陶瓷锦砖

克)品种规格定出分格缝宽,弹出若干水平线、垂直线,同时加工好分格条。注意同一墙面应采取同一种排列方式,预排时应注意阳角、窗口处必须为整砖,而且是立面压着侧面。

(3)镶贴

镶贴时,在弹好的水平线下口支靠垫尺,浇水湿润底层,由两人操作,一人先在墙上刷素水泥浆一道,再抹1:1水泥砂浆黏结层3~4mm厚,用靠尺刮平,抹子抹平;另一人将一张锦砖铺在木垫板上,纸面朝下,锦砖背朝上,刮素水泥浆,将素水泥浆刮入陶瓷锦砖的缝隙内,再将陶瓷锦砖沿垫尺粘贴在墙面上,灰缝要对齐,并用木砖轻轻来回敲打,使其粘实。

粘贴时要注意使各张之间的间距基本与小块陶瓷锦砖缝隙相同,不宜过大或过小,以免造成明显的接槎,影响装饰效果。

(4)揭纸

待灰浆初凝后,用软毛刷刷水将护面纸湿透,约0.5h后揭纸,揭纸宜从上往下慢慢地撕,用力方向应尽量与墙面平行。揭纸时,如果发现有个别小块陶瓷锦砖随纸带下,要重新补上;如果随纸带下数量多,说明护面纸的胶水尚未溶化,此时应用抹子将其重新压紧,继续刷水润湿护面纸,直至撕纸时无掉块为止。

(5)拨缝

揭纸后要检查缝口的大小,不合要求的缝必须拨正。用金属拨板(或开刀)调整弯扭的缝隙,并用黏结材料将未填实的缝隙嵌实,使之间距均匀。拨缝后在陶瓷锦砖上贴好垫板轻敲拍实,以增强与墙面的黏结。

(6)擦缝

待黏结水泥砂浆凝固后,用素水泥浆找补擦缝。如果为浅色的陶瓷锦砖,擦缝用的水泥应采用白水泥。擦缝完成,待黏结层砂浆终凝后,全面清洗墙面,次日喷水养护。

4)玻璃锦砖施工

玻璃锦砖又称玻璃马赛克,是用玻璃烧制而成的小块贴于纸上而成的饰面材料。其特点是质地坚硬,性能稳定,表面光滑,吸水率低,耐大气腐蚀、耐热、耐冻、耐磨,不龟裂。其背面呈凹形,有棱线条,四周有八字形斜角,使其与基层砂浆结合牢固。玻璃锦砖每联的规格为325mm×325mm。玻璃锦砖常见有绿白相间、黑白相间、珠光、蓝紫、橘黄及各种颜色混合搭配等多种色彩(图10-8)。

其施工方法参照陶瓷锦砖。

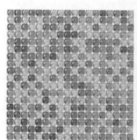

图10-8 玻璃锦砖

3. 石板材类墙面施工

石板材可分为天然石板材和人造石板材两大类。常见天然石板材有花岗石、大理石和青石板等，具有强度高、耐久性好，多作高级装饰用；常见人造石板材有预制水磨石板、人造大理石板等。

石板材常见的施工方法主要有粘贴法、挂贴法和干挂法等，其中粘贴法适用于面积小于400mm×400mm、厚度小于12 mm 的石板材(即小规格石板材)。

1) 粘贴法施工

粘贴法是指采用水泥砂浆、聚合物水泥砂浆及新型黏结材料(如建筑黏结剂)等将小规格天然石板材直接粘贴于建筑结构基体表面的一种施工方法。

粘贴法施工工艺为：基层处理→抹底灰→弹线定位→粘贴石板材→嵌缝。

(1) 基层处理

对墙、柱等基体的缺陷进行修复，清除基体上的灰尘、污垢，并保证平整、粗糙和湿润。

(2) 底灰

一般用1∶3水泥砂浆在基体上抹底灰，厚度为12mm，用短木杠刮平、并划毛。

(3) 弹线定位

根据设计图纸、粘贴的部位、石板材的规格及接缝宽度，在底灰上弹出水平线、垂直线。

(4) 粘贴石板材

粘贴前，应在底灰上刷一道素水泥浆。粘贴时在石板材背面抹上 2～3mm 厚的素水泥浆(可加入适量的107胶)，贴上后用木锤或橡皮锤轻轻敲击使之粘牢。

(5) 嵌缝

待石板材粘贴2～4d后可用与饰面板底色相近的水泥浆进行嵌缝，并清除板材表面多余的浆液。

2) 挂贴法施工

挂贴法是指在建筑结构墙面固定钢筋网，在钢筋网上绑扎天然石板材，或采用金属锚固件钩挂石板材并与墙体固定，然后在石板材与墙体之间的空腔内灌注水泥砂浆或水泥石屑浆的一种施工方法。

挂贴法的施工工艺为：基层处理→绑扎钢筋网→钻孔、剔槽、挂丝→安装石板材→灌浆→嵌缝。

(1) 基层处理

对墙、柱等基体的缺陷进行修复，清除基体表面的灰尘、污垢等，并保证表面平整粗糙。

(2) 绑扎钢筋网

根据设计要求用$\phi 8 \sim 10$的钢筋采用焊接或绑扎的方法形成钢筋网片，竖向钢筋的间距可按石板材宽度距离设置，横向钢筋间距以比石板材竖向尺寸小20～30mm为宜。采用与膨胀螺栓焊接等方式，将钢筋网片固定在基体上，如图10－9所示。

(3) 钻孔、剔槽、挂丝

为保证饰面板与钢筋网片进行连接,应在石板材上钻孔或剔槽,常用的有牛鼻子孔、斜孔、三角形槽,如图 10-10 所示。孔或槽一般距板材两端为板边长的 1/4~1/3,孔或槽形成后用铜丝或不锈钢丝穿入其中,因铁丝易腐蚀生锈而脱落不宜采用。

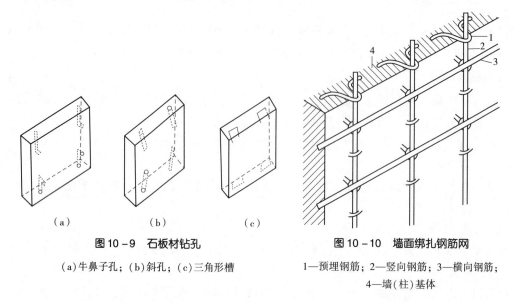

图 10-9 石板材钻孔
(a)牛鼻子孔;(b)斜孔;(c)三角形槽

图 10-10 墙面绑扎钢筋网
1—预埋钢筋;2—竖向钢筋;3—横向钢筋;
4—墙(柱)基体

(4) 安装石板材

安装前,用线锤从上至下吊线,考虑留出石板材厚度、灌浆厚度及钢筋网焊接绑扎所占的位置,准确定出石板材的位置,然后将此位置投影到地面,在墙下边划出第一层石板材的轮廓尺寸线,作为第一层石板材的安装基准线。

石板材安装一般自下而上逐层进行,通过铜丝或不锈钢丝绑扎在钢筋网片上,石板材的平整度、垂直度和接缝宽度可用木楔进行调整。板材就位后,要做临时固定,以防止灌浆时石板材游走、错位。

(5) 灌浆

石板材经过校正垂直、平整和方正,并临时固定,即可灌浆。一般采用 1:3 水泥砂浆分层灌浆,砂浆稠度 8~15cm。灌浆时,注意不要碰动石板材,全长均匀灌注。灌浆应每层进行,第一层灌入高度不大于 150mm,并应不大于 1/3 板材高,灌浆时用小铁钎轻轻插捣,切忌猛捣猛灌。待第一层灌浆初凝后,再进行第二层灌浆,高度 100mm 左右,即板材的 1/2 高度。第三层灌浆应低于板材上口 50~100mm 处,余量作为上层板灌浆的接缝。

(6) 嵌缝

石板材全部安装完毕,应将石板材表面清理干净,然后用选定的嵌缝材料进行嵌缝,边嵌缝边擦干净,嵌缝要密实、色泽一致。

石板材挂贴法构造如图 10-11 所示。

3) 干挂法施工

干挂石材的施工方法是用一组高强耐腐蚀的金属连接件,将饰面石材与结构可靠地连接,其间形成空气间层不做灌浆处理的一种施工方法。

干挂法施工工艺为：基层处理→弹线→石板材打孔或开槽→固定连接件→安装石板材→嵌缝、清理面板。

(1) 基层处理

安装前，对基层墙体进行认真的处理，是防止石板材安装后产生空鼓、脱落的关键工序。当基层表面有影响石板材安装的凸出部位时，应予以凿除；有小孔洞的，应用水泥砂浆补平，使其表面平整粗糙。

(2) 弹线

基层处理完毕，在墙体基层表面吊垂线以及拉水平线，控制石板材的垂直度和水平度，根据设计图纸和实际需要弹出安装石板材的位置线和分块线。放线时要注意板与板之间应留缝隙，一般可留 1～2 mm 的缝隙。放线必须准确，一般由墙中心向两边弹放，使墙面误差均匀地分布在板缝中。

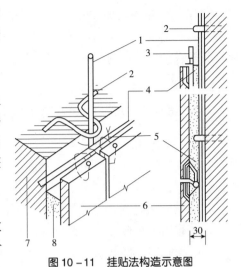

图 10-11 挂贴法构造示意图

1—立筋；2—铁环；3—定位木楔；
4—横筋；5—铜丝；6—石板材；
7—墙体；8—水泥砂浆(灌浆)

(3) 石板材打孔或开槽

根据设计尺寸和图纸要求，将石板材用专用模具固定在台钻上进行打孔(或开槽)，板材上下两边各形成两个孔洞(或沟槽)。打孔或开槽的位置要准确无误，并与连接件的尺寸相适应。

(4) 固定连接件

连接件一般是由不锈钢板或角钢等金属构件组成，如图 10-12 所示。连接件的安装位置应根据设计要求和板材钻孔的位置确定。连接件可通过膨胀螺栓等方法与墙、柱基体连接。

(5) 安装石板材

安装时从底层开始，干挂石板材时应保证水平度及垂直度满足有关规定，相邻石板材之间用 φ5mm 的不锈钢销钉销牢。找平吊直后，将石板材固定在上下连接件上并用环氧树脂胶密封。

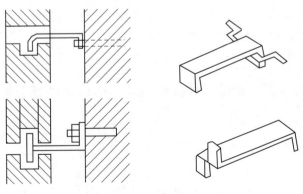

图 10-12 不锈钢连接件

(6)嵌缝、清理面板

每一施工段安装后经检查无误,方可清扫拼接缝,填入橡胶条(或素水泥浆),然后用打胶机进行硅胶涂封,嵌缝后即可清理板材表面杂物。

【任务实施】

1. 编制学院建工大楼内墙面无机涂料施工方案和施工技术交底文件

(1)编制施工方案

①确定编制依据　内容包括施工验收规范、验收标准以及本工程施工图纸和施工组织设计。

②标准和规范　内容包括施工单位应遵守的有关环境保护的法律法规等。

③编制工程概况　包括项目基本情况、周边的环境等。

④编制施工部署及准备　包括人员、材料、机械设备、作业条件等方面的准备。

⑤编制操作工艺标准。

⑥编制质量保证措施。

⑦编制安全环保措施。

(2)编制墙面抹灰施工技术交底文件

①编制工程概况　内容包含项目基本情况、周边的环境、抹灰工程工程量、抹灰工程基层的类型。

②编制材料要求　抹灰工程使用的各种原材料质量应符合相关质量要求。

③编制主要机具　抹灰工程使用的各种机具、材料、设备等。

④编制作业条件

- 抹灰工程必须在混凝土结构工程、砌体工程全部完成后,经有关部门验收合格方可施工。
- 抹灰工程施工环境温度不应低于5℃。
- 室内抹灰之前,首先应做好屋面防水及室内的封闭、保温工作。
- 抹灰前,应检查抹灰面上的各节点细部是否已经按要求处理完成。
- 抹灰前,墙面已按要求进行处理。

⑤编制施工工艺　包括工艺流程和操作工艺(包括混凝土墙体、砖墙墙面抹灰工艺)。

⑥编制各部位细部构造　包括外墙面细部构造和内墙面细部构造。

⑦质量标准　包括主控项目标准和一般项目标准。

⑧编制成品保护措施。

2. 学院建工大楼室内走廊及楼梯两侧墙体面砖铺贴施工

(1)材料和机具准备

砂、水泥、界面剂、各类抹子、辅助工具、刷子等。

(2)基层处理

墙体平整度不符合要求的先进行墙面基层找平,不同结构基体交接处用钢丝网进行处理。

(3) 弹线

根据图纸要求和砖的规格分别弹出每层的水平线和垂直线。

(4) 浸砖

砖在水中浸泡 2h 后，取出阴干。

(5) 粘贴面砖

墙面要提前 0.5～1d 湿润，以避免吸走砂浆中的水分。面砖铺贴方式采用离缝式铺贴。根据砖的位置，排砖采用矩形长边水平排列。釉面砖粘贴顺序：由下往上，由左往右，逐层粘贴。

(6) 擦缝

面砖贴好 24h 后，用白水泥涂满缝隙，再用棉砂蘸浆将缝隙擦平。

【考核评价】

考核评定方式	评定内容	分值	得分
自评	方案完整	10	
	施工工艺	10	
	团队协作	10	
	成果质量	10	
互评	成果质量	10	
教师评定	考勤	10	
	施工工艺	10	
	团队协作	10	
	成果质量	20	
总 分			

【知识拓展】

1. 镶板(材)类墙面施工

镶板(材)类施工是在基体(墙体或柱子)上固定骨架，用粘贴、紧固件、嵌条等将饰面板安装在骨架上。其基本构造由固定的骨架和饰面板组成。骨架有木骨架和金属骨架，饰面板有硬木板、胶合板、纤维板、石膏板等各种装饰面板和近年来应用日益广泛的金属饰面板。

1) 木质饰面板墙面施工

木质饰面板墙面是指采用各种硬木板、胶合板、纤维板以及各种装饰面板等作为墙面装修。具有美观大方、装饰效果好、安装方便等优点，但防火、防潮性能欠佳，一般多用作宾馆、大型公共建筑的门厅及大厅面的装修。木质饰面板墙面装修构造是先立墙筋，然后外钉面板。

其施工工艺流程一般为：基层处理→弹线→检查预埋件→固定木骨架→安装木饰面板→安装收口线条。

2) 金属饰面板墙面施工

金属饰面板墙面系指利用薄钢板、不锈钢板、铝板或铝合金板作为墙面装修材料。金属饰面板作为建筑物特别是高层建筑物的外墙饰面具有典雅庄重、质感丰富、线条挺拔及坚固、质轻、耐久等特点。金属饰面板有铝合金板、不锈钢板等单一材质板,也有夹芯铝合金板、涂层钢板、烤漆钢板等复合材质板。

金属饰面板墙面装修构造,也是先立墙筋,然后外钉面板。墙筋用膨胀铆钉固定在墙上,间距为 60~180mm。金属饰面板用自攻螺丝或膨胀铆钉固定,也可先用电钻打孔再用木螺丝固定。

以铝合金饰面板为例,其施工工艺流程一般为:弹线定位→固定骨架连接件→安装骨架→安装铝合金面板→收口细部处理。

2. 涂料类墙面施工

涂料是指涂覆于基层表面,在一定条件下可形成与基体牢固结合的连续、完整固体膜层的材料。建筑物涂料饰面具有自重轻、工期短、色彩丰富、质感多变、耐久性好、施工效率高等优点,它是建筑物内外墙最简便、经济、易于维修更新的一种装饰方法。在国内外,这种饰面做法均得到广泛的应用。建筑涂料主要具有装饰、保护和改善使用环境的功能。

1) 涂料的分类

(1) 按涂料的成膜物质分

可将涂料分为有机涂料、无机涂料和有机-无机复合涂料。其中有机涂料根据成膜物质的特点可分为溶剂型、水溶型、乳液型涂料。

(2) 根据在建筑物上使用部位的不同分

建筑涂料可分为外墙涂料、内墙涂料、地面涂料等。

(3) 按涂料膜层厚度分

可分为薄质涂料、厚质涂料,前者厚度为 50~100mm,后者厚度为 1~6mm。

(4) 按涂料的特殊功能分

分为防火涂料、防水涂料、防腐涂料、弹性涂料等。

(5) 按化学成分不同分

可分为水性涂料(如乳液型涂料、无机涂料、水溶性涂料等)、溶剂型涂料(如丙烯酸酯涂料、聚氨酯丙烯涂料、有机硅丙烯酸涂料等)和美术涂料等。

2) 涂料的施工方法

建筑涂料的基本施涂方法有刷涂、滚涂、喷涂、弹涂。

(1) 刷涂

刷涂是用毛刷、排笔在基层表面进行人工覆涂施工的一种方法。

(2) 滚涂

滚涂是利用软毛辊(羊毛或人造毛)、花样辊进行施工。该种方法具有设备简单、操作方便、工效高、涂饰效果好等优点。

(3) 喷涂

喷涂是利用喷枪(或喷斗)将涂料喷于基层上的机械施涂方法(图 10-13)。其特点是外观质量好、工效高,适用于大面积施工。

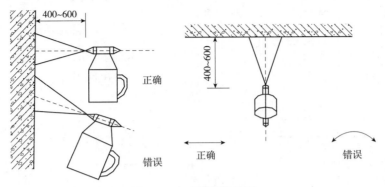

图 10-13 喷涂喷枪位置

(4) 弹涂

弹涂是借助专用的电动或手动的弹涂器，将各种颜色的涂料弹到饰面基层上，形成直径 2~8mm、大小近似、颜色不同、互相交错的圆粒状色点或深浅色点相间的彩色涂层。弹涂饰面层黏结能力强，可用于各种基层，获得牢固、美观、立体感强的涂饰面层。

任务 10-2　地面装饰施工

【工作任务】

学院建工大楼的标准层楼面玻化砖构造由上至下为：①玻化砖，用专用胶剂粘贴，干水泥擦缝（或专用填缝剂）；②20mm 厚 1:3 干硬性水泥砂浆结合层，压实抹光；③纯水泥浆一道（内掺建筑胶）；④现浇钢筋混凝土楼板。本任务要求以小组为单位进行学院建工大楼楼面玻化砖的铺贴施工。

【知识准备】

地面是建筑物首层地面（地坪）和楼层地面（楼面）的总称。地面装饰作为装饰三大面的主要组成部分，是装饰施工中的一项重要内容。地面装饰要满足正常使用要求与人们的审美要求，主要起美观、保护结构层、创造良好的空间环境等作用。地面装饰面层应满足有足够的强度、耐磨、防潮（水）、保温、隔声、美观、耐腐蚀等要求。

根据地面装饰面层所用的材料及施工方法的不同，地面装饰施工可分为：整体类地面施工、块材类地面施工、卷材类地面施工和涂料类地面施工四大类。

1. 整体类地面施工

整体式楼地面的选材广泛，是以胶凝材料、骨料和溶液的混合体现场整体浇注抹平而成，面层无接缝，一般造价较低，施工简便。可以通过对其表面的加工处理，获得丰富的装饰效果。整体式楼地面根据配料不同分为水泥砂浆楼地面、细石混凝土楼地面、现浇水磨石楼地面等，这 3 种做法在实际工程中较为常用，也是比较传统的地面装饰做法。

1) 水泥砂浆地面施工

水泥砂浆面层是采用水泥砂浆压抹于基层（垫层）或楼板结构层之上而成的一种装饰方法，是建筑工程应用最为传统、简单的面层构造。它具有材料简单，施工操作简便、快速、耐腐、耐火，造价低廉等优点；但耐磨性稍差。适用于一般民用住宅和工业厂房车间

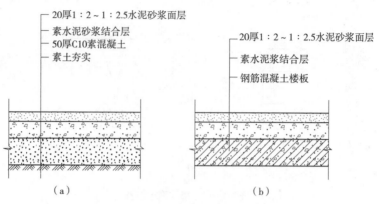

图 10-14 水泥砂浆楼地面构造示意图

(a)水泥砂浆地坪构造；(b)水泥砂浆楼面构造

的地坪面层。其常用构造做法如图 10-14 所示。

水泥砂浆地面施工工艺流程为：基层处理→找标高、弹线→抹灰饼或做标筋 →刷素水泥浆结合层→铺水泥砂浆面层→木抹子搓平→第一遍抹压→第二遍抹压→第三遍压光→养护。

(1)基层处理

水泥砂浆面层一般抹在地坪混凝土垫层或楼面基层之上，基层处理是防止水泥砂浆面层产生空鼓、裂纹、起砂等质量通病的关键工序。因此要求基层表面干净、潮湿、粗糙，认真清除基层上的灰尘，用钢丝刷和錾子刷净、剔掉灰浆皮和灰渣层，用水冲洗干净。

(2)找标高、弹线

地面抹灰前，根据实际情况，在四周墙上弹出 +500mm 或 +1000mm 作为水平线基准线，如图 10-15(a)所示，根据基准线往下量测出面层标高，并弹在四周墙面上(即水平辅助基准线)，作为确定水泥砂浆面层标高的依据，并要与房间以外的楼道、楼梯平台、踏步的标高相呼应，贯通一致。

(3)抹灰饼或做标筋(冲筋)

根据房间内四周墙面上弹出的面层标高水平线，确定面层抹灰厚度，然后拉水平线开始抹灰饼(5cm×5cm)，横竖间距为 1.5~2.0m，灰饼上平面即为地面面层标高。

如果房间较大，为保证整体面层平整度，还须做标筋(或称冲筋)，将水泥砂浆铺在灰饼之间，宽度与灰饼宽相同，用木抹子拍抹成与灰饼上表面相平一致，如图 10-15(b)所示。

(4)刷素水泥浆结合层

在铺设水泥砂浆之前，将抹灰饼的余灰清扫干净，洒水湿润后涂刷水泥浆一层，其水灰比为 1:0.4~1:0.5，涂刷面积不要过大，随刷随铺面层砂浆。

(5)铺水泥砂浆面层

涂刷水泥浆之后紧跟着铺水泥砂浆，在灰饼之间(或标筋之间)将砂浆铺均匀，然后用木刮杠按灰饼(或标筋)高度刮平。面层的水泥砂浆配合比应符合设计有关要求，一般采用配合比为 1:2 水泥砂浆，其稠度不应大于 35mm，强度等级不应小于 M15。应使用砂浆搅

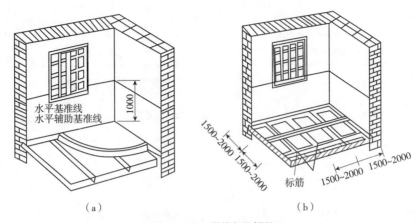

图 10-15 弹线与做标筋

(a)弹基准线；(b)做标筋

拌机搅拌，搅拌时间不少于 2min，要求搅拌均匀，颜色一致。

(6) 木抹子搓平

木刮杠刮平后，立即用木抹子搓揉压实，抹时用力均匀，从内向外退着操作，并随时用 2m 靠尺检查其平整度。

(7) 第一遍抹压

待水泥砂浆收水后，立即用铁抹子进行第一遍抹实压平，直到出浆为止。如果局部砂浆过干，可用扫帚蘸水洒滴；如果局部砂浆过稀，可均匀撒一层 1∶1 干水泥沙来吸水，顺手用木抹子用力搓平，使其互相混合，待砂浆收水后再用铁抹子抹压直至出浆。上述操作须在水泥砂浆初凝之前完成。

(8) 第二遍抹压

当面层砂浆刚刚初凝后，人踩上去，有脚印但不下陷时，用铁抹子进行第二遍抹压，边抹压边把坑凹处填平，要求不漏压，表面压平、压光。

(9) 第三遍压光

在水泥砂浆终凝前，即人踩上去稍有脚印，用抹子抹上去不再有纹时，进行第三遍压光。抹压时用力稍大一些，并把第二遍抹压时留下的全部抹纹压平、压实、压光。水泥砂浆地面压光要三遍成活，每遍抹压的时间要掌握恰当，以保证工程质量，压光过早或过迟，都会造成地面起砂的质量问题。

(10) 养护

养护要适时，浇水过早易起皮，过晚则易产生裂纹或起砂。在夏天，一般地面压光完 24h 后养护，春秋季节应在 48h 后养护。可采用铺锯末或其他材料覆盖洒水养护，保持湿润，养护时间不少于 7d，当抗压强度达 5MPa 后才能上人。

冬期施工的环境温度不应低于 5℃。

2) 细石混凝土地面施工

细石混凝土面层是采用 C20 普通细石混凝土作地面或楼层面层。具有整体性好、强度高、耐久抗裂、施工简便、施工快速、造价较低等优点。适用于耐磨、抗裂性要求较高的

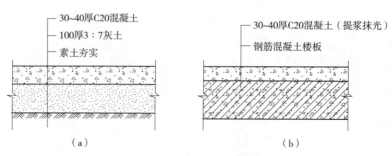

图 10-16 细石混凝土地面构造

(a)地坪构造；(b)楼面构造

厂房车间和公用、民用住宅建筑地坪面层。其常用构造做法如图 10-16 所示。

细石混凝土施工工艺流程：基层处理→找标高、弹线→抹灰饼或做标筋→刷素水泥浆结合层→浇筑细石混凝土→抹面层压光→养护→切割分格缝。

基层处理、找标高、弹线、抹灰饼、刷素水泥浆结合层的做法同水泥砂浆面层。

(1) 浇筑细石混凝土

在浇筑细石混凝土的前一天，对基层表面进行洒水湿润。当天浇筑细石混凝土前，刷素水泥浆一道，随刷随浇铺。将搅拌好的细石混凝土铺抹到地面基层上，用 2m 长刮杠顺着标筋刮平，然后用滚筒往返、纵横滚压。当面层厚度较厚时，应采用平板振动器振捣。如果混凝土振捣时，表面局部缺浆，可在表面略加适量的 1:2 水泥砂浆进行抹压找平，但不允许撒干水泥。如果表面已经泛浆，不允许再加水泥砂浆的做法。混凝土浇捣时，一定使其表面按墙四周基准线和中间的灰饼或标筋找平。

(2) 抹面层压光

细石混凝土浇捣完毕，用 2m 长刮杠刮平，再用木抹子搓平，然后分三次抹压面层。

第一遍抹压：面层用木抹子搓平，待混凝土面层收水后，随即用铁抹子轻轻抹压面层进行第一遍抹压，直到出浆为止，使面层达到结合紧密。

第二遍抹压：当面层砂浆初凝后，地面面层上有脚印但走上去不下陷时，用铁抹子按先里后外的顺序进行第二遍抹压，把凹坑、砂眼填实抹平，注意不得漏压，不留铁抹子的抹痕。

第三遍压光：当面层砂浆终凝前，即人踩上去稍有脚印，用铁抹子压光无抹痕时，可用铁抹子进行第三遍压光。此遍要用力抹压，把所有抹纹压平压光，达到面层表面密实光洁。压光应在混凝土终凝前完成，常温下不超过 3~5h。要求表面无抹痕、光滑、色泽一致。

(3) 养护

细石混凝土地面第三遍抹压完 24h 后进行浇水养护，每天不少于 2 次，浇水次数应能保证混凝土具有足够的湿润状态。有条件时可铺湿润锯末或覆盖塑料薄膜养护，养护时间不少于 7d，养护期间必须安排专人养护。耐磨混凝土地面养护不少于 14d，28d 后方可交付使用。

冬期施工的环境温度不应低于 5℃。

(4) 切割分格缝

为避免结构柱周围地面开裂，必须在地面与结构柱之间设置分格缝，缝宽 5mm，分隔缝在地面细石混凝土强度达到70%后，用砂轮切割机切割。切割前，必须弹线，保证分格缝缝宽笔直。柱边、通风、电气、消防等设备基础边均应设置分格缝，分割缝距设备基础边100mm，填充弹性材料。

2. 块材类地面施工

常见地面装饰用的块材有陶瓷地砖、陶瓷锦砖、大理石、花岗岩、木地板以及硬质塑料地板等。下面介绍陶瓷地砖地面施工相关内容。

陶瓷地砖，又称地砖或地面陶瓷砖。陶瓷地砖面层是在各类基层上用水泥砂浆或胶泥铺贴而成的。这种面砖色彩丰富、艺术性强、强度高、耐磨、抗腐蚀，品种、规格、花色多，施工方便、快速。适用于各类建筑的门厅、廊道、会议室、餐厅、浴厕及中、高档房间的地面面层。其常见构造做法如图10-17所示。

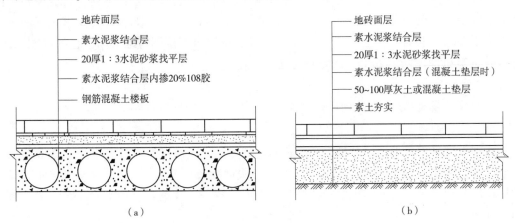

图 10-17 陶瓷地砖地面
(a)陶瓷地砖楼面构造；(b)陶瓷地砖地面构造

主要施工工艺流程为：清理基层→弹水平标高线、做灰饼→铺找平层→弹铺砖控制线→铺地砖→拨缝、擦缝→养护→贴踢脚板。

(1) 清理基层

将基层表面的浮土或砂浆铲掉，清扫干净；有油污时，应用10%火碱水刷净，并用清水冲洗干净。若混凝土楼面基层光滑则应凿毛或拉毛。

若基层清理不干净、洒水湿润不均、砖未浸水、水泥浆结合层刷的面积过大风干后起隔离作用、上人过早影响黏结层强度等，都会导致空鼓。

(2) 弹水平标高线、做灰饼

以在墙面上已弹好的+500mm或+1000mm水平线作为基准线，弹出地面水平标高线。根据地面水平标高线，拉水平线做灰饼，灰饼上平面即为陶瓷地砖下皮，用以控制找平层的平整度和标高。

(3) 铺找平层

铺水泥砂浆找平层之前，先刷一道素水泥浆，然后用1:3干硬性水泥砂浆(干硬程度以手捏成团，落地开花为准)铺设，其厚度为20~25mm，用大杠(顺标筋)将砂浆刮平，木抹子拍实，抹平整。找平层厚度不超过灰饼顶面标高。

(4)弹铺砖控制线

在找平层上横向每3~5块砖弹控制线一道,并引至墙根。弹线时应注意楼层伸缩缝位置,使地砖接缝与伸缩缝重叠,房间与走道连通处应对缝拼花。

(5)铺地砖

在地砖铺贴前,应对砖的规格尺寸、外观质量、色泽等进行预选,浸水湿润、晾干待用。

铺砖时,在找平层上刷素水泥浆一道,在地砖背面抹10mm厚水泥砂浆,随后按控制线铺贴地砖,用橡胶锤砸实砸平,用靠尺检查平整度。如不平,应掀起地砖,或衬灰或刮去多余砂浆,重新刮平,放上地砖,铺平压实,直至合格。

(6)拨缝、擦缝

地砖铺平压实后,拉通线先横缝后竖缝调拨缝隙,使缝口平直、贯通,在砂浆初凝前完成拨缝调直。拨缝后应再轻砸一遍,并清净灰浆,洒水润缝。如设计无要求,密铺缝宽不宜大于1mm,稀铺缝宽宜在5~10mm。1mm宽窄缝可直接用与地砖同颜色的水泥擦缝;5~10mm宽缝应用同色1:1水泥砂浆勾缝、压缝。

(7)养护

待勾缝砂浆凝结后,清扫地面,铺锯屑洒水养护不少于7d。

(8)贴踢脚板

踢脚板宜采用与地面同品种、同颜色的地砖镶贴。其高度按设计要求,立缝应与地面平缝对齐。镶贴时先在房间各阴角两面各贴一块标准砖,要求上口水平,出墙厚度一致。然后按标准砖挂线,将踢脚板面砖粘贴在墙面上,找平、找垂直、拍实,刮除余浆,将砖面清理干净。

踢脚板空鼓原因,除与地面相同外,还因为踢脚板背面黏结砂浆量少或未抹到边,造成边角空鼓。

3. 石板材地面施工

天然石板材主要指大理石、花岗岩石板材。大理石、花岗石面层是采用加工好的天然大理石板、花岗石板在基层上铺砌而成。天然大理石属于中硬石材,其颜色花色多样,色泽鲜艳,给人富丽豪华的感觉,是公共场所如大堂、客厅、过道等常用的装饰材料。

主要施工工艺流程为:基层处理→试拼、编号→弹线→试排→铺砂浆结合层→铺贴石板材→灌缝、擦缝、养护→打蜡。

(1)基层处理

将地面基层上的杂物清除干净,用钢丝刷刷掉黏结在基层上的砂浆,并清扫冲洗干净。若基层为光滑混凝土面层,应做凿毛处理。

(2)试拼、编号

在正式铺设前,应对每一房间的大理石(或花岗石)板材,按图案、颜色、纹理试拼,试拼后按两个方向编号排列,然后按编号堆放整齐备用。

(3)弹线

为了检查和控制大理石(或花岗石)板材的位置,在房间内拉十字控制线,并引至墙面底部，然后依据墙面 +500mm 标高线找出面层水平标高，在墙上弹出水平标高线，弹水平标高线时注意室内与楼道面层标高要一致。

(4)试排

在房间内的两个相互垂直的方向铺两条干砂，其宽度大于石板材宽度，厚度不小于30mm、结合施工大样图及房间实际尺寸，把大理石(或花岗石)板材排好，以便检查石板材之间的缝隙，核对石板材与墙面、柱、洞口等部位的相对位置。

(5)铺砂浆结合层

试排后将干砂和石板材移开，清扫干净，用喷壶洒水湿润，刷一层素水泥浆，刷的面积不要过大，随铺砂浆随刷。根据板面水平标高线确定结合层砂浆厚度，拉十字控制线，开始铺结合层干硬性水泥砂浆(1:2~1:3)，厚度控制在放上大理石(或花岗石)板材时宜高出面层水平线 3~4mm。铺好后用刮杠刮平，再用抹子拍实找平。

(6)铺贴石板材

石板材应先用水浸湿，待擦干或表面晾干后方可铺设。

根据房间拉的十字控制线，纵横各铺一行，作为大面积铺贴标筋之用。依据试拼时的编号、图案及试排时的缝隙，在十字控制线交点开始铺砌。先在水泥砂浆结合层上满浇一层水灰比为 1:0.5 的素水泥浆，再对准位置铺贴石板材，用橡皮锤或木锤轻击石板材，调整石板材的平整度，并用靠尺检查平整度。

石板材铺贴顺序一般为：由房间中部向两侧退步进行。凡有柱子的大厅宜先铺柱子与柱子的中间部分，然后向两边展开。

(7)灌缝、擦缝、养护

铺板完成 2d 后，经检查石板材无断裂、空鼓现象，方可进行灌缝。选择与石板材相同颜色的矿物颜料和水泥(或白水泥)拌和均匀，调成 1:1 稀水泥浆，用浆壶徐徐灌入板块之间的缝隙中，并用长把刮把流出的水泥浆刮向缝隙内，直至基本灌满。灌浆 1~2h 后，用棉纱团蘸原稀水泥浆擦缝，同时将板面上水泥浆擦净，使大理石(或花岗石)面层的表面洁净、平整、坚实。

灌缝擦缝完 24h 后，应用干净湿润的锯屑覆盖，喷水养护不少于 7d。3d 内禁止上人走动或在面层上进行其他作业。

(8)打蜡

当水泥砂浆结合层达到一定强度后(抗压强度达到 1.2MPa 时)，方可进行打蜡，使面层光滑洁亮。

【任务实施】

1. 材料、工具准备

(1)地砖

地砖进场验收合格后，在施工前应进行挑选，将有质量缺陷的剔除，然后将面砖按大、中、小 3 类挑选后分别码放在垫木上。色号不同的严禁混用，选砖用木条钉方框模子，拆包后块块进行套选，长、宽、厚误差不得超过 ±1mm，平整度用直尺检查。

(2)水泥

使用 325 级以上普通硅酸盐水泥或矿渣硅酸盐水泥，不同品种、不同强度等级的水泥严禁混用。

(3) 砂

使用粗砂或中砂，含泥量不大于3%，过8mm孔径的筛子。

(4) 工具准备

长短刮、水桶、方尺、钢卷尺、木抹子、铁抹子、木拍板、手锹、筛子、喷壶、墨斗杠、扫帚、橡皮锤、合金、开刀、手提式切割机等。

2. 地砖铺贴施工

(1) 工艺流程

基层处理→铺结合层砂浆→弹线定位及排砖→浸砖→铺砖→勾缝、养护→踢脚板安装。

(2) 施工过程

①基层处理　首先将混凝土地面基层凿毛处理增加地面粗糙度，后将混凝土地面上杂物清理干净。

②铺结合层砂浆　铺砂浆前，基层浇水润湿，刷一道水胶比为1:(0.4~0.5)的素水泥浆，随刷随铺1:(2~4)的干硬性结合层水泥砂浆。有防水要求时，找平层砂浆或水泥混凝土要加防水剂，或按照设计要求加铺防水卷材。

③弹线定位及排砖　铺贴前应在已有一定强度的找平结合层上弹线，在地面弹出与门口成直角的基准线，弹线应从门口开始，以保证进口处为整砖，非整砖置于阻角式家具下面弹线应弹出纵横定位控制线。

④浸砖　铺贴陶瓷地面砖前，应先将陶瓷地面砖浸泡再取出阴干备用。

⑤铺砖　铺砌前，按基准板块先拉通线，对准纵横缝按线铺砌。

⑥勾缝、养护　铺贴完2~3h后，用白水泥或普通水泥浆擦缝，缝要填充密实，平整光滑，然后用棉丝将表面擦净。嵌缝砂浆凝结后，覆盖浇水养护不得少于7d。

⑦踢脚板安装　踢脚板用砖，一般采用与地面块材同品种、同规格、同颜色的材料。

【考核评价】

考核评定方式	评定内容	分值	得分
自评	施工工艺	10	
	团队协作	10	
	成果质量	10	
互评	成果质量	20	
教师评定	考勤	10	
	施工工艺	10	
	团队协作	10	
	成果质量	20	
总　分			

【知识拓展】

涂料类地面施工

涂料是指涂敷于物体表面，与基体材料很好地黏结，并能形成完整而坚韧保护膜的物质。涂料所包含的内容范围很广，既包括传统的油漆，也包括以各类合成树脂为主要原料生产的溶剂型涂料和水性涂料。建筑涂料分为墙面涂料、防水涂料、地坪涂料和功能性建筑涂料。

1) 地坪涂料类型

地坪涂料是采用耐磨树脂和耐磨颜料制成的用于地面涂刷的涂料。与一般涂料相比，地坪涂料具有优异的耐磨性、耐碱性、耐水性、抗冲击性、抗污染性等特点，因此广泛用于商场、车库、跑道、工业厂房等地面装饰。

常见的地坪涂料有环氧地坪涂料、聚氨酯地坪涂料、过氯乙烯地坪涂料、氯乙烯-偏氯乙烯共聚乳液地坪涂料、聚乙烯醇缩甲醛水泥地坪涂料等。

(1) 环氧地坪涂料

环氧地坪涂料分为溶剂型和无溶剂自流平型两种类型。溶剂型用于薄涂，耐磨性符合一般需求；无溶剂自流平用于厚涂，符合高标准的耐磨性要求。如果在环氧地坪涂料中加入功能性材料，则可制成功能性涂料，如防静电地坪涂料、砂浆型防滑地坪涂料。环氧地坪涂料只适用于各类建筑物室内混凝土地面的装饰，如医疗、卫生、食品工业、医院、电子、微电子、无尘无菌实验室、洁净室、轻工业行业等。

(2) 聚氨酯地坪涂料

聚氨酯地坪涂料可分为工业地坪涂料、商务地坪涂料、艺术地坪涂料等。其中聚氨酯工业地坪涂料具有较好的力学性能，杰出的材料韧性、耐冲击性、耐高温性、耐冷冻性、耐光老化、耐化学介质侵蚀、防止光污染等特性。由于材料表面的高致密性，表面能低，使材料具有抗静电不吸尘性能，材料中的功能填充料使其硬度、耐久性、耐磨性均达到较高水平。聚氨酯地坪涂料是室内外均可使用的地坪涂料，尤其是弹性聚氨酯地坪涂料，广泛应用在跑道、过街天桥等地面装饰。

2) 环氧地坪涂料施工

其主要施工工艺流程为：基层处理→底涂层→腻子层→中涂层→面涂层。

(1) 基层处理

基层处理即对地坪表面进行处理。地坪基层一般以水泥混凝土或水泥砂浆地面为准，将基层上的浮尘、空鼓、油污彻底清除干净，地面孔洞可用环氧砂浆补平地面。基层含水量在8%以下方可施工，施工前需保持基层干燥和清洁。新竣工的工业地坪水泥混凝土基层必须经过28d养护方可施工。

(2) 底涂层

基层处理符合要求后，采用高压无气喷涂或辊涂环氧封闭底涂料一道，涂布必须连续，不得间断，涂布量以表面刚好饱和为准。环氧封闭底涂料有很强的渗透性，在涂刷底涂料时应加入一定量的稀释剂，使稀释后的底涂料能渗入基层内部，增强涂层与基层的附着力。局部漏涂可用刷子补涂，表面多余的底涂料必须在下道工序施工前打磨处理好。

(3) 腻子层

在实干的底涂层表面采用两道批刮腻子的方法，以确保地坪具有耐磨损、耐压性、耐碰撞、耐酸碱溶液等性能，并调整地面平整度。两道腻子实干以后，如有麻面、裂缝处应先进行修补，然后用平板砂光机进行打磨，使其平整，并吸尘清洁。

(4) 中涂层

在打磨、清洁后的腻子层表面上用环氧地坪涂料涂饰中间层，涂饰方法可用刷涂、批刮、高压无空气喷涂。大面积施工以高压无空气喷涂为最佳，喷涂压力为 20～25MPa。此遍可使地面更趋于平整，更便于发现地面仍存在的缺陷，以便下一面层施工找平。

(5) 面涂层

在中间层实干后，进行环氧地坪面层涂装，涂装方法有批刮和高压无空气喷涂，但以高压无空气喷涂为宜。涂装前应对于中间层用砂袋式无尘滚动磨砂机进行打磨、吸尘。面层喷涂后，如存在气泡现象应用消泡滚筒，在地坪上来回滚动，最后让其自行流平即可。

3) 聚氨酯地坪涂料施工

其主要施工工艺流程：基层处理→刷底漆→腻子找平→中涂层→面涂层。

(1) 基层处理

基层处理与环氧地坪基本一致。旧混凝土基层表面可能存在的涂料、油污与化学药品等必须进行脱脂去污处理。新混凝土基层至少应养护28d，不得使用影响养护黏结、渗透性能的加气剂及附加剂。

(2) 刷底漆

底漆的作用有封闭混凝土微孔，增加涂层的黏结性能，使其他涂层与基层有良好的过渡性能。底漆应用稀释的环氧树脂，以利于渗透微孔，并在固化后起到良好的锚着作用。

(3) 腻子找平

刷好底漆待24h实干后，用树脂胶泥作腻子找平基层，要求表面较为平整光滑，经24h实干后用砂纸打磨平整并清除浮尘。

(4) 中涂层

用加入一定填料（如石英粉料）的树脂漆料，在处理后的腻子找平层上涂刷，要求达到均匀、平整并达到相应的厚度。中涂层主要是起过渡的作用，使其具有更好的结合力。

(5) 面涂层

中涂层实干后再涂刷面漆（即聚氨酯地坪面层涂料）。面漆主要起到装饰及保护作用。面漆采用高耐磨、高光泽的聚氨酯面漆。聚氨酯面漆干燥快，漆膜坚韧，可以在 -5℃ 以上施工，并具有良好的固化性。一般24h后可以步行开放，48h后可以重物开放。

任务 10-3　顶棚装饰施工

【工作任务】

学院建工大楼的天棚做法如下：

(1) 无机涂料天棚，其构造由下至上为：①无机涂料二道饰面；②封底漆一道（干燥后再做面涂）；③刮腻子两遍；④3mm 厚 1:0.5:2.5 水泥石灰膏砂浆找平；⑤5mm 厚

1∶1∶1 水泥石灰膏砂浆打底扫毛或划出纹道；⑥素水泥浆一道(内掺建筑胶)；⑦混凝土楼板。

(2)600mm×600mm 烤漆龙骨 UV 天花板吊顶。要求以小组为单位编制学院建工大楼吊顶施工方案和施工技术交底文件。

【知识准备】

顶棚是建筑内部的上部界面，是楼板层或屋顶下面的装修层，是室内装修的重要部位。顶棚的形式、造型、材质不同，可以体现不同的风格，也具有不同的使用功能。顶棚的设计与选择要考虑建筑功能、建筑声学、建筑热工、设备安装、管线敷设、维护检修、防火安全等因素。顶棚要求光洁、美观，能通过反射光照来改善室内采光及卫生状况，对某些有特殊要求的房间，还要求顶棚具有隔声、防水、保温、隔热等功能。

顶棚按其构造方式有直接式顶棚和吊式顶棚两种。

1. 直接式顶棚施工

直接式顶棚是在楼板底面直接喷浆和抹灰，或粘贴其他装饰材料。直接式顶棚构造简单，构造层厚度小，可充分利用空间，装饰效果多样，用材少，施工方便，造价较低，但不能隐藏管线等设备，一般用于装饰性要求不高的住宅、办公楼、其他民用建筑及室内空间高度受到限制的场所。

根据面层的材料，直接式顶棚通常有抹灰顶棚、涂刷顶棚、贴面顶棚(如壁纸顶棚、面砖顶棚以及其他各类板材顶棚)等。其基本构造由底层(抹灰)、中间层(抹灰)、面层(各种饰面材料)组成。

1)抹灰顶棚施工

抹灰顶棚可以采用纸筋灰抹灰、石灰砂浆抹灰、水泥砂浆抹灰等。普通抹灰用于一般房间，装饰抹灰用于要求较高的房间。

其施工工艺流程为：弹水平线→抹底层灰→中层灰→抹面层灰→清理、验收。

(1)弹水平线

顶棚抹灰通常不做标志块或标筋，大多数采用弹水平线的方法。抹灰前，根据墙面+500mm 水平控制线，向上在靠近顶棚四周的墙面位置弹出水平线，作为顶棚抹灰水平标准。

(2)抹底层灰

底层抹灰砂浆采用配合比为水泥∶石灰膏∶砂 =1∶0.5∶1 的水泥混合砂浆。在顶棚湿润的情况下，先刷加环保建筑胶素水泥浆一道，随刷随打底，底层抹灰厚约 2mm，用力压实，随后用刮尺刮平，并用木抹子搓毛。

(3)抹中层灰

中层抹灰砂浆，其配合比一般采用水泥∶石灰膏∶砂 =1∶3∶9 的水泥混合砂浆，抹灰层厚 6mm 左右，抹后用刮尺刮平，并用木抹子搓平。

(4)抹面层灰

待中层灰达到六七成干时才进行面层抹灰，即用手按不软、有指印时再开始面层抹灰，最后达到压实、压光的程度，不应有抹纹、接槎不平等现象，顶棚与墙面相交的阴角应呈一条直线。

(5)清理、验收

面层抹灰完成后,及时做好卫生清理工作,按照一般抹灰工程进行验收。

2) 涂刷顶棚施工

涂刷顶棚可以采用石灰浆、大白浆、可赛银、内墙漆等进行涂刷。目前大多采用内墙乳胶涂刷顶棚,用于一般房间。

其施工工艺流程为:弹水平线→抹底层灰、中层灰→刮腻子、磨平→涂刷面层(底漆、面漆)→清理、验收。对于装饰要求不高的房间,采用石灰浆、大白浆、可赛银涂刷时,可以直接涂刷在抹灰层上。

直接式顶棚构造做法如图 10-18 所示。

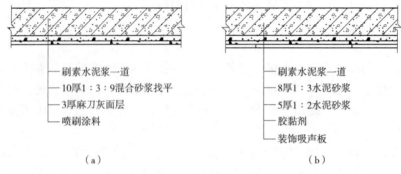

图 10-18 直接式顶棚构造

(a)涂刷顶棚;(b)粘贴顶棚

2. 吊式顶棚施工

吊式顶棚,又名吊顶、天花板、天棚、平顶,是室内装饰工程的一个重要组成部分。吊顶具有保温、隔热、隔声和吸声作用,还可以增加室内亮度和美观度。对于设计有空调的建筑,也是节约能耗的一个根本途径。

吊式顶棚分为上人吊顶和不上人吊顶两种,上人吊顶是指吊顶内有需要上人进行检修的设备或部位,以及其他有上人要求功能的吊顶。不上人吊顶是指不需要上人的一般顶棚,顶棚为一个整体,不留上人孔,必要时可以留检查孔。

1) 吊式顶棚构造

吊式顶棚一般由吊筋、龙骨、面板 3 个部分组成(图 10-19)。

(1)吊筋

吊筋又称吊杆,其作用是:承受吊顶面板和龙骨的全部荷载,并将这些荷载传递给屋顶的承重结构。同时,吊筋也是控制吊顶

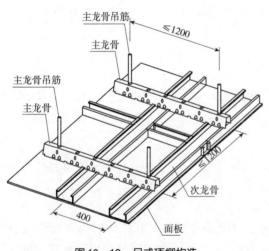

图 10-19 吊式顶棚构造

高度和调平龙骨架的主要构件。

吊筋的材料：多使用钢筋或型钢，对于木骨架的吊筋也可以采用木吊筋。

(2) 龙骨

龙骨又称骨架，可分为主龙骨、次龙骨。主龙骨位于次龙骨之上，与吊筋连接。次龙骨之下是面板，是承担面板荷载的构件。

龙骨的作用：承受吊顶面板的荷载，并将荷载通过吊筋传给屋顶承重结构。

龙骨的材料：常用的有木龙骨、轻钢龙骨、铝合金龙骨等。

龙骨的结构：主要包括主龙骨、次龙骨和搁栅、次搁栅等所形成的网架体系。轻钢龙骨和铝合金龙骨有T形、U形、L形及各种异形龙骨等。

(3) 面板

面板的作用：装饰室内空间，以及吸声、反射等功能。

面板的材料：纸面石膏板、纤维板、胶合板、钙塑板、矿棉吸音、铝合金等金属板、PVC塑料板等。

2) 木龙骨吊顶施工

木龙骨吊顶是以大、中、小龙骨所组成的方格木骨架，下面固定各种材料的罩面板(如胶合板、塑料板、纤维板、钙塑板、石膏板、矿棉板等)而形成的吊顶。这种吊顶具有重量轻、刚度大、美观大方、线条流畅、装饰性强、抗震性能好、施工简单方便、造价较低等优点。缺点是防火、耐水、抗腐蚀性能差。适用于一般民用中、高级住宅吊顶。

施工工艺流程为：弹线找平→安装木吊筋→龙骨架拼装→固定沿墙龙骨→吊装龙骨架→龙骨架整体调平→安装面板→板缝处理。

(1) 弹线找平

根据楼层标高水平线，顺墙高量至顶棚设计标高，沿墙四周弹出顶棚标高水平线，为吊顶下皮四周的水平控制线，其偏差不大于±5mm。弹线包括顶棚标高线、吊点位置、造型位置线、灯位线等。

(2) 安装木吊筋

木龙骨吊顶的吊杆(也称为吊筋)常采用木吊杆、角钢吊杆、扁铁吊杆等。采用木吊杆时，其长度应为吊点与龙骨架之间的实际距离加100mm左右，便于调整高度；采用角钢做吊杆时，在其端头钻2~4个孔便于调整高度；采用扁铁做吊杆时，其端头也应打出2~4个调节孔，扁铁与吊点的连接可采用M6螺栓，与木龙骨用2枚木螺钉固定。

(3) 龙骨架拼装

龙骨架是由木主龙骨和木次龙骨构成。为了安装方便，木龙骨架吊装前在地面进行分片拼装，拼装面积一般控制在10m²以内，否则不方便吊装。拼装时，先拼装大片的龙骨骨架，再拼装小片局部骨架，采用半榫扣接的方法。

(4) 固定沿墙龙骨

在墙面弹出吊顶标高线，在标高线以上10mm处墙面用冲击钻打孔塞入木楔，将沿墙龙骨钉固在墙内的木楔上，要求沿墙龙骨的底边与其他次龙骨底边标高一致。

(5) 吊装龙骨架

木龙骨架有2种形式：单层木龙骨架和双层木龙骨架。

①单层木龙骨架吊装　单层木龙骨架采用分片吊装的方法。一般从墙角开始吊装,将拼装好的木龙骨架托起至标高位,用木杆作临时支撑,或用铁丝在吊点作临时固定。根据墙面吊顶标高线位置拉出水平通长线,作为吊顶底边的平面基准线,调整整片龙骨架与通长线平齐后,先将其靠墙部分与沿墙龙骨钉接,再用木吊筋与龙骨架固定。

②双层木龙骨架吊装

主龙骨的安装:通常按照设计要求布置主龙骨,一般间距为1000~1200m。先将主龙骨搁置在沿墙龙骨上,调平主龙骨,然后与木吊筋固定,并与沿墙龙骨钉接。

次龙骨的安装:在主龙骨底面拉垂直于主龙骨的通长线,将次龙骨按与主龙骨相同的间距横撑在两根主龙骨之间,次龙骨顶面与主龙骨底面平齐,从主龙骨侧面或上面用两个钉子将主龙骨与次龙骨钉牢。

(6)龙骨架整体调平

龙骨架全部吊装完成后,在整个吊顶面下拉十字交叉的标高线,用来检查整个龙骨架底边的平整度。对于骨架下凸的部位,要重新拉紧吊杆;对于上凹的部位,可采用木杆下顶。对于一些面积较大的木龙骨架吊顶,可采用起拱的方法来平衡吊顶的下坠,一般情况下,跨度在7~10m的起拱量为3/1000,跨度在20~15m的起拱量为5/1000。

(7)安装面板

按照设计要求选用吊顶面板品种,采用合适的固定方式安装面板。面板与木龙骨架常用固定方法有以下两种。

①铁钉钉固法　本法多用于纤维板、胶合板的安装。在已装好并经验收合格的木龙骨下面,按面板规格、板缝间隙(一般为3~5mm),在木龙骨架底面分块弹线,在吊顶中间顺通长大龙骨方向先装一行作为基准,接着向两侧延伸安装,钉固面板的钉距为200mm。

②木螺钉拧固法　本法多用于石棉板、石膏板、塑料板。安装前在面板四周按螺钉间距先钻孔,安装顺序和方法同铁钉钉固法。

顶棚所有露明的铁件,钉面板前未做防锈处理的必须刷好防锈漆,木骨架与结构接触面应进行防腐处理。

(8)板缝处理

为了保证吊顶整体的美观性,吊顶面板与面板之间的板缝应做适当的处理。板缝主要有吊顶中部板缝和沿墙四周板缝两种。

①吊顶中部板缝处理　主要有对缝(密缝)、凹缝(离缝)、盖缝(离缝)3种形式。

对缝处理:面板与面板在龙骨上对接,此时面板多为粘、钉在龙骨上,接缝处容易产生变形或裂缝,可采用嵌缝材料处理,防止接缝处开裂而影响美观。

凹缝处理:在两面板接缝处做成凹槽,凹槽有V形和矩形两种,凹缝宽度一般不小于10mm。

盖缝处理:板缝不直接暴露在外,利用压条盖住板缝,这样可以避免缝隙宽窄不均的现象。

②沿墙周边板缝处理　通常采用固定木角线或塑料角线的处理方法。线条的式样及固定方法多种多样,常用的有实心角线、斜位角线、八字角线、阶梯形角线等。

3)金属龙骨吊顶施工

金属龙骨吊顶是以轻钢龙骨或铝合金龙骨作为吊顶的基本骨架,用轻型装饰面板组合而成的新型顶棚体系。常用的吊顶面板有纸面石膏板、硅酸钙板、矿棉吸音板、钙塑凹凸板等。其中轻钢龙骨吊顶因具有设置灵活、装拆方便、高强质轻、防火等优点,广泛应用于公共建筑和商业建筑的吊顶。

下面以轻钢龙骨吊顶为例说明其施工工艺。

施工工艺流程为:弹线找平→安装吊筋→安装主龙骨→安装次龙骨、横撑龙骨→安装面板→板缝处理→面板二次处理(暗装)。

(1)弹线找平

同木龙骨吊顶。

(2)安装吊筋

弹好顶棚标高水平线后,确定吊筋下端头的标高,按主龙骨位置及吊挂间距,将吊筋用各种方法固定于楼板上,常用吊筋固定方法有射钉固定、预埋铁件(或钢筋)固定、金属膨胀螺栓固定等。

(3)安装主龙骨

将主龙骨与吊筋通过吊挂件连接。上人吊顶的悬挂是用一个吊环将主龙骨箍住,并拧紧螺丝固定;不上人吊顶的悬挂,用挂件卡在主龙骨的槽中。

当遇到影剧院、礼堂、商场、餐厅等大面积吊顶时,需要每隔12m在主龙骨上部焊接横卧龙骨一道,以增强主龙骨的侧向稳定性和吊顶的整体性。

主龙骨安装就位后,拉线调整标高、调正调平。调平时,主龙骨的中间部位要有拱起,起拱高度一般不小于房间短向跨度的1/300～1/200。

(4)安装次龙骨、横撑龙骨

①安装次龙骨 在主次龙骨的交叉布置点,用配套的龙骨挂件将二者连接固定。次龙骨的间距由饰面板(硅酸钙板)规格而定。双层U、T形龙骨骨架中龙骨间距为500～1500mm,如果间距大于800mm,在中龙骨之间应增加小龙骨,小龙骨与中龙骨平行,用小吊挂件与大龙骨连接固定。

②安装横撑龙骨 横撑龙骨由中、小龙骨截取,其方向与次龙骨垂直,装在饰面板的拼接处,横撑龙骨底面与次龙骨平齐。横撑龙骨与次龙骨的连接,采用配套的接插件连接。

③固定边龙骨 根据墙面顶棚标高水平线,将边龙骨用高强水泥钉固定于墙面,钉的间距以小于500mm为宜。边龙骨一般不承重,只起封口作用。

(5)安装面板

在安装面板前必须对顶棚内的各种管线进行检查验收,并对龙骨架安装质量进行验收,合格后方可进行面板安装。常见的面板安装方法有明装、暗装、半隐装3种。明装是指面板直接搁置在T形龙骨两翼上,纵横T形龙骨架均外露。暗装是指面板安装后骨架不外露。半隐装是指面板安装后部分骨架外露。

U形轻钢龙骨吊顶多采用暗装面板,面板与龙骨的连接采用螺钉、自攻螺钉、胶黏剂等。面板采用纸面石膏板或硅酸钙板时,面层应进行二次装饰处理,常见做法有刷涂料、贴壁纸等。对于金属面板、塑料面板等无须进行表面的二次处理。

(6)板缝处理

当面板采用纸面石膏板或硅酸钙板时(暗装),面板之间的拼接缝隙应做处理,否则影响美观。在板缝处理之前，应将所有的自攻螺钉的钉头做防锈处理，然后用石膏腻子嵌平，之后再做板缝处理。

用小刮刀将嵌缝石膏腻子均匀饱满地嵌入板缝，并在板缝外刮涂宽约60mm、厚1mm的腻子，随即贴上宽度为50mm的穿孔纸带或玻璃纤维网格胶带（降低板缝开裂的可能性），随后再次刮上石膏腻子，并将腻子打磨平滑。

(7) 面层二次处理（暗装）

当面板采用纸面石膏板或硅酸钙板时，面层应做二次装饰处理，面层一般采用刷涂料（如水泥漆）进行二次处理，其做法同墙面。

金属面板不必进行面层二次处理。

4) 开敞式吊顶施工

开敞式吊顶是将各种具有形状的单元体或单元组合体悬吊于结构层下面的一种吊顶形式。这种吊顶表面开敞，具有既遮又透的效果，有一定的韵律感，减少了压抑感，又称格栅吊顶。常用于影剧院、音乐厅、茶室、舞厅、超市等室内吊顶。

开敞式吊顶的单元体常采用木质、塑料、金属等材料制作，木单元体的形式有垂柱式、平齐式、凹凸式等；金属单元体常见的形式有大方格和小方格。

开敞式吊顶主要施工工艺流程为：结构面处理→弹线找平→拼装单元体→固定吊筋→吊装单元体→整体调整→饰面处理。

(1) 结构面处理

由于上部空间是敞开的，设备及管道均可看见，通常对吊顶以上部分的结构表面进行涂黑或按照设计要求进行涂饰处理，并采用灯光反射和将吊顶上方的设备管道刷暗色涂料进行处理。

(2) 弹线找平

弹线找平同木龙骨吊顶。主要包括标高线、吊点布置线、分片布置线等。分片布置线是根据吊顶的结构形式和分片大小所弹出的线，吊点的位置需要根据分片布置线来确定，以便使吊顶的各分片材料受力均匀。

(3) 拼装单元体

①木质单元体拼装　木质单元体形式较多，常见的有单板方框式、骨架单板方框式、单条板式、单条板与方板组合式等形式。

②金属单元体拼装　金属单元体构造较为简单，大多数采用配套的格片龙骨与连接件直接卡接。常见的有格片型金属板单元体拼装和格栅型金属板单元体拼装。

(4) 固定吊筋

大多数开敞式吊顶比较轻便，一般在吊点位置用冲击钻打孔，并固定膨胀螺栓，然后将金属吊筋焊接在膨胀螺栓上。

(5) 吊装单元体

吊装单元体一般从一个墙角开始，分片起吊，高度略高于顶棚标高线并临时分片固定，再按标高基准线调整平齐，最后将各分片连接处对齐，用连接件固定。

开敞式吊顶单元体的吊装方法有直接固定法和间接固定法两种。

①直接固定法　单元体或组合体构件本身有一定的刚度时，可将构件直接用吊筋吊挂

在楼板结构上。

②间接固定法 对于构件本身刚度不足，直接吊挂容易变形的，或吊点太多且费工费时的，可将单元体构件固定在骨架上，再用吊筋将骨架挂于楼板结构上。

(6) 整体调整

沿标高线拉出多条平行或垂直的基准线，根据基准线进行吊顶面的整体调整平齐，修正单元体构件因固定安装而产生的变形，检查吊顶的起拱量正确与否，检查各个连接部位固定件的可靠性，对一些受力集中的部位进行加固。

(7) 饰面处理

对于铝合金格栅式单元体构件，它在加工时表面已经做阳极氧化膜或漆膜处理，吊装后无须再进行饰面处理。

对于木质开敞式吊顶，其饰面方式主要有油漆、贴壁纸、喷涂喷塑、镶贴不锈钢和玻璃镜等工艺。

【任务实施】

1. 编制吊顶工程施工方案

①编制依据 施工验收规范、验收标准以及本工程施工图纸和施工组织设计等。
②工程概况 描述项目基本情况。
③施工准备 材料、机械设备、劳动力的准备及作业条件。
④施工工艺及标准。
⑤质量标准。
⑥成品保护。
⑦安全环保措施。

2. 编制吊顶施工技术交底文件

内容主要包括：

①编制工程概况 项目基本情况，周边的环境；吊顶工程基本情况。
②材料要求 吊顶工程使用的各种原材料质量应符合相关质量要求。
③主要机具 吊顶工程使用的各种机具、材料、设备等。
④作业条件

- 施工前应熟悉现场、图纸和设计说明。
- 设计要求对房间的净高、洞口标高和吊顶内的管道、设备及其支架的标高进行交接检验。
- 设备安装完成；罩面板安装前，设备应检验、试压验收合格。
- 面板安装前，墙、柱面装饰基本完成，涂料只剩最后一遍面漆并经验收合格。

⑤施工工艺 包括工艺流程和操作工艺。
⑥质量标准 包括主控项目质量标准和一般项目质量标准。
⑦成品保护。
⑧安全环保措施。

【考核评价】

考核评定方式	评定内容	分值	得分
自评	方案编制内容	10	
	技术交底内容	10	
	成果质量	10	
互评	成果质量	20	
教师评定	考勤	10	
	方案编制内容	10	
	技术交底内容	10	
	成果质量	20	
总 分			

【知识拓展】

罩面板安装

1)嵌装式装饰石膏板安装

①嵌装式装饰石膏板安装与龙骨应系列配套。

②嵌装式装饰石膏板安装前分块弹线,花式图案应符合设计要求,若设计无要求,嵌装式装饰石膏板宜由吊顶中间向两边对称排列安装,墙面与吊顶接缝应交圈一致。嵌装式装饰石膏板安装宜选用企口暗缝咬接法。安装时应注意企口的相互咬接及图案的拼接。

③龙骨调平及拼缝处应认真施工,固定石膏板时,应视吊顶高度及板厚,在板与板之间留适当间隙,拼缝缝隙用石膏腻子补平,并贴一层穿孔接缝纸。

2)石膏板类罩面板安装

(1)纸面石膏板的罩面钉装

纸面石膏板的安装要求板材应在自由状态下就位固定,以防止出现弯棱、凸鼓等现象。纸面石膏板的长边(包封边),应沿纵向次龙骨铺设。板材与龙骨固定时,应从一块板的中间向板的四边循序固定,不得采用在多点上同时作业的做法。

(2)嵌缝处理

整个吊顶面的纸面石膏板铺钉完成后,应进行检查,并将所有的自攻螺钉的钉头涂刷防锈涂料,然后用石膏腻子嵌平。此后即进行板缝的嵌填处理。

3)金属板安装

①金属铝板的安装应从边上开始,有搭口缝的铝板,应顺搭口缝方向逐块进行,铝板应用力插入齿口内,使其啮合。

②金属条板式吊顶龙骨一般可直接吊挂,也可增加主龙骨,主龙骨间距不大于1.2m,条板式吊顶龙骨形式应与条板配套;方板吊顶次龙骨分明装T形和暗装卡口2种,根据金属方板式样选定次龙骨,次龙骨与主龙骨间用固定件连接;金属搁栅的龙骨可明装也可暗装,龙骨间距由搁栅做法确定。

③金属板吊顶与四周墙面所留空隙，用金属压缝条镶嵌或补边吊顶找齐，金属压条材质应与金属面板相同。

复习思考题

一、选择题

1. 外墙抹灰厚度一般为（   ）。
   A. 5~12mm   B. 12~15mm   C. 15~20mm   D. 20~25mm

2. 顶棚抹灰厚度一般为（   ）。
   A. 5~12mm   B. 12~15mm   C. 15~20mm   D. 20~25mm

3. 抹灰工程质量检验标准中检验批及检查数量为：室外每个检验批每100m^2应至少抽查一处，每处不得小于（   ）。
   A. 5m^2 B. 5m^2 C. 10m^2 D. 15m^2

4. 釉面砖擦缝，待面砖贴好（   ）后，用白水泥涂满缝隙，再用棉砂蘸浆将缝隙擦平实，待稍有强度，用镏子勾缝，缝溜完后要浇水养护。
   A. 6h   B. 12h   C. 18h   D. 24h

5. 石板材常见的施工方法主要有粘贴法、挂贴法和干挂法等，其中粘贴法适用于面积小于（   ）、厚度小于12 mm 的石板材（即小规格石板材）。
   A. 200mm×200mm   B. 300mm×300mm   C. 400mm×400mm   D. 500mm×500mm

6. PVC壁纸裱糊施工中，新抹水泥石灰膏砂浆基层常温龄期需10d以上（冬季需20d以上），普通混凝土基层需（   ）以上，才可粘贴壁纸。
   A. 7d   B. 14d   C. 21d   D. 28d

7. 细石混凝土地面第三遍抹压完（   ）后进行浇水养护，每天不少于2次，浇水次数应能保证混凝土具有足够的湿润状态。
   A. 12h   B. 18h   C. 24h   D. 30h

8. 耐磨混凝土地面养护不少于（   ），28d后方可交付使用。
   A. 7d   B. 14d   C. 21d   D. 28d

9. 陶瓷地砖地面施工，待勾缝砂浆凝结后，清扫地面，铺锯屑洒水养护不少于（   ）。
   A. 7d   B. 14d   C. 21d   D. 28d

10. 当水泥砂浆结合层抗压强度达到（   ）时，方可进行打蜡，打蜡后面层应光滑洁亮。
    A. 1.0MPa   B. 1.2MPa   C. 1.5MPa   D. 2.0MPa

二、简答题

1. 简述内墙抹灰施工工艺流程。
2. 简述外墙抹灰施工工艺流程。
3. 简述建筑装饰装修工程基本要求。
4. 简述陶瓷锦砖施工工艺流程。
5. 简述石板材挂贴法施工工艺。
6. 简述石板材干挂法施工工艺。

7. 简述细石混凝土地面施工工艺流程。
8. 简述陶瓷地砖地面施工工艺流程。
9. 简述抹灰顶棚施工工艺流程。
10. 简述涂刷顶棚施工工艺流程。
11. 简述金属龙骨吊顶施工工艺流程。
12. 简述开敞式吊顶施工工艺流程。
13. 简述吊式顶棚的组成及其作用。

参考文献

本书编委会，2012. 建筑施工手册[M]. 5版. 北京：中国建筑工业出版社.

陈锦平，2014. 建筑施工技术[M]. 武汉：华中科技大学出版社.

陆艳侠，等，2018. 建筑施工技术[M]. 北京：北京大学出版社.

余斌，2015. 建筑施工技术[M]. 北京：教育科学出版社.

余胜光，窦如令，2015. 建筑施工技术[M]. 3版. 武汉：武汉理工大学出版社.

赵学荣，2013. 土木工程施工[M]. 南京：江苏科学技术出版社.

赵延辉，2014. 建筑施工技术[M]. 上海：上海交通大学出版社.

中华人民共和国国家质量监督检验检疫总局，2014. 钢筋混凝土用余热处理钢筋：GB/T 13014—2013[S]. 北京：中国标准出版社.

中华人民共和国住房和城乡建设部，2008. 建筑施工模板安全技术规范：JGJ 162—2008[S]. 北京：中国建筑工业出版社.

中华人民共和国住房和城乡建设部，2008. 建筑桩基技术规范：JGJ 94—2008[S]. 北京：中国建筑工业出版社.

中华人民共和国住房和城乡建设部，2010. 高层建筑混凝土结构技术规程：JGJ 3—2010[S]. 北京：中国建筑工业出版社.

中华人民共和国住房和城乡建设部，2010. 混凝土强度检验评定标准：GB/T 50107—2010[S]. 北京：中国建筑工业出版社.

中华人民共和国住房和城乡建设部，2011. 地下工程防水技术规范：GB 50108—2008[S]. 北京：中国建筑工业出版社.

中华人民共和国住房和城乡建设部，2011. 混凝土泵送施工技术规程：JGJ/T 10—2011[S]. 北京：中国建筑工业出版社.

中华人民共和国住房和城乡建设部，2011. 混凝土质量控制标准：GB 50164—2011[S]. 北京：中国建筑工业出版社.

中华人民共和国住房和城乡建设部，2011. 建筑施工高处作业安全技术规范：JGJ 80—2016[S]. 北京：中国建筑工业出版社.

中华人民共和国住房和城乡建设部，2011. 建筑施工扣件式钢管脚手架安全技术规范：JGJ 130—2011[S]. 北京：中国建筑工业出版社.

中华人民共和国住房和城乡建设部，2011. 冷轧带肋钢筋混凝土结构技术规程：JGJ 95—2011[S]. 北京：中国建筑工业出版社.

中华人民共和国住房和城乡建设部，2011. 普通混凝土配合比设计规程：JGJ 55—2011[S]. 北京：中国建筑工业出版社.

中华人民共和国住房和城乡建设部，2011. 砌体结构工程施工质量验收规范：GB 50203—2011[S]. 北京：中国建筑工业出版社.

中华人民共和国住房和城乡建设部,2012. 钢筋焊接及验收规程:JGJ 18—2012[S]. 北京:中国建筑工业出版社.

中华人民共和国住房和城乡建设部,2012. 建筑机械使用安全技术规程:JGJ 33—2012[S]. 北京:中国建筑工业出版社.

中华人民共和国住房和城乡建设部,2012. 土方与爆破工程施工及验收规范:GB 50201—2012[S]. 北京:中国建筑工业出版社.

中华人民共和国住房和城乡建设部,2012. 屋面工程质量验收规范:GB 50207—2012[S]. 北京:中国建筑工业出版社.

中华人民共和国住房和城乡建设部,2013. 建筑工程施工质量验收统一标准:GB 50300—2013[S]. 北京:中国建筑工业出版社.

中华人民共和国住房和城乡建设部,2013. 组合钢模板技术规范:GB/T 50214—2013[S]. 北京:中国建筑工业出版社.

中华人民共和国住房和城乡建设部,2014. 建筑基桩检测技术规范:JGJ 106—2014[S]. 北京:中国建筑工业出版社.

中华人民共和国住房和城乡建设部,2015. 混凝土结构工程施工质量验收规范:GB 50204—2015[S]. 北京:中国建筑工业出版社.

中华人民共和国住房和城乡建设部,2016. 钢筋机械连接技术规程:JGJ 107—2016[S]. 北京:中国建筑工业出版社.

中华人民共和国住房和城乡建设部,2018. 建筑装饰装修工程质量验收标准:GB 50210—2018[S]. 北京:中国建筑工业出版社.

中华人民共和国住房和城乡建设部,2021. 建筑与市政地基基础通用规范:GB 55003—2021[S]. 北京:中国建筑工业出版社.

钟汉华,2019. 建筑施工技术[M]. 北京:北京邮电大学出版社.